引きやすい！　必ず見つかる！

勘定科目と仕訳の事典

It is the most useful dictionary

(株)イーバリュージャパン 代表取締役／税理士　駒井伸俊

ソシム

■注意

(1) 本書は著者が独自に調査した結果を出版したものです。

(2) 本書の一部または全部について、個人で使用する他は、著作権上、著者およびソシム株式会社の承諾を得ずに無断で複写／複製することは禁じられております。

(3) 本書の内容の運用によって、いかなる障害が生じても、ソシム株式会社、著者のいずれも責任を負いかねますのであらかじめご了承ください。

(4) 商標
　　本書に記載されている会社名、商品名などは一般に各社の商標または登録商標です。

はじめに

　経理の仕事を進めていく上で、初期の段階でぶつかる大きくて高い壁が、勘定科目と仕訳の方法です。慣れない方は、聞いたことのない専門用語がたくさんあって手が止まってしまいます。現在では多くの場合、パソコンを使って経理処理をしていますが、それでもどの勘定科目を使ったらいいのか、またどのように入力したらいいのかは迷ってしまうことでしょう。

　本書は、そうした悩みを解決してくれる便利な事典です。

　同ジャンルの事典本は他にも何冊か出ていますが、その最新版である本書には次のような特徴があります。

---

①最近のビジネス事情に対応した新しい勘定科目を掲載！

　「電子記録債権」「ファクタリング」「クレジット売掛金」など、従来の同ジャンル本には掲載されていなかった、最近のビジネス事情に応じて登場してきた新しい勘定科目が掲載されています。

②業界固有のものも含め、最多の勘定科目を掲載！

　本編では、基本的に見開き2ページ/約140個の勘定科目と仕訳例を説明していますが、それらとは別に、「建設業」「農業」「運輸業」「医療法人」「社会福祉法人」「公益法人」の業界固有の勘定科目も巻末の付録に多数掲載しています。

③取引ごとの仕訳事例についても多数掲載！

　第2章では、経理の仕事でよく出てくる取引の仕訳例を、9つのシーンごとに57ケースを取り上げて説明しています。これにより、事例からの検索も可能です。

④3つの索引からサクッと検索できる！

　目次の他、「勘定科目別索引」「摘要別(目的別)索引」「決算書体系図索引」の、3つ索引からカンタン＆すぐに検索できるようになっています。

　以上の特徴により、現状、最も新しく、そして引きやすく使いやすい「勘定科目と仕訳についての事典」であることは間違いありません。

　本書が、皆様の日々の経理業務に少しでもお役に立つことができれば幸いです。

駒井　伸俊

目次

はじめに ……………………………………………………………………… 3

本書の読み方 ……………………………………………………………… 14

第1章　勘定科目と仕訳を理解するための基礎知識

1-1 簿記の基本 ……………………………………………………… 18

1-2 貸借対照表(Balance Sheet　B/S)とは？ ……………… 20

1-3 損益計算書(Profit and Loss Statement　P/L)とは？ ……… 22

1-4 知っておいた方がいい税金の考え方 ……………………… 24

第2章　取引ごとの仕訳

2-1 事業開始・会社設立の取引に関する仕訳

CASE1　個人事業を開始する(青色申告) …………………………… 26

CASE2　個人事業を開始する(白色申告から青色申告へ) ………… 26

CASE3　会社を設立する …………………………………………… 27

CASE4　個人事業から法人成りする ……………………………… 27

2-2 給与の取引に関する仕訳

CASE1　従業員に給与を支払う …………………………………… 28

CASE2　アルバイトにバイト代を支払う ………………………… 28

CASE3　従業員に賞与を支払う …………………………………… 29

CASE4　役員に報酬を支払う ……………………………………… 29

2-3 経費の取引に関する仕訳

CASE1　クレジットカードで支払った …………………………… 30

CASE2　紹介手数料を支払った …………………………………… 30

CASE3　お香典を支払った ………………………………………… 31

CASE4　Suicaで支払った ………………………………………… 31

CASE5　ホームページを作成した ………………………………… 32

CASE6　会社案内を作成した ……………………………………… 32

CASE7　弁護士に報酬を支払った ………………………………… 33

CASE8　従業員と忘年会をした …………………………………… 33

4

CASE9　印紙や切手を買った ·· 34
CASE10　災害義援金を出した ·· 34
CASE11　従業員に夜食を出した ··· 35
CASE12　ソフトウエアの開発を委託した ································· 35
CASE13　人材派遣を利用した ·· 36
CASE14　ISOを取得した ··· 36
CASE15　カーシェアリングを利用した ··································· 37
CASE16　資格を取得した ··· 37

2-4　売上の取引に関する仕訳
CASE1　商品券を受け取る ·· 38
CASE2　コンサルティング業務を始める ·································· 38
CASE3　商品が返品される ·· 39
CASE4　不明な振込みがあった ··· 39

2-5　仕入の取引に関する仕訳
CASE1　運送代を支払う ·· 40
CASE2　振込手数料を負担する ··· 40
CASE3　リベートをもらう ·· 41
CASE4　仕入代金の請求がない ··· 41

2-6　固定資産の取引に関する仕訳
CASE1　パソコンを購入する ·· 42
CASE2　固定電話を購入する ·· 42
CASE3　スマートフォンを購入する ······································· 43
CASE4　事務所を借りる ·· 43

2-7　金融機関等との取引に関する仕訳
CASE1　取引先の口座に振り込む ·· 44
CASE2　利息を受け取る ·· 44
CASE3　借入をする(利息の前払い) ·· 45
CASE4　借入をする(利息の前払い) ·· 45
CASE5　生命保険に入る ·· 46
CASE6　火災保険に入る ·· 46

2-8　税金等の取引に関する仕訳
CASE1　法人税等を中間納付する ·· 47
CASE2　中間納付法人税等が還付される ································· 47
CASE3　法人税等を納付する ·· 48

CASE4	反則金を支払う	48
CASE5	消費税等を中間納付する	49
CASE6	消費税等を納付する	49
CASE7	源泉徴収する	50
CASE8	利子等から源泉徴収する	52
CASE9	固定資産税等を納付する	52

2-9　決算の取引に関する仕訳

CASE1	貸倒引当金を計上する	53
CASE2	減価償却をする	53
CASE3	在庫の処理をする	54
CASE4	在庫数量が異なる	54
CASE5	未払いの利息がある	55
CASE6	未払いの給与がある	55

第3章　資産の項目

3-1　流動資産

現金(げんきん)	58
小口現金(こぐちげんきん)	60
預金(よきん)	62
受取手形(うけとりてがた)	64
売掛金(うりかけきん)	68
電子記録債権(でんしきろくさいけん)	70
ファクタリング(ふぁくたりんぐ)	72
クレジット売掛金(くれじっとうりかけきん)	74
有価証券(ゆうかしょうけん)	76
棚卸資産の全体像(たなおろししさんのぜんたいぞう)	78
商品／棚卸資産(しょうひん／たなおろししさん)	80
製品／棚卸資産(せいひん／たなおろししさん)	84
原材料／棚卸資産(げんざいりょう／たなおろししさん)	86
仕掛品／棚卸資産(しかかりひん／たなおろししさん)	88
貯蔵品／棚卸資産(ちょぞうひん／たなおろししさん)	90
前渡金・前払金(まえわたしきん・まえばらいきん)	92
立替金(たてかえきん)	94
他店商品券(たてんしょうひんけん)	96
前払費用(まえばらいひよう)	98
未収収益(みしゅうしゅうえき)	100
短期貸付金(たんきかしつけきん)	102

未収金・未収入金(みしゅうきん・みしゅうにゅうきん) ……………… 104

仮払金(かりばらいきん) …………………………………………… 106

貸倒引当金(かしだおれひきあてきん) …………………………… 108

繰延税金資産(くりのべぜいきんしさん) ………………………… 110

仮払消費税(かりばらいしょうひぜい) …………………………… 112

仮払法人税等(かりばらいほうじんぜいとう) …………………… 114

3-2 　固定資産(有形固定資産)

建物(たてもの) …………………………………………………… 116

建物附属設備(たてものふぞくせつび) …………………………… 118

構築物(こうちくぶつ) ……………………………………………… 120

機械装置(きかいそうち) …………………………………………… 122

車両運搬具(しゃりょううんぱんぐ) ……………………………… 124

工具器具備品(こうぐきぐびひん) ………………………………… 126

土地(とち) ………………………………………………………… 128

建設仮勘定(けんせつかりかんじょう) …………………………… 130

リース資産(リーすしさん) ………………………………………… 132

減価償却累計額(げんかしょうきゃくるいけいがく) …………… 134

3-3 　固定資産(無形固定資産)

のれん(のれん) …………………………………………………… 136

特許権(とっきょけん) ……………………………………………… 138

借地権(しゃくちけん) ……………………………………………… 140

電話加入権(でんわかにゅうけん) ………………………………… 142

ソフトウェア(そふとうぇあ) ……………………………………… 144

3-4 　固定資産(投資その他)

投資有価証券(とうしゆうかしょうけん) ………………………… 146

出資金(しゅっしきん) ……………………………………………… 148

長期貸付金(ちょうきかしつけきん) ……………………………… 150

長期前払費用(ちょうきまえばらいひよう) ……………………… 152

差入保証金(さしいれほしょうきん) ……………………………… 154

3-5 　固定資産(繰延資産)

創立費(そうりつひ) ………………………………………………… 156

開業費(かいぎょうひ) ……………………………………………… 158

株式交付費(かぶしきこうふひ) …………………………………… 160

社債発行費(しゃさいはっこうひ) ………………………………… 162

開発費(かいはつひ) ………………………………………………… 164

第4章 負債の項目

4-1 流動負債

支払手形(しはらいてがた) ……………………………………………… 168

買掛金(かいかけきん) ……………………………………………………… 170

電子記録債務(でんしきろくさいむ) ……………………………………… 172

短期借入金(たんきかりいれきん) ………………………………………… 174

未払金(みばらいきん) ……………………………………………………… 176

未払消費税(みばらいしょうひぜい) ……………………………………… 178

未払法人税等(みばらいほうじんぜいとう) ……………………………… 180

未払費用(みばらいひよう) ………………………………………………… 182

前受金(まえうけきん) ……………………………………………………… 184

商品券(しょうひんけん) …………………………………………………… 186

前受収益(まえうけしゅうえき) …………………………………………… 188

預り金(あずかりきん) ……………………………………………………… 190

仮受金(かりうけきん) ……………………………………………………… 192

賞与引当金(しょうよひきあてきん) ……………………………………… 194

その他の引当金(そのたのひきあてきん) ………………………………… 196

繰延税金負債(くりのべぜいきんふさい) ………………………………… 200

仮受消費税(かりうけしょうひぜい) ……………………………………… 202

4-2 固定負債

社債(しゃさい) ……………………………………………………………… 204

長期借入金(ちょうきかりいれきん) ……………………………………… 206

退職給付引当金(たいしょくきゅうふひきあてきん) …………………… 208

リース債務(リーすさいむ) ………………………………………………… 210

第5章 純資産の項目

5-1 株主資本

資本金(しほんきん) ………………………………………………………… 214

資本剰余金(しほんじょうよきん) ………………………………………… 216

利益剰余金(りえきじょうよきん) ………………………………………… 218

自己株式(じこかぶしき) …………………………………………………… 220

5-2 その他

その他有価証券評価差額金(そのたゆうかしょうけんひょうかさがくきん) ……… 222

新株予約権(しんかぶよやくけん) ………………………………………… 224

第6章　営業損益の項目

6-1　売上
売上高（うりあげだか）……………………………………………… 228

6-2　売上原価
仕入高（しいれだか）………………………………………………… 230

6-3　販売費及び一般管理費
販売促進費（はんばいそくしんひ）………………………………… 232
荷造発送費（にづくりはっそうひ）………………………………… 234
外注費（がいちゅうひ）……………………………………………… 236
役員報酬（やくいんほうしゅう）…………………………………… 238
給与手当（きゅうよてあて）………………………………………… 240
賞与（しょうよ）……………………………………………………… 242
退職金（たいしょくきん）…………………………………………… 244
退職給付費用（たいしょくきゅうふひよう）……………………… 246
法定福利費（ほうていふくりひ）…………………………………… 248
福利厚生費（ふくりこうせいひ）…………………………………… 250
会議費（かいぎひ）…………………………………………………… 252
交際費（こうさいひ）………………………………………………… 254
広告宣伝費（こうこくせんでんひ）………………………………… 256
旅費交通費（りょひこうつうひ）…………………………………… 258
通勤費（つうきんひ）………………………………………………… 260
賃借料（ちんしゃくりょう）………………………………………… 262
地代家賃（ちだいやちん）…………………………………………… 264
水道光熱費（すいどうこうねつひ）………………………………… 266
通信費（つうしんひ）………………………………………………… 268
消耗品費（しょうもうひんひ）……………………………………… 270
事務用品費（じむようひんひ）……………………………………… 272
新聞図書費（しんぶんとしょひ）…………………………………… 274
車両費（しゃりょうひ）……………………………………………… 276
支払保険料（しはらいほけんりょう）……………………………… 278
支払手数料（しはらいてすうりょう）……………………………… 280
修繕費（しゅうぜんひ）……………………………………………… 282
租税公課（そぜいこうか）…………………………………………… 284
減価償却費（げんかしょうきゃくひ）……………………………… 286
貸倒引当金繰入額（かしだおれひきあてきんくりいれがく）…… 288
貸倒損失（かしだおれそんしつ）…………………………………… 290
寄付金（きふきん）…………………………………………………… 292

目次　9

諸会費（しょかいひ） ···································· 294
教育研修費（きょういくけんしゅうひ） ················ 296
雑費（ざっぴ） ·· 298

第7章　営業外損益・特別損益他

7-1　営業外収益・営業外費用
受取利息（うけとりりそく） ···························· 302
支払利息割引料（しはらいりそくわりびきりょう） ········ 304
受取配当金（うけとりはいとうきん） ···················· 306
有価証券売却益（損）（ゆうかしょうけんばいきゃくえき（そん）） ···· 308
有価証券評価益（損）（ゆうかしょうけんひょうかえき（そん）） ···· 310
為替差益（損）（かわせさえき（そん）） ·················· 312
雑収入（ざっしゅうにゅう） ···························· 314
雑損失（ざっそんしつ） ································ 316
仕入割引・売上割引（しいれわりびき・うりあげわりびき） ······ 318

7-2　特別利益・特別損失
固定資産売却益（損）（こていしさんばいきゃくえき（そん）） ···· 320
固定資産除却損（こていしさんじょきゃくそん） ·········· 322
投資有価証券売却益（損）（とうしゆうかしょうけんばいきゃくえき（そん）） ···· 324
前期損益修正益（損）（ぜんきそんえきしゅうせいえき（そん）） ···· 326
貸倒引当金戻入益（かしだおれひきあてきんもどしいれえき） ···· 328
その他の特別損益（そのたのとくべつそんえき） ·········· 330

7-3　税金他
法人税等（ほうじんぜいとう） ·························· 332
法人税等調整額（ほうじんぜいとうちょうせいがく） ········ 334

第8章　個人事業者の固有項目

8-1　個人事業者（貸借対照表）
事業主貸（じぎょうぬしかし） ·························· 338
事業主借（じぎょうぬしかり） ·························· 340
元入金（もといれきん） ································ 342

8-2 個人事業者(損益計算書)

自家消費(じかしょうひ) ･････････････････････････････････ 344
専従者給与(せんじゅうしゃきゅうよ) ･･･････････････････ 346

付録 業種別の勘定科目一覧

①建設業 ･････････････････････････ 350
•貸借対照表に関する勘定科目 ･･････ 350
完成工事未収入金
未成工事支出金
工事未払金
未成工事受入金
完成工事補償引当金
工事損失引当金

•損益計算書に関する勘定科目 ･･････ 351
完成工事高
工事負担金
完成工事補償引当金戻入
完成工事原価

②農業
•貸借対照表に関する勘定科目 ･･････ 352
原材料
仕掛品
農産物
大家畜
大植物
育成仮勘定
外部出資金
組勘
農用地利用集積準備金
農業経営基盤強化準備金

•損益計算書に関する勘定科目 ･･････ 353
生物売却収入
作業受託収入
価格補填収入
受取共済金

一般助成収入
作付助成収入
経営安定補填収入
生物売却原価
家畜処分損

③運輸業
•貸借対照表に関する勘定科目 ･･････ 354
営業未収入金
荷主貸
他店貸
直轄店貸
未収取立金
営業未払金
他店借
直轄店借
未払運賃
未払取立金
荷掛預り金

•損益計算書に関する勘定科目 ･･････ 355
運輸事業収入・営業収益
営業原価

④医療法人
•貸借対照表に関する勘定科目 ･･････ 356
医業未収金
医薬品
診療材料
給食用材料
他会計短期貸付金
医療用器械備品
放射性同位元素

目次 | **11**

他会計長期貸付金
他会計短期借入金
他会計長期借入金
長期前受補助金

- **損益計算書に関する勘定科目** ………… 357
  入院診療収益
  室料差額収益
  外来診療収益
  保険予防活動収益
  受託検査・施設利用収益
  その他の医業収益
  保険等査定減
  運営費補助金収益
  施設設備補助金収益
  患者外給食収益
  医薬品費
  診療材料費
  医療消耗器具備品
  委託費
  器機賃借料
  器機保守料
  器機設備保険料
  車両関係費
  研究費
  職員被服費
  控除対象外消費税等負担額
  本部費配賦額
  患者外給食用材料費
  診療費減免額
  資産に係る控除対象外消費税負担額

⑤ 社会福祉法人
- **貸借対照表に関する勘定科目** ………… 359
  事業未収金
  医薬品
  診療・療養費等材料
  給食用材料
  事業区分間貸付金
  拠点区分間貸付金

徴収不能引当金
事業区分間長期貸付金
拠点区分間長期貸付金
事業未払金
事業区分間借入金
拠点区分間借入金
設備資金借入金
長期運営資金借入金
事業区分間長期借入金
拠点区分間長期借入金
基本金
国庫補助金等特別積立金

- **事業活動計算書に関する勘定科目** ⋯⋯ 361
  介護保険事業収益
  老人福祉事業収益
  児童福祉事業収益
  保育事業収益
  就労支援事業収益
  障害福祉サービス等事業収益
  生活保護事業収益
  医療事業収益
  経常経費寄附金収益
  借入金利息補助金収益
  施設整備等補助金収益
  施設整備等寄附金収益
  長期運営資金借入金元金償還寄附金収益
  事業区分間繰入金収益
  拠点区分間繰入金収益
  事業区分間固定資産移管収益
  拠点区分間固定資産移管収益
  職員給与
  職員賞与
  非常勤職員給与
  派遣職員費
  給食費
  介護用品費
  医薬品費
  診療・療養等材料費
  保険衛生費
  医療費
  被服費

教養娯楽費
日用品費
保育材料費
本人支給金
教育指導費
就職支度費
葬祭費
職員被服費
研修研究費
印刷製本費
通信運搬費
広報費
業務委託費
渉外費
就労支援事業費用
授産事業費用
利用者負担軽減額
国庫補助金等特別積立金取崩額
徴収不能額
徴収不能引当金繰入
基本金組入額
国庫補助金等特別積立金取崩額(除却等)
国庫補助金等特別積立金積立額
事業区分間繰入金費用
拠点区分間繰入金費用
事業区分間固定資産移管費用
拠点区分間固定資産移管費用

⑥公益法人

• **貸借対照表に関する勘定科目** ·········· 364
　　基本財産
　　特定資産

• **正味財産増減計算書** ···················· 364
　　基本財産運用益
　　特定資産運用益
　　受取入会金
　　受取会費
　　事業収益
　　受取補助金等
　　受取寄付金
　　受取負担金
　　基本財産評価損益等
　　特定資産運評価損益等
　　臨時雇賃金
　　通信運搬費
　　消耗什器備品費
　　諸謝金
　　支払助成金
　　委託費
　　有価証券運用損
　　印刷製本費
　　光熱水料費
　　支払負担金
　　支払寄付金
　　基金受入額
　　基金返還額

勘定科目別索引 ·· 366

摘要別(目的別)索引 ··· 370

決算書体系図索引 ··· 398

本書の読み方

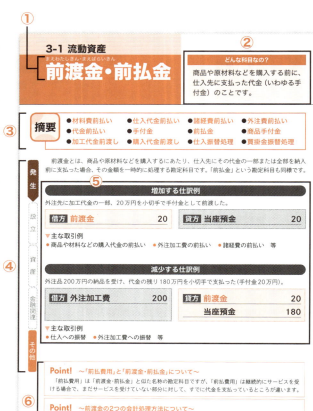

①勘定科目名

個人事業者や会社が仕訳をするときに、帳簿に記入する項目名が勘定科目です。会計の専門用語ですので、読み間違いのないよう「前渡金・前払金（まえわたしきん・まえばらいきん）」のようにふりがなをつけてあります。

②どんな科目なの？

勘定科目の内容をシンプルに説明しています。どんな内容を表す勘定科目なのか、まずはイメージだけでもつかんでください。

③摘要

勘定科目の具体的な取引の内容を表しているのが摘要（てきよう）です。帳簿の摘要欄に、実際の取引に合わせて記入をしますが、慣れないとなかなか適切な摘要が書けないこともあります。本書では約1700個の摘要を例示していますので、帳簿の摘要欄にメモする時の参考にしてください。また、巻末の摘要別索引を活用すれば、摘要から勘定科目を検索することもできます。

④業務の流れ

勘定科目がどのような取引でよく使われるのかが、次の3つの業務に区分されて色づけされています。
日常：経費、資金、売上、仕入、
　　　その他
発生：設立、資産、金融関連、その他
決算：原価・棚卸、減価償却、貸倒、
　　　経過勘定、税金、その他

⑤増加する（減少する）仕訳

勘定科目の「金額が増える場合」と「金額が減少する場合」の両方のパターンの仕訳例を掲載しています。「⑧3つのアイコン」の中の「決算書の区分」と合わせて確認すると、より効果的です。

⑥Point！

このページの勘定科目と似たような勘定科目をとりあげて、その違いを説明しています。その他、勘定科目を使うときの間違いやポイントなどについても解説しています。

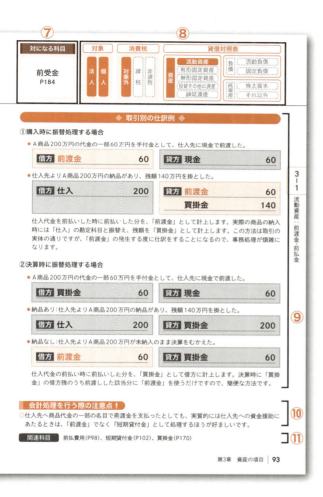

⑦対になる科目

勘定科目の中には、自社と取引の相手方で対となる勘定科目があります。例えば、当社にとっての「前渡金・前払金」は、相手方にとっては「前受金」となります。対となる勘定科目を一緒に覚えてしまえば、まさに一石二鳥です。

⑧3つのアイコン

科目の対象(この勘定科目を使う対象が法人なのか、個人なのか?)、消費税の区分(課税対象外なのか、対象なのか、非課税なのか?)、決算書の区分(貸借対照表や損益計算書のどの部分に表示されるのか?)を色づけして示しています。

⑨取引別の仕訳例

実際によく出てくる仕訳例を、取引別に掲載しています。当ページの勘定科目を色付けしてありますので、「⑧3つのアイコン」の「決算書の区分」と合わせて確認すると効果的です。

⑩会計処理を行う際の注意点!

会計処理を行う際の、実務上や税務上の注意点や、決算書に表示する際の注意点を説明しています。

⑪関連科目

このページの勘定科目と関連の深い勘定科目、および、その掲載ページを載せてあります。合わせて見ることで、理解がより深まるでしょう。

- 巻末付録には、業界固有の勘定科目を多数掲載しています。
- 本書の索引は、勘定科目別索引、摘要別(目的別)索引、決算書体系図索引の3つです。知りたい勘定科目を簡単に探すことができます。

2-2 給与の取引に関する仕訳

従業員に給与を支払う

下記の給与明細書に基づき、普通預金口座から従業員に給与を振り込んだ（単位：円）。
【給与明細書：基本給280,000円、時間外手当20,000円、社会保険料35,000円、源泉所得税7,000円、住民税5,000円】

借方	給与手当	300,000	貸方	普通預金	253,000
				預り金（社会保険料分）	35,000
				預り金（源泉所得税分）	7,000
				預り金（住民税分）	5,000

● 給与と同様に時間外手当も、従業員の労働に対する対価です。よって、時間外手当などの各種の手当も含めた支給総額を、「給与手当」として費用に計上します。
● 給料から控除される社会保険料、源泉所得税、住民税は、「預り金」として貸方に計上します。その後、納付した時に「預り金」を借方に計上して相殺します。

[関連科目] 給与手当(P240)、預り金(P190)

アルバイトにバイト代を支払う

アルバイト（日当10,000円で10日間の期間）を臨時に採用した。月末にアルバイト代から源泉所得税1,000円を差し引いて、普通預金口座から振り込んだ（単位：円）。

借方	雑給	100,000	貸方	普通預金	99,000
				預り金（源泉所得税分）	1,000

● アルバイトの給与は、一般の従業員の支給体系と違っていたとしても、従業員の「給与手当」と会計処理と変わりません。ただし、一般の従業員の「給与手当」と区別しておいたほうが管理上好ましいので、「雑給」の処理すること多いです。
● 「雑給」から控除される源泉所得税は、「預り金」として貸方に計上します。なお、社会保険については、一定の要件を満たすもの以外は適用対象とはなりません。

[関連科目] 給与手当(P240)、預り金(P190)

28

　実際に会計処理を行う際に頭を悩ますのは、「そもそも、この場面でどの勘定科目を使ったらいいのかがわからない」というケースなのではないでしょうか？
　第2章では、経理の仕事をしているとよく出てくる取引を、9つの取引場面に分けて、仕訳例として57ケースを掲載しています。それぞれのケースでは、具体的な仕訳の例、実際に会計処理をする際の注意点を解説しています。

　実際に出くわした場面と似たようなケースを探していけば、仕訳の仕方や勘定科目を確認することができます。例えば、バイト代を支払う場面でしたら、2-2「給与の取引に関する仕訳」のCASE2「アルバイトにバイト代を払う」を見れば、仕訳例や勘定科目を確認できます。更に、各CASEの最後には「関連科目」のページ番号を載せてあります。ぜひ参照してみて、より深い理解に繋げてください。

第 1 章

勘定科目と仕訳を
理解するための基礎知識

1-1　簿記の基本

1-2　貸借対照表(Balance Sheet　B/S)とは?

1-3　損益計算書(Profit and Loss Statement　P/L)とは?

1-4　知っておいた方がいい税金の考え方

1-1 簿記の基本

決算書ができるまでの流れ

　会社や個人事業者は、日々の取引を帳簿に記録・集計してビジネスの成果を明らかにするために、**決算書(財務諸表)**を作成します。決算書には、会社の財産や債務がどのくらいあるかを表す**貸借対照表(資産、負債、純資産)**と、会社がどのくらい儲かっているかを表す**損益計算書(収益、費用)**があります。

　これらの決算書を作成する技術が**簿記**です。取引の発生から決算書ができるまでの流れ(簿記の一巡)は、次のとおりです。

> 取引を発生順に**仕訳帳に仕訳する**
> ↓
> 仕訳帳から各勘定科目の情報を**総勘定元帳に転記する**
> ↓
> 総勘定元帳の数値を**試算表にまとめる**
> ↓
> 決算整理をして**決算書を作る**

　簿記では、ある取引が発生したら、取引の発生した原因とその結果の2つの側面を帳簿に記録(複式簿記)をします。

　例えば、交通費を支払ったという取引の場合、交通費を支払ったこと(原因)と、現金が減少したこと(結果)の2つの側面を帳簿に記録します。この帳簿(仕訳帳)に記録する方法が**仕訳**で、その記録する項目の名前が**勘定科目**です。

　次に、仕訳帳に発生順に記録された仕訳を、総勘定元帳(各勘定科目ごと分類されている帳簿)へ書き写していきます。これを**転記**といいます。

　仕訳と転記のステップを踏むことで、取引を発生順に整理でき、また各勘定科目の金額の動きや残高がわかるようになります。

仕訳のルール

　簿記では、取引を次のパターンに分類して、帳簿の**借方(左側)**と**貸方(右側)**に分けて仕訳をしていきます。

　具体的な仕訳の仕方は、次の3つのステップです。

> STEP1:取引をどのパターンにあたるかを考えます。
> STEP2:取引を借方(左側)と貸方(右側)に分けます。
> STEP3:取引内容を表す適切な勘定科目を選択し、金額を記録します。

▼図 1-1-1　取引のパターン

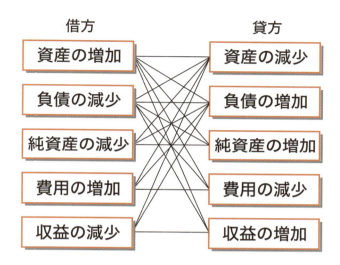

仕訳の実践

「従業員に交通費1万円を現金で支払った」という取引を例にとって、次の3つのステップで仕訳をしてみましょう。

STEP1：交通費の発生は「費用の増加」に、現金の支払いは「資産の減少」にあたります。
STEP2：「費用の増加」は借方（左側）に、「資産の減少」は貸方（右側）に分けられます。
STEP3：「旅費交通費」と「現金」の勘定科目を選択し、仕訳します。

▼仕訳の結果

| 借方 旅費交通費 | 1 | 貸方 現金 | 1 |

1-2 貸借対照表(Balance Sheet B/S)とは?

資産、負債、純資産の3つのバランス

貸借対照表は、決算日の**財政状態**を示した表です。
財政状態とは、会社の財産(資産)、支払い義務のあるもの(負債)、会社の正味の財産(純資産)のバランスです。

貸借対照表のフォーマット

貸借対照表のフォーマットは左右に二分されており、左側が資産の部、右側が負債の部と純資産の部から構成されています。
右側の**負債の部+純資産の部**は、会社がどこから資金を調達してきたかという調達の手段(**資金の調達源泉**)を示しています。一方、左側の**資産の部**は、その調達した資金をどのような形態で保有しているか(**資金の運用形態**)を示しています。
このような貸借対照表のフォーマットを**勘定式**といいます。この他に、資産、負債、純資産を一列で配置する**報告式**といったフォーマットもあります。

▼図1-2-1 貸借対照表の2つのフォーマット

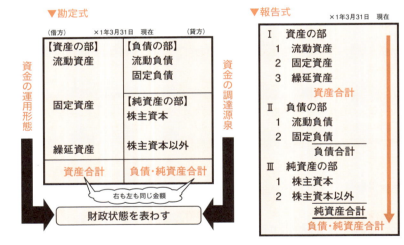

資産の部の区分

資産の部は、流動資産、固定資産、繰延資産の3つに区分されます。
流動資産とは、1年以内に現金化(1年基準)されるであろう資産です。
固定資産とは、事業活動の中で現金化を目的としないもの、長期にわたって所有する資産です。

固定資産は、**有形固定資産**（車両など形のある資産）、**無形固定資産**（形のない法律上の権利などの資産）、**投資その他の資産**（他の会社の支配目的として保有する資産など）の３つの区分に、更に分けられます。

　繰延資産とは、会社が支出した費用のうち、その効果が翌期以降に及ぶ資産です。

▌負債の部の区分

　負債の部は、流動負債、固定負債の２つに区分されます。

　流動負債とは、１年以内に返済期限が到来する（１年基準）負債です。

　固定負債とは、事業活動の中で、返済する期間が１年を超えるような負債です。

▌純資産の部の区分

　純資産の部は、**株主資本**と**株主資本以外**の２つに区分されます。更に株主資本は、資本金、資本剰余金（資本準備金とその他資本剰余金）、利益剰余金（利益準備金とその他利益剰余金＜任意積立金と繰越利益剰余金＞）、自己株式に分けられます。

　他方、株主資本以外の区分には、評価・換算差額等、新株予約権などが表示されます。

第1章　勘定科目と仕訳を理解するための基礎知識　**21**

1-3 損益計算書(Profit and Loss Statement P/L)とは？

収益から費用を引いたものが利益

損益計算書とは、一定期間(事業年度)の経営成績を示す決算書です。

経営成績は利益で表されます。利益は、会社の稼ぎ(収益)から経費などのコスト(費用)を引いて計算されます。

損益計算書のフォーマット

損益計算書のフォーマットは、左側に費用と利益、右側に収益が記されます。**右側の収益**は、利益を増加させる要因です。一方、**左側の費用**は、利益を減少させる要因です。このような損益計算書のフォーマットを、**勘定式**といいます。

この他にも、複数の利益を表示するために、収益項目の売上高を先頭に順次、費用や収益の項目を段階的に加減算していく、**報告式**といったフォーマットもあります。

▼図1-3-1 損益計算書の2つのフォーマット

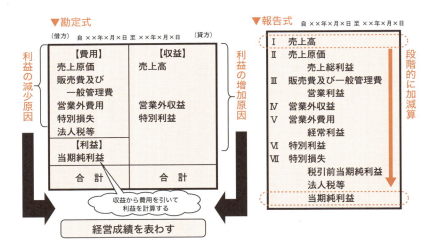

仕訳を理解するには、左側に費用、右側に収益が分かれる勘定式がわかりやすいです。しかし、実務的には報告式のフォーマットが多く使用されています。

なお、報告式の損益計算書では段階的に5つの利益が計算されます。

■ 1つ目の利益：売上総利益

まず、事業年度の売上高から売上原価を引いて、**売上総利益**を計算します。

売上高とは、商品の販売やサービスの提供などから獲得した収益です。これに対して、**売上原価**は、売上高に対応する商品を仕入れた場合の原価(仕入原価)や製品を製造した場合の原価(製造原価)のことです。

■ 2つ目の利益：営業利益

次に、売上総利益を稼ぐために支出した様々な営業の経費などを売上総利益から差し引いて、**営業利益**を計算します。

会社の販売業務や管理業務に関して発生した費用をまとめて、**販売費及び一般管理費**といいます。

■ 3つ目の利益：経常利益

営業利益に、**営業外収益**(毎期、経常的に発生する会社の主たる営業活動以外の収益)を加え、**営業外費用**(毎期、経常的に発生する会社の主たる営業活動以外の費用)を差し引いて、**経常利益**を計算します。

■ 4つ目の利益：税引前当期純利益

経常利益に、**特別利益**(主たる営業活動以外から生じたもので、毎期経常的には発生しない収益)を加え、**特別損失**(主たる営業活動以外から生じたもので、毎期経常的には発生しない損失)を差し引いて、**税引前当期純利益**を計算します。

■ 5つ目の利益：当期純利益

最後に、当期の負担に属する法人税などの税金(**法人税、住民税及び事業税**)を差し引いた、最終の利益である**当期純利益**を計算します。

1-3 損益計算書(Profit and Loss Statement　P/L)とは？

第1章　勘定科目と仕訳を理解するための基礎知識　23

1-4 知っておいた方がいい税金の考え方

■ 企業会計と税務会計は少し違う

会計には2つの分野があります。

企業会計と呼ばれる分野（会社法や金融商品取引法）では、会社の適正な業績の報告のため、経営者、債権者、投資家などに企業の実態を伝えることを目的として、決算書を作成し開示します。

また、**税務会計**と呼ばれる分野（法人税法）は、公正な課税所得の算出のため、税金を納付することを目的として決算書を作成し申告します。

このように、企業会計と税務会計は目的が違うため、企業会計では経費として処理したものが、税務会計では認められなかったりすることがあります。つまり、企業会計の収益と税務会計の益金、また企業会計の費用と税務会計の損金となる範囲が異なる場合があります。その結果、**企業会計上の儲け（利益）**と**税務会計上の儲け（所得）**は、必ずしも一致するとは限りません。

そこで、会社の取引を勘定科目を使って仕訳する時にも、企業会計と税務会計との扱いの違いに注意しなければなりません。

▼図1-4-1　企業会計の利益と税務会計の所得

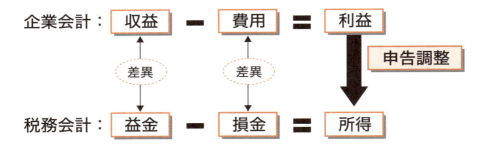

■ 利益から所得を計算する

利益と所得は違うものですが、それぞれの別の方法で利益と所得を計算しているわけではありません。会計上で求めた利益に、収益と益金の差、費用と損金の差を加減算して、所得を計算しています。実際には、損益計算書で求めた税引前当期純利益に、税務上の調整を加減算（申告調整）して所得を計算し、その課税所得に税率を乗じて法人税等の額を算出します。

第2章

取引ごとの仕訳

2-1 事業開始・会社設立の取引に関する仕訳
- CASE1 個人事業を開始する(青色申告)
- CASE2 個人事業を開始する(白色申告から青色申告へ)
- CASE3 会社を設立する
- CASE4 個人事業から法人成りする

2-2 給与の取引に関する仕訳
- CASE1 従業員に給与を支払う
- CASE2 アルバイトにバイト代を支払う
- CASE3 従業員に賞与を支払う
- CASE4 役員に報酬を支払う

2-3 経費の取引に関する仕訳
- CASE1 クレジットカードで支払った
- CASE2 紹介手数料を支払った
- CASE3 お香典を支払った
- CASE4 Suicaで支払った
- CASE5 ホームページを作成した
- CASE6 会社案内を作成した
- CASE7 弁護士に報酬を支払った
- CASE8 従業員と忘年会をした
- CASE9 印紙や切手を買った
- CASE10 災害義援金を出した
- CASE11 従業員に夜食を出した
- CASE12 ソフトウエアの開発を委託した
- CASE13 人材派遣を利用した
- CASE14 ISOを取得した
- CASE15 カーシェアリングを利用した
- CASE16 資格を取得した

2-4 売上の取引に関する仕訳
- CASE1 商品券を受け取る
- CASE2 コンサルティング業務を始める
- CASE3 商品が返品される
- CASE4 不明な振込みがあった

2-5 仕入の取引に関する仕訳
- CASE1 運送代を支払う
- CASE2 振込手数料を負担する
- CASE3 リベートをもらう
- CASE4 仕入代金の請求がない

2-6 固定資産の取引に関する仕訳
- CASE1 パソコンを購入する
- CASE2 固定電話を購入する
- CASE3 スマートフォンを購入する
- CASE4 事務所を借りる

2-7 金融機関等との取引に関する仕訳
- CASE1 取引先の口座に振り込む
- CASE2 利息を受け取る
- CASE3 借入をする(利息の前払い)
- CASE4 借入をする(利息の前払い)
- CASE5 生命保険に入る
- CASE6 火災保険に入る

2-8 税金等の取引に関する仕訳
- CASE1 法人税等を中間納付する
- CASE2 中間納付法人税等が還付される
- CASE3 法人税等を納付する
- CASE4 反則金を支払う
- CASE5 消費税等を中間納付する
- CASE6 消費税等を納付する
- CASE7 源泉徴収する
- CASE8 利子等から源泉徴収する
- CASE9 固定資産税等を納付する

2-9 決算の取引に関する仕訳
- CASE1 貸倒引当金を計上する
- CASE2 減価償却をする
- CASE3 在庫の処理をする
- CASE4 在庫数量が異なる
- CASE5 未払いの利息がある
- CASE6 未払いの給与がある

2-1 事業開始・会社設立の取引に関する仕訳

個人事業を開始する（青色申告）

個人事業の開始にあたり、事業用に開設した普通預金口座に手持ち資金50万円を預け入れた。別途、事業開始に際し、事務所の敷金10万円、開業準備のための賃借料や広告宣伝費など40万円を支出している。

借方			貸方		
普通預金		50	元入金		100
差入保証金（敷金）		10			
開業費		40			

◎個人事業を始めるにあたって、最初に事業用の資産を決定し、それぞれを資産計上します。その際の相手科目は「元入金」となります。つまり「元入金」は開業に際し、個人事業主の拠出した出資金や財産を表しています。株式会社でいう「資本金」です。

関連科目 元入金（P342）、開業費（P158）、差入保証金（P154）

個人事業を開始する（白色申告から青色申告へ）

個人で事業を行っているが、白色申告から青色申告へ変更した。現在保有している資産と負債を調べたところ、現金10万円、商品30万円、備品20万円（取得価額50万円、減価償却累計額30万円）、買掛金5万円があった。

借方			貸方		
現金		10	買掛金		5
商品		30	元入金		55
工具器具備品		20			

◎白色申告から青色申告に変更するにあたっては、事業用の資産と負債を全て計上します。個人で使っていた減価償却資産は事業用に使う場合には、事業に使用するまでの減価償却（減価償却累計額）を考慮します。なお、青色申告書を提出している中小企業者等の場合、少額減価償却資産の特例が適用できます。

関連科目 元入金（P342）

会社を設立する

新会社の設立に際し、普通預金口座に100万円が入金された。後日、設立の準備ために発起人が立て替えていた登録免許税等30万円を、普通預金口座から振り込んだ。

借方 普通預金	100	貸方 資本金	100
借方 創立費	30	貸方 普通預金	30

◎会社を設立する際の資金は「資本金」となります。設立準備のために支出した登録免許税や定款認証手数料などの諸費用は「創立費」として資産に計上し、設立から5年以内に償却します。なお、税法上は任意償却が認められていますので、創立年度に一括して償却することもできます。

関連科目 資本金(P214)、創立費(P156)

個人事業から法人成りする

個人で事業を営んでいたが、新たに法人を設立することにした(法人成り)。設立に際し、普通預金口座に50万円が入金した。あわせて個人用パソコン20万円(取得価額30万円、減価償却累計額10万円)を引き継いだ。

❖法人:

借方 普通預金	50	貸方 資本金	50
借方 工具器具備品	20	貸方 普通預金	20

❖個人:

借方 現金	20	貸方 工具器具備品	20

◎個人事業者から法人に個人用の資産を引き継ぐ場合は、時価で売却します。なお、棚卸資産を引き継いだ場合、その譲渡対価が通常売買される価額のおおむね70%に満たないときは、70%相当額の譲渡があったものとして事業所得に算入します。

関連科目 資本金(P214)

2-2 給与の取引に関する仕訳

CASE 1 従業員に給与を支払う

下記の給与明細書に基づき、普通預金口座から従業員に給与を振り込んだ(単位:円)。
【給与明細書:基本給280,000円、時間外手当20,000円、社会保険料35,000円、源泉所得税7,000円、住民税5,000円】

借方		貸方	
給与手当	300,000	普通預金	253,000
		預り金(社会保険料分)	35,000
		預り金(源泉所得税分)	7,000
		預り金(住民税分)	5,000

◎給与と同様に時間外手当も、従業員の労働に対する対価です。よって、時間外手当などの各種の手当も含めた支給総額を、「給与手当」として費用に計上します。
◎給料から控除される社会保険料、源泉所得税、住民税は、「預り金」として貸方に計上します。その後、納付した時に「預り金」を借方に計上して相殺します。

関連科目 給与手当(P240)、預り金(P190)

CASE 2 アルバイトにバイト代を支払う

アルルバイト(日当10,000円で10日間の期間)を臨時に採用した。月末にアルバイト代から源泉所得税1,000円を差し引いて、普通預金口座から振り込んだ(単位:円)。

借方		貸方	
雑給	100,000	普通預金	99,000
		預り金(源泉所得税分)	1,000

◎アルバイトの給与は、一般の従業員の支給体系と違っていたとしても、従業員の「給与手当」と会計処理と変わりません。ただし、一般の従業員の「給与手当」と区別しておいたほうが管理上好ましいので、「雑給」の処理することが多いです。
◎「雑給」から控除される源泉所得税は、「預り金」として貸方に計上します。なお、社会保険については、一定の要件を満たすもの以外は適用対象とはなりません。

関連科目 給与手当(P240)、預り金(P190)

従業員に賞与を支払う

期末に従業員にボーナス400,000円を支給するため、普通預金口座から振り込んだ。ただし、ボーナスに対する社会保険料58,000、源泉所得税35,000円とする(単位:円)。

借方 賞与	400,000	貸方 普通預金	307,000
		預り金(社会保険料分)	58,000
		預り金(源泉所得税分)	35,000

◎ 従業員への賞与は臨時的な賃金ですが、月々の「給与手当」の会計処理と変わりません。なお、期末の時点で賞与が未払いであっても、その支給額を従業員に通知し、期末の日の翌日から1カ月以内にその賞与を支給する等の要件を満たすと、今期の損金にできます。

関連科目 給与手当(P240)、預り金(P190)

役員に報酬を支払う

下記の給与明細書に基づき、普通預金口座から役員に給与を振り込んだ(単位:円)。
【給与明細書:定期同額給与800,000円、社会保険料100,000円、源泉所得税65,000円、住民税50,000円】

借方 役員報酬	800,000	貸方 普通預金	585,000
		預り金(社会保険料分)	100,000
		預り金(源泉所得税分)	65,000
		預り金(住民税分)	50,000

◎ 役員報酬は取締役や監査役の職務執行の対価ですので、適正な額の役員報酬は支給した時に費用として計上します。支給時期が1カ月以下の一定の期間ごとで、各支給時期における支給額が同額である役員の給与を、定期同額給与といいます。税法上、定期同額給与の他、事前確定届出給与と利益連動給与の要件を満たす役員の給与のみ、損金に算入することが認められています。

関連科目 役員報酬(P238)、預り金(P190)

第2章 取引ごとの仕訳 | 29

2-3 経費の取引に関する仕訳

クレジットカードで支払った

出張に行くための新幹線の往復チケット3万円を、クレジットカードで支払った。このクレジットカードでの支払い分が、翌月10日に法人の普通預金口座から引き落とされた。

❖カード支払時：

| 借方 旅費交通費 | 3 | 貸方 未払金 | 3 |

❖引き落とし時：

| 借方 未払金 | 3 | 貸方 普通預金 | 3 |

◎クレジットカードはカードで支払いをした時には決済がされず、月末等に利用額が確定し、翌月末等に登録している銀行口座から利用額が引き落とされるのが一般的です。そのため、経費をクレジットカードで支払った時点ではまだ支払いが発生していませんので、「未払金」で処理します。翌月、銀行口座から利用額が引き落とされて時点で、債務は消滅するので「未払金」を借方に計上し、相殺します。

関連科目 旅費交通費（P258）、未払金（P176）

紹介手数料を支払った

当社では、取引関係者に紹介された新規顧客と売買契約が成立した場合、紹介手数料として1万円を支払うことを通知している。A社から新規顧客を紹介され、5件の売買契約が成立した。A社に紹介手数料を普通預金口座から振り込んだ。

| 借方 販売手数料 | 5 | 貸方 普通預金 | 5 |

◎顧客紹介による売買契約の成立などに対する紹介手数料の支払いは、あらかじめ契約してあるかどうか（事前の通知によってその基準を知っていれば可）によって会計処理が違います。事前に契約がある場合は「販売手数料」等ですが、契約がない場合は「交際費」として処理します。
◎取引先の従業員へ取引の謝礼として支払ったような場合も、「交際費」として処理します。

関連科目 外注費（P236）、販売促進費（P232）、交際費（P254）

お香典を支払った

取引先の役員の葬儀があったので、お香典として現金3万円をつつみ、また花輪代1万円を普通預金口座から振り込んだ。

借方 交際費	4	貸方 現金	3
		普通預金	1

◎ 得意先や取引先など社外の者への慶弔、禍福に関する支出は、原則として「交際費」となります。一方、社内の者への通常の支出する費用は、「福利厚生費」で処理します。
◎ 創業者や代表者などの社葬を行う場合、社葬とすることが社会通念上相当と認められるときは、通常要する費用の範囲内で会社の損金とすることが認められています。

関連科目 交際費(P254)、福利厚生費(P250)

 ## Suicaで支払った

Suicaに現金5,000円（デポジット500円を含む）をチャージした。そのSuicaを利用して、電車代1,000円を支払った（単位：円）。

❖ 購入時：

借方 貯蔵品	4,500	貸方 現金	5,000
預け金	500		

❖ 利用時：

借方 旅費交通費	1,000	貸方 貯蔵品	1,000

◎ Suicaのようなプリペイド方式の電子マネーは、商品券などの物品切手を電子化したものと考えられます。物品切手は、短期間で使用する目的で持っている資産です。よって、原則として、棚卸資産の「貯蔵品」で処理し、使用の度に他の費用に振り替えます。
◎ デポジットは、Suicaを返却時に返してもらえるものですので、「預け金」で処理します。

関連科目 貯蔵品(P90)、旅費交通費(P258)

ホームページを作成した

新製品の情報提供のためホームページを作成することにした。専門業者にホームページの作成を依頼して、作成代として80万円を普通預金口座から振り込んだ。

| 借方 広告宣伝費 | 80 | 貸方 普通預金 | 80 |

◎ 一般的なホームページの作成を外部の業者に依頼した場合、その支出は「広告宣伝費」として費用に計上します。ただし、データベースにアクセスできるような高度なホームページの開発費用は、「ソフトウエア」として資産に計上します。

関連科目 広告宣伝費(P256)、ソフトウエア(P144)

 会社案内を作成した

会社案内の作成を印刷会社に依頼し、企画・デザイン料50万円と用紙・印刷代20万円(1,000部)を、あわせて普通預金口座から振り込んだ。作成後、得意先に会社案内を配布したが、決算時には100部が残っていた。

❖支払い時:

| 借方 広告宣伝費 | 70 | 貸方 普通預金 | 70 |

❖決算時:

| 借方 貯蔵品 | 7 | 貸方 広告宣伝費 | 7 |

◎ 会社案内を作成した場合の企画・デザイン料などは、「広告宣伝費」として処理します。会社案内は棚卸資産の「貯蔵品」に該当するため、原則として、決算の際に棚卸を実施し、残っているものを「貯蔵品」として資産計上します。
◎ 毎期、おおむね一定数量を取得し、経常的に消費するものは、資産計上しないこと(費用として処理すること)もできます。

関連科目 貯蔵品(P90)、広告宣伝費(P256)

弁護士に報酬を支払った

弁護士に訴訟事件に関する成功報酬を普通預金口座から振り込んだ。請求内容は、報酬85万円、宿泊費10万円、交通費5万円であった(単位:円)

借方 支払手数料	1,000,000	貸方 普通預金	897,900
		預り金	102,100

◎弁護士や税理士等に報酬を支払うときは、所得税及び復興特別所得税を源泉徴収しなければなりません。なお、調査費、日当、旅費などの名目で支払われるものも、源泉徴収の対象となります。弁護士法人や税理士法人等に支払う場合は、法人に支払うので源泉徴収は必要ありません。
◎源泉徴収すべき所得税額(10％)及び復興特別所得税(0.21％)の額は、支払金額(A)により、次のように計算します。
1回の支払金額100万円以下の場合:A×10.21％
1回の支払金額100万超の場合:(A－100万円)×20.42％＋102,100円

関連科目　支払手数料(P280)、預り金(P190)

従業員と忘年会をした

年末に全従業員20名を対象として、忘年会を実施した。その時の飲食代として、6万円を普通預金口座から振り込んだ。

借方 福利厚生費	6	貸方 普通預金	6

◎社会通念上、一般的に行われていると認められる程度の忘年会等は、「福利厚生費」として処理できます。しかし、特定の従業員や役員のみを対象とした会や、その費用が不相当に高額な場合は、「給与手当」や「役員報酬」として扱われることがあります。また、取引先の関係者などが同伴している場合は、「交際費」とみなされる場合も考えられます。

関連科目　交際費(P254)、福利厚生費(P250)、給与手当(P240)

印紙や切手を買った

郵便局で200円の収入印紙20枚と82円の郵便切手30枚を現金で購入した。期末に収入印紙5枚と郵便切手10枚が残っていた。

❖購入時：

借方 租税公課	4,000	貸方 現金	6,460
通信費	2,460		

❖決算時：

借方 貯蔵品	1,820	貸方 租税公課	1,000
		通信費	820

◎収入印紙を購入したときは「租税公課」、また切手は「通信費」で処理するのが一般的です。期末に収入印紙や切手が残っている場合、「租税公課」や「通信費」の費用計上を取り消して、「貯蔵品」として資産計上すべきです。
◎金額の重要性を考慮して、「貯蔵品」とせず、費用処理したままにしている場合もあります。

関連科目 　租税公課（P284）、通信費（P268）、貯蔵品（P90）

災害義援金を出した

地震で被害を受けた被災地を支援するため、日本赤十字社を通じて義援金10万円を普通預金口座から支払った。

借方 寄付金	10	貸方 普通預金	10

◎法人税法上、都道府県知事が日本赤十字社に救助や応援の委託をした場合、日本赤十字社などに支払った義援金は、国等に対する「寄付金」として、全額を損金に算入できます。
◎その際、確定申告書への金額の記載と明細書の添付が必要です。また、災害により被害を受けた取引先支援のために債務を免除した場合は、「雑費」などで損金に算入できます。

関連科目 　寄付金（P292）

CASE 11 従業員に夜食を出した

当社では、20時過ぎまで残業した従業員に対して、夜食を提供している。一食あたり1,000円以内であれば、近隣の飲食店から夜食として食事を各自が注文できる。飲食店から今月の請求2万円を現金で支払った

| 借方 福利厚生費 | 2 | 貸方 現金 | 2 |

◎残業や宿直等をした者に対する夜食代の支払いは、「福利厚生費」として処理します。特定の従業員だけに提供されるような場合などは、「給与手当」として扱われることがあります。「給与手当」とみなされると、個人に対して所得税が課税されますので、夜食の提供のルールを設定して運用するようにしたほうがよいです。

関連科目　福利厚生費(P250)、給与手当(P240)

CASE 12 ソフトウェアの開発を委託した

営業支援システムの開発をシステム会社に委託し、完成したので引き渡しを受けた。開発費用は300万円で、契約時に1/2、引き渡し時に1/2を普通預金口座から振り込んだ。

❖契約時：

| 借方 建設仮勘定 | 150 | 貸方 普通預金 | 150 |

❖検収時：

| 借方 ソフトウェア | 300 | 貸方 建設仮勘定 | 150 |
| | | 普通預金 | 150 |

◎他社からシステムを購入した場合だけでなく、他社にシステム開発を委託した場合も、「ソフトウェア」として計上します。完成前の支出は、「建設仮勘定」で処理します。
◎自社で利用する目的のソフトウェアは5年で償却します。ただし、中小企業者等が取得したソフトウェアの金額が30万円未満の場合は、少額減価償却資産の特例として全額を損金にできます。

関連科目　ソフトウェア(P144)、開発費(P164)、建設仮勘定(P130)

第2章　取引ごとの仕訳　35

人材派遣を利用した

当社は、経理業のデータ入力のために、人材派遣会社からの派遣社員1人を活用している。今月の派遣料10万円を、普通預金口座から人材派遣会社に振り込んだ。

| 借方 外注費 | 10 | 貸方 普通預金 | 10 |

◎ 人材派遣会社から派遣社員を受け入れた場合、当社と派遣社員の間には雇用関係がないため、当社の指揮命令のもとで働き、他の従業員の給与と同じように派遣料を計算していたとしても、「給与手当」ではなく、「外注費（業務委託費）」で処理します。
◎ 派遣料は給与の支払いではないため、当社では源泉徴収せずに、人材派遣会社がその派遣社員の給与支払時に源泉徴収します。

関連科目 外注費(P236)、預り金(P190)

ISOを取得した

ISO9001を取得するにあたり、取得のためのコンサルティングと審査登録の費用、あわせて300万円を普通預金口座から振り込んだ。また、ISO9001の登録後、ISOの維持、更新の費用として100万円を普通預金口座から振り込んだ。

❖取得時：

| 借方 支払手数料 | 300 | 貸方 普通預金 | 300 |

❖更新時：

| 借方 支払手数料 | 100 | 貸方 普通預金 | 100 |

◎ ISO規格は登録後、1年に一度、登録維持の定期審査を受けることや、ISO規格の登録認証は法的な権利でないことから、「支払手数料」などとして費用計上します。
◎ ISO規格登録後に、毎年、支出するISO規格の維持審査の費用や更新審査の費用は、登録を維持するための費用なので「支払手数料」として処理します。

関連科目 支払手数料(P280)

CASE 15 カーシェアリングを利用した

カーシェアリングの契約金10,000円（返還される）と年会費5,000円を普通預金口座から支払った。早速、車を2時間利用して、利用料1,000円を現金で支払った（単位：円）。

❖契約時：

借方	差入保証金	10,000	貸方	普通預金	15,000
	諸会費	5,000			

❖利用時：

借方	旅費交通費	1,000	貸方	現金	1,000

◎契約の終了時に返還される契約金は、利用料などを支払わなかった際の担保と考えられますので、「差入保証金」として資産に計上します。また年会費は、カーシェアリングのサービスを利用するための費用と考えうれますので、「諸会費」など処理します。
◎利用時のカーシェアリングの利用料は、従業員等が業務上で移動するために車を利用した費用ですので、一般的には「旅費交通費」などで処理します。

関連科目 差入保証金(P154)、諸会費(P294)、旅費交通費(P258)

CASE 16 資格を取得した

工場に危険物取扱者を常駐させる必要があって、従業員に危険物取扱者の資格を取得させた。資格取得に要した講習代20,000円、受験費用5,000円、会場までの交通費5,000円を会社が負担し、従業員に現金で支払った。

借方	教育研修費	3	貸方	現金	3

◎役員や従業員が業務の遂行していく上で、直接必要な知識や技術を習得するために受講する通信教育や講習会の費用や、資格や免許を取得するための費用は「教育研修費」で処理します。
◎普通自動車の運転免許など、一般的な資格や免許の取得は、個人に対する「給与手当」として扱われることがあります。「給与手当」とみなされると、個人に対して所得税が課税されます。

関連科目 教育研修費(P296)、給与手当(P240)

第2章 取引ごとの仕訳 | 37

2-4 売上の取引に関する仕訳

CASE 1 商品券を受け取る

顧客が商品4万円を購入し、代金として全国百貨店共通商品券5万円を渡されたので、釣りとして1万円を手渡した。

借方 他店商品券	5	貸方 売上	4
		現金	1

◎商品券による販売の売上の計上のタイミングは、実際に商品を引き渡した時点ですので、通常の現金などによる売上と同様です。一方、自社の商品券を販売した場合は、「売上」ではなく、将来の販売代金の前受分として「商品券」を負債に計上します。「前受金」を使ってもかまいません。

自社発行の商品券1万円を販売し、現金を受け取った。

借方 現金	1	貸方 商品券	1

関連科目 売上高(P228)、他店商品券(P96)、商品券(P186)

CASE 2 コンサルティング業務を始める

4月1日から6月30日までの期間、総報酬額240万円(24人日)で、支払条件は業務日数/月に10万円を乗じた金額、といったコンサルティング業務契約を結んだ。4月の業務日数は12人日であったため、120万円を請求した。

❖4月：

借方 売掛金	120	貸方 売上高	120

◎法人税法上、契約により総報酬額が決定したとしても、報酬額が業務日数等により算定され、かつ一定期間ごとに金額を確定させて請求している場合は、実施した業務量に対応する金額を「売上高」に計上します。

関連科目 売上高(P228)、売掛金(P68)

CASE 3　商品が返品される

3月28日に掛販売した商品のうち、2万円が注文した商品と違ったため、4月2日に返品された。なお、当社は3月決算である。
❖4/2：

| 借方 売上高 | 2 | 貸方 売掛金 | 2 |

◎商品が品違いなどにより返品された場合、前期以前に売上計上していたとしても、返品のあった日（または返品の通知があった日）の年度に、「売上高」から直接控除するか、「売上戻り高」として総売上高から控除します。
◎返品の他、品質不良による売上値引や大量販売によるリベートも、同様の処理になります。

関連科目　売上高(P228)、売掛金(P68)

CASE 4　不明な振込みがあった

6月8日に、普通預金口座に入金先がわからない振込があった。調査したところ、得意先リストにないA社から1万円の振込であった。
❖6/8：

| 借方 普通預金 | 1 | 貸方 仮受金 | 1 |

◎預金口座に入金先がわからない振込があった場合は、帳簿外の処理とせず、「仮受金」として計上し、預金残高と一致させておきます。その後、原因を調査し、入金先等がわかった場合に、「仮受金」から適切な勘定科目に振替えます。
◎請求金額から振込手数料が控除された入金の場合、振込手数料が当社負担ですので、「支払手数料」で処理します。

関連科目　仮受金(P192)、預金(P62)

2-4 売上の取引に関する仕訳

第2章　取引ごとの仕訳

2-5 仕入の取引に関する仕訳

運送代を支払う

注文した商品10万円が納品されて、引取りに際して運送代1万円を現金で支払った。仕入代金は月末締めの翌月末の支払となっている。

| 借方 仕入 | 11 | 貸方 買掛金 | 11 |

◎商品を仕入に際し発生する付随費用（引き取り費用、販売するための直接必要な購入内部副費）は、商品の仕入高に含めなければなりません。ただし、税法上、購入内部副費が少額（購入価格のおおむね3％以内の金額）である場合は、仕入高に含めないことができます。
◎仕入の計上のタイミングは、一般的には仕入れた商品の品質や数量を確認した検収作業の完了時（検収基準）が多いです。納入時点で計上（納入基準）している会社もあります。

関連科目 仕入高（P230）、買掛金（P170）

振込手数料を負担する

先月に仕入れた商品代金100,000円を支払うため、振込手数料の432円と合わせて、普通預金口座から振り込んだ（振込手数料自社負担）。（単位：円）

| 借方 買掛金 | 100,000 | 貸方 普通預金 | 100,432 |
| 　　 支払手数料 | 432 | | |

◎自社が振込手数料を負担する場合、仕入代金に振込手数料を加算した金額を支払います。そこで、振込手数料分を「支払手数料」として借方に計上します。一方、仕入先が振込手数料を負担する場合は、支払った振込手数料を「買掛金」と相殺して、全額を取引先に振り込みます。

> 先月に仕入れた商品代金100,000円を支払うため、普通預金口座から振り込んだ。振込手数料の432円は、仕入先が負担することになっている（振込手数料相手負担）。（単位：円）
>
> | 借方 買掛金 | 100,000 | 貸方 普通預金 | 100,000 |

関連科目 買掛金（P170）、支払手数料（P280）、CASE（P44）

CASE 3 リベートをもらう

仕入先のB社と、3カ月で600万円以上の商品を仕入れた場合、仕入額の3％のリベートを受けられる契約を締結した。4月から3カ月間を確認したところ、仕入総額は800万円であった。なお、当社は3月決算である。

❖6月：

| 借方 未収入金 | 24 | 貸方 仕入高 | 24 |

◎ 多額の仕入に対するリベートが「仕入割戻し」です。リベートの算定基準が明確に契約されている場合、「仕入割戻し」は仕入れた事業年度に、「仕入高」から直接控除できます。算定基準が不明な場合、仕入先より通知を受けた事業年度に、「仕入高」から直接控除します。
◎ リベートとして現金を受け取る場合は、入金まで「未収入金」に計上します。ただし、買掛金と相殺する場合、その時点で「買掛金」と相殺します。

関連科目 仕入高(P230)、買掛金(P170)、未収入金(P104)

CASE 4 仕入代金の請求がない

仕入代金5万円の請求が、仕入先からきていないことがわかった。当該商品を仕入れたのは2年前である。

| 借方 買掛金 | 5 | 貸方 雑収入 | 5 |

◎ 民法上、商取引の売掛債権の時効は2年間です。その期間を過ぎても請求がない場合、時効期間が経過したため債務が消滅したものとして、「雑収入」で処理します。
◎ 一方、財政状態の悪化により債務の弁済に支障が生じ、債務免除の合意を債権者から得た場合は、「買掛金」を減少させ「債務免除益」として処理します。

債権者より債務免除の合意を得て、買掛金5万円の債務が免除された。

| 借方 買掛金 | 5 | 貸方 債務免除益 | 5 |

関連科目 買掛金(P170)、雑収入(P314)、その他の特別損益(P330)

2-6 固定資産の取引に関する仕訳

パソコンを購入する

会計業務用にパソコンを購入した。納品書の内訳は「パソコン本体21万円、モニター8万円、レザープリンター7万円」となっている。月末までに普通預金口座から代金を振り込む予定である。

借方 工具器具備品	36	貸方 未払金	36

◎ 取得価額10万円未満の減価償却資産を取得した場合、少額減価償却資産として取得時に一括して費用として処理できます。ただし、本ケースのように、最初からセットで使うことが明らかな場合、周辺機器を含む総額が取得価額となります。
◎ 取得したパソコンは耐用年数4年として減価償却し、貸借対照表上は、「工具器具備品」として表示します。

関連科目　工具器具備品(P126)、未払金(P176)、減価償却費(P286)

固定電話を購入する

事務所の開設にあたって、電話を架設した。その際、契約料と施設負担金として7万円、また電話機本体の代金3万円が請求され、普通預金口座から支払った。

借方 電話加入権	7	貸方 普通預金	10
消耗品費	3		

◎ 電話の契約料と施設負担金は電話のサービスを受ける権利として、「電話加入権」に該当します。電話加入権は非償却資産にあたるため償却することはできませんので、取得価額で資産として計上します。
◎ 取得価額10万円未満の電話機本体は少額減価償却資産にあたるため、「消耗品費」として一括して費用処理します。

関連科目　電話加入権(P142)、消耗品費(P270)

スマートフォンを購入する

事業用にスマートフォン50,000円と附属キット10,000円を購入した。事務手数料5,000円とあわせて現金で支払った（単位：円）。

借方 消耗品費	60,000	貸方 現金	65,000
通信費	5,000		

◎取得価額10万円未満のスマートフォンや附属キットは少額減価償却資産にあたるため、「消耗品費」として一括して費用処理します。
◎本来、事務手数料は減価償却資産にあたり「電話通信施設利用権」として取り扱われますが、取得価額が10万円未満のため、「通信費」として費用処理します。

関連科目 電話加入権（P142）、消耗品費（P270）、通信費（P268）

事務所を借りる

事務所に使用するため賃貸借契約を結び、1カ月分の家賃30万円、保証金90万円、仲介手数料15万円を普通預金口座から振り込んだ。なお、保証金のうち30万円は、契約終了時に償却費として賃貸人に支払うことになっている。

借方 地代家賃	30	貸方 普通預金	135
差入保証金（保証金）	60		
長期前払費用	30		
支払手数料	15		

◎保証金のうち、自社に返還される部分は「差入保証金」として、返還されない部分は「長期前払費用」として資産に計上します。「差入保証金」は償却しませんが、「長期前払費用」は契約期間（定めのない場合は5年）に応じて、決算の時に償却します。
◎仲介手数料は、支払った日の属する事業年度に「支払手数料」として費用処理できます。

関連科目 地代家賃（P264）、差入保証金（P154）、長期前払費用（P152）、支払手数料（P280）

第2章 取引ごとの仕訳 | 43

2-7 金融機関等との取引に関する仕訳

CASE 1 取引先の口座に振り込む

前月に仕入れた商品の未払いの仕入代金30,000円を、取引先の銀行口座に普通預金口座から振り込んだ。なお、振込手数料432円は当社負担となっている。

借方	買掛金	30,000	貸方	普通預金	30,432
	支払手数料	432			

◎銀行振込による決済は手続きが簡単ですが、銀行に振込手数料を支払わなければなりません。振り込む者が実際に振込手数料を支払いますが、買い手と売り手のどちらが振込手数料を負担するかによって会計処理が異なります。
◎振込手数料が買い手負担の場合は、振込手数料を「支払手数料」として費用計上します。一方、売り手負担の場合は、振込手数料を「買掛金」と相殺して、全額を取引先に振り込みます。

関連科目 預金(P62)、買掛金(P170)、支払手数料(P280)、CASE(P40)

CASE 2 利息を受け取る

定期預金10,000,000円が満期となり、利息20,000円とともに普通預金口座に振り込まれた。ただし、国税15.315％、地方税5％とする。

借方	普通預金	10,015,937	貸方	定期預金	10,000,000
	仮払税金	4,063		受取利息	20,000

◎預金利息は「受取利息」として、損益計算書の営業外収益の区分に計上されます。また、預金利息には20.315％（源泉所得税15％、復興特別所得税0.315％、住民税5％）が源泉徴収されて支払われます。そこで、利息を受け取った時に「仮払税金」で処理して、決算の時に、法人税額から所得税分を、道府県民税額から住民税分を差し引きますので、「法人税等（法人税、住民税及び事業税）」へ振り替えます。

関連科目 受取利息(P302)、法人税等(P332)

借入をする（利息の前払い）

4月1日に銀行から短期の運転資金として1,000万円を借入（利率：年3％）して、4カ月分の利息10万円が控除された額が普通預金口座に入金された。その後、全額を返済した。

❖借入時：

借方 普通預金	990	貸方 短期借入金	1,000
支払利息割引料	10		

❖返済時：

借方 短期借入金	1,000	貸方 普通預金	1,000

◎借入金利息の前払いの場合、利息分が控除された入金額でなく全額を、「短期借入金」として計上します。決算時に「支払利息割引料」の未経過分があった場合は「前払費用」に振替えます。

関連科目 短期借入金（P174）、支払利息割引料（P304）

借入をする（利息の前払い）

4月1日に銀行から1,000万円を借入（利率：年3％）し、普通預金口座に入金された。5年間、9月末と3月末の年2回、半年分の利息15万円と返済分100万円を返済する。

❖借入時：

借方 普通預金	1,000	貸方 長期借入金	1,000

❖返済時：

借方 長期借入金	100	貸方 普通預金	115
支払利息割引料	15		

◎借入金利息の後払いの場合、全額を「長期借入金」として計上します。決算時には、「支払利息割引料」を経過した期間に応じて「未払費用（未払利息）」に振替えます。

関連科目 長期借入金（P206）、支払利息割引料（P304）、未払費用（P182）

第2章 取引ごとの仕訳

生命保険に入る

契約者及び保険金受取人を当社、被保険者を役員とする定期保険契約を生命保険会社と結んだ。死亡保険金1,000万円で、保険期間は×1年4月1日から△1年3月31日までで、月3万円の保険料が普通預金口座から引き落とされる(単位:円)。

❖保険料支払時:

借方 支払保険料	3	貸方 普通預金	3

❖保険金受取時:

借方 普通預金	1,000	貸方 雑収入	1,000

◎定期保険は貯蓄性がない代わりに、一定期間内に保険事故が発生した場合、高額の死亡保険金が設定されている掛捨ての保険商品です。保険料の支払い時には「支払保険料」として費用計上し、死亡保険の受け取り時には「雑収入」として処理します。

関連科目 支払保険料(P278)、雑収入(P314)

火災保険に入る

倉庫と商品の火災による損失に備えて、保険会社と火災保険契約を結んだ。火災保険1,000万円、保険期間は×1年1月1日から×1年12月31日までの1年で、年15万円の保険料が普通預金口座から引き落とされる(単位:円)。

❖保険料支払時:

借方 支払保険料	15	貸方 普通預金	15

◎火災保険は資産性がない代わりに、契約期間内に保険事故が発生した場合に、保険金が支払われる掛捨ての保険商品です。支払った保険料に対応する期間が翌期にわたる場合もありますが、その期間が1年以内であれば、支払い時に「支払保険料」として全額を費用計上できます。

関連科目 支払保険料(P278)、雑収入(P314)、その他の特別損益(P330)

2-8 税金等の取引に関する仕訳

法人税等を中間納付する

当社は3月決算である。11月30日に予定申告書により、法人税50万円、住民税10万円、事業税10万円を現金で納付した。

借方 仮払法人税等	70	貸方 現金	70

◎ 事業年度開始日以後6カ月を経過した日から2カ月以内に、税務署長に対し中間申告書を提出し、中間申告書に記載した税額を納付する必要があります。中間申告の方法には、予定申告(前期の実績による申告)と中間申告(仮決算による申告)があります。ただし、予定申告書に記載すべき納付税額が10万円以下となる場合は、中間報告書を提出する必要はありません。

◎ 中間申告によって、納付する法人税、住民税、事業税の支払額を概算して、「仮払法人税等」として処理します。なお、多くの場合、決算時には「法人税等」に含まれることになりますので、「法人税等」として処理することもできます。

関連科目 仮払法人税等(P114)、法人税等(P332)

中間納付法人税等が還付される

当社は3月決算である。11月30日に予定申告書により、法人税50万円、住民税10万円、事業税10万円を現金で納付し、「仮払法人税等」で処理した。ところが、下期は業績が悪化したため、決算においては法人税20万円、住民税5万円、事業税5万円となり、中間納付額の還付が見込まれる。

借方 法人税等	30	貸方 仮払法人税等	70
未収入金	40		

◎ 確定申告の結果、還付が確実に見込まれる(確定申告額＜中間納付額)場合は、「仮払法人税等(法人税50万円+住民税10万円+事業税10万円)から確定申告額(法人税20万円+住民税5万円+事業税5万円)を控除した還付分を、「未収入金」として計上します。

関連科目 仮払法人税等(P114)、法人税等(P332)、未収入金(P104)

CASE 3 法人税等を納付する

当社は3月決算である。5月31日に確定申告書を提出した。法人税100万円、住民税20万円、事業税20万円を現金で納付した。なお、前期から繰り越された未払法人税等は150万円である。

❖決算時：

| 借方 法人税等 | 150 | 貸方 未払法人税等 | 150 |

❖納付時：

| 借方 未払法人税等 | 140 | 貸方 現金 | 140 |

◎事業年度の終了の日から2カ月以内に、確定申告書を提出して、税額を納付する必要があります。実務上は、「未払法人税等」を概算して計上することが一般的です。そうした場合は、確定した納付額のみを「未払法人税等」から取崩します。
◎確定納付額が概算額より大きい場合には、その差額を「法人税等」として処理します。

関連科目　未払法人税等(P180)、法人税等(P332)

CASE 4 反則金を支払う

従業員が営業中に駐車違反をした。交通反則金として、15,000円を現金で納付した（単位：円）。

| 借方 租税公課 | 15,000 | 貸方 現金 | 15,000 |

◎会社に課された罰科金は、「租税公課」等で費用計上します。しかし、法人税法上、損金に算入できません。同じように、業務に関連する従業員に対する罰科金を会社が負担した場合は「租税公課」等で費用計上しますが、法人税法上、損金に算入できません。
◎業務に関連しない罰科金を会社が負担した場合は、従業員の「給与手当」となりますので、損金に算入されます。「給与手当」ですので、源泉徴収の必要があります。

関連科目　租税公課(P284)、預り金(P190)

消費税等を中間納付する

当社は3月決算である。11月30日に中間申告書で、消費税50万円を現金で納付した。

❖税抜方式：

| 借方 仮払消費税 | 50 | 貸方 現金 | 50 |

❖税込方式：

| 借方 租税公課 | 50 | 貸方 現金 | 50 |

◎前事業年度の消費税の年税額が48万円(除く地方消費税)を超える場合は、消費税の中間申告書を税務署長に対して提出します。税抜方式の場合、中間納付額は仮払いした額のため「仮払消費税等」で計上し、決算時に「仮受消費税」と「仮払消費税」で精算します。税込方式の場合、申告書を提出した日の属事業年度の損金の額に算入できますので、「租税公課」として処理します。

関連科目 仮払消費税等(P112)、租税公課(P284)、仮受消費税(P202)

消費税等を納付する

当社は3月決算である。5月31日に確定申告書を提出した。消費税100万円を現金で納付した。なお、前期から繰り越された未払消費税等は、100万円である。

❖税抜方式：

| 借方 未払消費税 | 100 | 貸方 現金 | 100 |

❖税込方式：

| 借方 租税公課 | 100 | 貸方 現金 | 100 |

◎税抜方式の場合、前期末に、納付額を「未払消費税」、もしくは還付額を「未収消費税」として計上していますので、それらを取り崩します。税込方式の場合で、決算時に「未払消費税」や「未収消費税」を計上していないときは、納付額を「租税公課」として、もしくは還付額を「雑収入」として処理します。計上しているときは、「未払消費税」や「未収消費税」を取り崩します。

関連科目 未払消費税等(未収消費税等)(P178)、租税公課(P284)、雑収入(P314)

源泉徴収する

給与に関する会計処理の流れである。

①4月25日、従業員3名に対して給与720,000円を普通預金口座から振り込んだ。この給与のうち、従業員負担分の雇用保険料2,000円、厚生年金保険料60,000円、健康保険料30,000円、源泉所得税15,000円、住民税6,000円であった。

❖給与支払時：

借方		貸方	
給与手当	720,000	現金	607,000
		預り金(社会保険料等)	92,000
		預り金(源泉所得税)	15,000
		預り金(住民税)	6,000

＊預り金(社会保険分)92,000円＝雇用保険料2,000円＋厚生年金保険料60,000円＋健康保険料30,000円

②月末に上記従業員3名について、4月分の会社負担分の労災保険料1,000円、雇用保険料4,000円、厚生年金保険料60,000円、健康保険料30,000円であったので、費用計上した。

❖月次決算時：

借方		貸方	
法定福利費	95,000	未払費用	95,000

＊法定福利費95,000円
　＝＋労災保険料1,000円＋雇用保険料4,000円＋厚生年金保険料60,000円＋健康保険料30,000円

③翌月10日に、4月分の源泉所得税を現金にて納付した。

❖納付時(5/10)：

借方		貸方	
預り金(源泉分)	15,000	現金	15,000

＊預り金(源泉分)15,000円は前月の給与支払い時の預り分

④翌月末に、厚生年金保険料と健康保険料を現金にて納付した。

❖納付時(5/31)：

借方 預り金(個人負担分)	90,000	貸方 現金	180,000
未払費用(会社負担分)	90,000		

＊預り金(個人負担分)90,000円は前月の給与支払い時の預り分
＊未払費用(会社負担分)90,000円＝厚生年金保険料60,000円＋健康保険料30,000円

⑤労働保険料申告書により、労働保険の概算保険料の第1期分60,000円と前期確定保険料不足分12,000円(労働保険料に関する前期繰越高が、未払費用8,000円と預り金4,000円とする)を普通預金口座から振り込んだ(単位：円)。

❖労働保険料申告納付時(7/10)：

借方 仮払金	60,000	貸方 普通預金	72,000
未払費用	8,000		
預り金	4,000		

◎ 源泉所得税と住民税は、翌月10日までに納付します。「給与手当」から源泉所得税等の額を差し引いた金額を、従業員に支給します。源泉所得税等の金額は、「預り金」として貸方に計上し、納付時に「預り金」を借方に計上して相殺します。

◎ 社会保険料(厚生年金保険料と健康保険料)は、翌月末までに納付します。給与支払い時に前月分の従業員の負担分を従業員から預かるため、「預り金」として処理しています。また、月次で会社負担分を計算し、「法定福利費」として費用計上するとともに、「未払費用」を計上します。納付時には、社会保険料としての「預り金(個人負担分)」と「未払費用(会社負担分)」を当月の納付額として、それぞれ相殺します。

◎ 労働保険料(雇用保険料＋労災保険料)は、毎年7月10日までに納付します。雇用保険料は前年度の給与実績に基に概算保険料を計算して、申告・納付します。概算保険料は前払いのため、「仮払金」などで処理します。確定した保険料は今年度の実際の支給額に基に計算されるため、雇用保険料の本人負担分は「預り金」として処理します。また、月次で雇用保険料の会社負担分と労災保険料を計算し、「法定福利費」として費用計上するとともに「未払費用」を計上します。

◎ 決算時には、概算保険料を納付したときの「仮払金」と、確定保険料となった雇用保険料の「預り金」(本人負担分)と、労災保険料の「未払費用」(会社負担分)を相殺します。概算保険料が確定保険料を下回る場合の差額は、「預り金」と「未払費用」の残高として翌期に繰り越し、翌期の概算保険料の納付時に取崩します。一方、上回る場合の差額は「未収入金」などに振替え、翌期の概算保険料に充てます。

関連科目 給与手当(P240)、預り金(P190)、法定福利費(P248)、未払費用(P182)

第2章 取引ごとの仕訳 **51**

利子等から源泉徴収する

預金利息20,000円（国税3,063円、地方税1,000円を控除後）が普通預金口座に入金された。

借方	普通預金	15,937	貸方	受取利息	20,000
	仮払税金	4,063			

◎ 預金利息は、「受取利息」の勘定科目で損益計算書の営業外収益の区分に計上されます。また、預金利息には20.315％（源泉所得税15％、復興特別所得税0.315％、住民税5％）が源泉徴収されて支払われます。よって、源泉徴収後の金額が普通預金口座に入金されます。源泉徴収された額は、「仮払税金」として処理します。

◎ 決算の時に、法人税額から所得税分を、道府県民税額から住民税分を差し引きますので、「法人税等（法人税、住民税及び事業税）」へ振り替えます。税金の前払いですので、「法人税等」の額から精算します。

関連科目　受取利息（P302）、受取配当金（P306）、法人税等（P332）、法人税等（P332）

固定資産税等を納付する

固定資産税112万円、都市計画税24万円の納税通知書が届き、第1期分34万円を現金で納付した。

借方	租税公課	136	貸方	現金	34
				未払金	102

◎ 固定資産税と都市計画税は、毎年1月1日を賦課期日とした市町村より課される地方税です。原則として、どちらの税金も納税通知書が到着した日に全額を費用に計上します。ただし、分割して納付する場合は、納付したときに納付額を費用に計上することも認められています。

◎ 固定資産税と都市計画税は、対象となる固定資産の用途によって、製造費用と販売費及び一般管理費に区分して計上します。

関連科目　租税公課（P284）、未払金（P176）

2-9 決算の取引に関する仕訳

貸倒引当金を計上する

当社は小売業、資本金1,000万円、3月決算である。決算に際し、売掛金2,000万円に対して貸倒引当金を計上することとした。なお、過去3年の貸倒実績率は8/1000、法定繰入率は10/1000である。

| 借方 貸倒引当金繰入額 | 20 | 貸方 貸倒引当金 | 20 |

＊貸倒引当金繰入額20万円＝売掛金2,000万円×法定繰入率10/1000

◎中小法人の一括金銭債権に関する貸倒引当金の繰入限度額の計算方法には、過去の「貸倒実績率」による方法と、「法定繰入率」による方法があります。どちらか有利な方（繰入限度額が多い方）を選択できます。なお、法定繰入率は業種によって違います。

関連科目 貸倒引当金繰入額(P288)、貸倒引当金(P108)

減価償却をする

当社は3月決算である。営業用の軽自動車1,000,000円を9月30日に購入した。決算に際し、軽自動車に対して減価償却を実施した。法定耐用年数4年、定額法の償却率0.25、定率法の償却率0.5とする（単位：円）。

❖定額法：

| 借方 減価償却費 | 125,000 | 貸方 減価償却累計額 | 125,000 |

＊減価償却費125,000円＝軽自動車1,000,000円×0.25×6/12月

❖定率法：

| 借方 減価償却費 | 250,000 | 貸方 減価償却累計額 | 250,000 |

＊減価償却費250,000円＝軽自動車1,000,000円×0.5×6/12月

◎定額法2年目：減価償却費250,000円＝軽自動車1,000,000円×0.25
◎定率法2年目：減価償却費375,000円＝軽自動車(1,000,000 − 250,000円)×0.5

関連科目 減価償却費(P286)、減価償却累計額(P134)

在庫の処理をする

当社は3月決算である。決算に際し実地棚卸を行った結果、期末の商品在庫が150万円、期首の商品在庫が180万円であったので、決算整理の仕訳を行った。なお、当期仕入額は2,000万円であった。

借方 仕入	180	貸方 繰越商品(期首商品棚卸高)	180
借方 繰越商品(期末商品棚卸高)	150	貸方 仕入	150

◎期首の商品在庫を当期の「仕入高」に加えるために、商品(期首商品棚卸高)」を貸方に、「仕入」を借方に計上します。一方、期末の商品在庫を当期の「仕入高」から引くために、「仕入」を貸方に、「商品(期末商品棚卸高)」を借方に計上します。その結果、売上原価は次のように計算されます。

売上原価2,030万円=期首商品棚卸高180万円+当期仕入高2,000万円-期末商品棚卸高150万円

関連科目 仕入高(P230)、商品(P80)

在庫数量が異なる

当社は3月決算である。決算に際し、実地棚卸を行った結果、帳簿上の在庫数(1,000個、単価2万円)と実際の数量(995個、単価2万円)が一致していないことがわかった。

借方 棚卸減耗損	10	貸方 繰越商品	10

◎継続的記録法で棚卸資産を記録している場合、決算に際し実地棚卸を行うことで、帳簿上の在庫数量と実際の在庫数量の差異が把握できます。その数量差異を、棚卸減耗といいます。
◎損益計算書の売上原価に「棚卸減耗損」を表示しない場合は、上記の仕訳しなくてもかまいません。棚卸減耗損を控除した後の金額で棚卸資産に関する決算整理の仕訳をすれば、結果的に売上原価に加味されます。

関連科目 棚卸資産の全体像(P78)

CASE 5　未払いの利息がある

当社は3月決算である。次のような契約内容で借入れをしている。決算に際し、借入金の利息に関する仕訳を行う。
【借入金額3,000万円、利率3％、利払い日4月末、7月末、10月末、1月末】

❖ 未払費用とする：

| 借方 支払利息割引料 | 15 | 貸方 未払費用 | 15 |

＊未払費用15万円＝3,000万円×3％×2/12月

❖ 未払費用としない：

| 仕訳なし |

◎ 決算日の3月末には、前の利息支払日1月末から2カ月が経過しています。その2カ月分については、発生主義の観点から費用に計上するほうが好ましいです。ただし、法人税法上、その支払期日が1年以内の一定の期間ごとに到来するものについては、継続適用を条件に、当期の費用とすること（「未払費用」として計上しないこと）も認められています。

関連科目　支払利息割引料(P304)、未払費用(P182)

CASE 6　未払いの給与がある

当社は3月決算である。給与を20日締めの25日払いとして、支払い時に費用計上している。決算に際し、3/25から3/31までの給与50万円について仕訳を行う。

| 借方 給与手当 | 50 | 貸方 未払費用 | 50 |

◎ 給与を支払った時に「給与手当」として費用計上している場合、給与の支払日(3/25)以後から月末(3/31)までの発生額は費用計上されていません。そこで、決算に際して「未払費用」として、「給与手当」を費用計上します。ただし、未払いに計上した時点では、源泉所得税、社会保険料、住民税の「預り金」を計上する必要はありません。

関連科目　給与手当(P238)、未払費用(P182)

第3章 資産の項目

3-1 流動資産
現金
小口現金
預金
受取手形
売掛金
電子記録債権
ファクタリング
クレジット売掛金
有価証券
棚卸資産の全体像
商品/棚卸資産
製品/棚卸資産
原材料/棚卸資産
仕掛品/棚卸資産
貯蔵品/棚卸資産
前渡金・前払金
立替金
他店商品券
前払費用
未収収益
短期貸付金
未収金・未収入金
仮払金
貸倒引当金
繰延税金資産
仮払消費税
仮払法人税等

3-2 固定資産（有形固定資産）
建物
建物附属設備
構築物
機械装置
車両運搬具
工具器具備品
土地
建設仮勘定
リース資産
減価償却累計額

3-3 固定資産（無形固定資産）
のれん
特許権
借地権
電話加入権
ソフトウエア

3-4 固定資産（投資その他）
投資有価証券
出資金
長期貸付金
長期前払費用
差入保証金

3-5 固定資産（繰延資産）
創立費
開業費
株式交付費
社債発行費
開発費

3-1 流動資産

現金
（げんきん）

どんな科目なの？

紙幣や硬貨などの国内貨幣や外国貨幣と、「すぐに換金できる貨幣に近いもの」のことです。

摘要

- ● 国内通貨
- ● 外国通貨
- ● トラベラーズチェック
- ● 債権の回収
- ● 預金の引き出し
- ● 仮払金の精算
- ● 債務の支払い
- ● 預金への預け入れ
- ● 経費の支払い
- ● 送金小切手
- ● 送金為替手形
- ● 他人振出しの当座小切手
- ● 預金手形
- ● 郵便為替証書
- ● 振替貯金払出証書
- ● 期日到来公社債利札
- ● 配当金領収書
- ● 官公庁支払命令書

現金とは、代金の支払い目的等のために保有する国内外の貨幣（紙幣や硬貨）と、いつでも必要な時に支払い手段として利用できる貨幣代用物を処理する勘定科目です。

貨幣代用物は金融機関などですぐに換金できる。例えば、他人が振り出した当座小切手、送金小切手、送金為替手形、預金手形、郵便為替証書、振替貯金払出証書、期日到来公社債利札等があります。

増加する仕訳例

諸経費の支払いのために、普通預金口座から現金5万円を引き出した。

| 借方 現金 | 5 | 貸方 普通預金 | 5 |

▼主な取引例
- ● 預金からの引き出し
- ● 売上等の収益からの入金
- ● 売掛金等の債権の回収
- ● 各種の資産の売却　等

減少する仕訳例

手元の現金10万円を普通預金口座に入金した。

| 借方 普通預金 | 10 | 貸方 現金 | 10 |

▼主な取引例
- ● 預金への入金
- ● 仕入等の費用の支払い
- ● 買掛金等の債務の支払い
- ● 各種の資産の購入　等

Point!　～間違えやすいもの～

先日付小切手は期限まで現金化できないので、「受取手形」等の勘定科目を使います。また収入印紙・切手は「貯蔵品」、自己振出の小切手は「当座預金」の勘定科目で処理します。

◆ 取引別の仕訳例 ◆

①一般的な取引の場合

- 得意先に対して商品10万円を販売し、代金を現金で受け取った。

| 借方 現金 | 10 | 貸方 売上 | 10 |

- 旅費交通費として現金2万円を支払った。

| 借方 旅費交通費 | 2 | 貸方 現金 | 2 |

②現金過不足が生じた場合

- 現金の帳簿残高は10万円であったが、現金の実在高は7万円であった。

| 借方 現金過不足 | 3 | 貸方 現金 | 3 |

- 上記の現金過不足のうち、2万円は出張の際の交通費の記帳モレであった。

| 借方 旅費交通費 | 2 | 貸方 現金過不足 | 2 |

- 期末になっても、上記の現金過不足の原因が判明しなかった。

| 借方 雑損失 | 1 | 貸方 現金過不足 | 1 |

現金は金種表を作成して、その実在高と帳簿残高とを毎日照合します。実在高と帳簿残高が一致しない原因を調べている間、一時的に「現金過不足」の勘定科目で処理します。その後、原因が分かった場合は適切な勘定科目に振り替えます。期末になってもその原因が分からない場合は、「雑収入」または「雑損失」の勘定科目に振り替えます。

- 現金の帳簿残高は10万円であったが、現金の実在高は11万円であった。

| 借方 現金 | 1 | 貸方 現金過不足 | 1 |

会計処理を行う際の注意点！

○外国貨幣は決算時の為替相場で日本円に換算して、「現金及び預金」として表示します。
○現金は、貸借対照表上、短期の預金とともに「現金及び預金」として表示します。

関連科目 小口現金(P60)、預金(P62)、雑収入(P314)、雑損失(P316)

3-1 流動資産
こぐちげんきん
小口現金

どんな科目なの？
少額の経費を支払うための、少額の現金のことです。現金とは別に管理しておきます。

摘要
- 小口経費の支払い
- 現金の勘定科目と区分して出納管理する現金
- 定額資金前渡制度
- 不定額資金前渡制度
- 預金からの補給
- 現金への振替

日常

小口現金とは、日常の小口経費を支払うために、一般の現金と区別して管理している少額の現金を処理する勘定科目です。

小口現金の取り扱いには、一定額を小口現金係に前渡して、定期的にその間の支払額と同額を補給する**定額資金前渡制度（インプレストシステム）**と、小口現金係りへ前渡する現金を一定とせず、その残高が少なくなると、必要に応じて随時補給する**不定額資金前渡制度（随時補給制度）**があります。なお、一般的には定額資金前渡制度が採用されています。

増加する仕訳例

小口経費の支払いのために、定額資金10万円を普通預金口座から引き出し、小口現金係に渡した（定額資金前渡制度）。

借方 小口現金	10	貸方 普通預金	10

▼主な取引例
- 現金からの振替え
- 預金からの補給　等

減少する仕訳例

小口現金係りから旅費交通費8万円と事務用品費2万円の支払いの報告を受けた。

借方 旅費交通費	8	貸方 小口現金	10
事務用品費	2		

▼主な取引例
- 小口経費の支払い
- 現金への振替え　等

Point!　～小口現金の会計処理～

定額資金前渡制度（インプレストシステム）と随時補給制度のどちらの方法をとっても、現金を補給するタイミングと金額が違うだけで、会計処理の方法は同じです。

経費 / 資金 / 売上 / 仕入 / その他

◆ 取引別の仕訳例 ◆

①定額資金前渡制度の場合

● 小口経費の支払いのために、現金10万円を小口現金係に手渡しした。

| 借方 小口現金 | 10 | 貸方 現金 | 10 |

● 小口現金係より、旅費交通費3万円、交際費2万円、事務用品費1万円を支払った実績報告があった。ただちに小切手を振り出して、資金を補給した。

借方 旅費交通費	3	貸方 小口現金	6
交際費	2		
事務用品費	1		

| 借方 小口現金 | 6 | 貸方 現金 | 6 |

● 期末に小口現金10万円を現金に振り替えた。

| 借方 現金 | 10 | 貸方 小口現金 | 10 |

定額資金前渡法の場合、手元の小口現金残高と領収書の合計金額は、定額の前渡額と常に一致しますので、必ず照合します。不一致があった場合は、「現金過不足」の勘定科目で一時的に処理します。その後、原因が分かった場合は、適切な勘定科目に振り替えます。その期のうちに不一致の原因が分からない場合は、「雑収入」または「雑損失」の勘定科目に振り替えます。

● 現金の帳簿残高は10万円であったが、現金の実在高は11万円であった。

| 借方 現金 | 1 | 貸方 現金過不足 | 1 |

● 期末になっても、上記の現金過不足の原因が判明しなかった。

| 借方 現金過不足 | 1 | 貸方 雑収入 | 1 |

■ 会計処理を行う際の注意点！

◎小口現金の入金は、売上による入金等の他の現金と混合させないように、補給する現金のみにします。一方、小口現金の支払いは、あらかじめ勘定科目を限定し、支払い範囲を定めておきます。また、一定金額を超える支払いは行わないようにします。

関連科目 現金（P58）、預金（P62）

3-1 流動資産

預金
（よきん）

どんな科目なの？

預金（銀行に預けている資金）と、貯金（郵便局に預けている資金）のことです。

摘要

- 預け入れ
- 引き出し
- 振り込み
- 口座入金
- 振込出金
- 振替出金
- 貯金預入
- 自動引落し
- 普通預金からの振替
- 当座預金からの振替
- 定期預金解約預入
- 小切手振込入金
- 期日取立入金
- 振り出し小切手決済
- 見渡小切手

日常

経費

資金

売上

仕入

その他

預金とは、金融機関との預金契約に基づく資金の預け入れや引き出しを処理する勘定科目です。

預金には多くの種類があります。例えば、銀行、信用金庫などの金融機関へ預けている預金（当座預金、普通預金、通知預金、定期預金、納税準備金、別段預金など）、郵便局へ預けている貯金（郵便貯金、郵便振替貯金）、信託銀行の金銭信託などです。

増加する仕訳例

手元にある現金1万円を普通預金口座に入金した。

借方 普通預金	1	貸方 現金	1

▼主な取引例
- 現金の預け入れ
- 売掛金などの入金
- 受取利息などの入金
- 預金の振替　等

減少する仕訳例

ガス代と水道代2万円が普通預金口座から引き落とされた。

借方 水道光熱費	2	貸方 普通預金	2

▼主な取引例
- 現金の引き出し
- 買掛金などの出金
- 自動引き落とし
- 預金の振替え　等

Point!　〜普通と当座の違い〜

普通預金は、金融機関との普通預金契約に基づく有利息の預金です。ATM（現金自動預払機）による入出金や振込みができ、主に日常の現金の出納に利用されています。

当座預金は、金融機関との当座取引契約に基づく無利息の預金です。小切手や支払手形を振り出すことができ、主に代金の支払いの決済手段に利用されています。

◆ 取引別の仕訳例 ◆

①預金の増減した場合

● 得意先の売掛金10万円が普通預金口座に入金された。

借方 普通預金	10	貸方 売掛金	10

● 電気料金2万円と通信費3万円が普通預金口座から引き落とされた。

借方 水道光熱費	2	貸方 普通預金	5
通信費	3		

②小切手の振り出し（当座預金）の場合

● A銀行と当座契約を結び、現金20万円を入金した。

借方 当座預金	20	貸方 現金	20

● 未払いの仕入代金5万円の支払いのために小切手を振り出した。

借方 買掛金	5	貸方 当座預金	5

● 当座借越契約を結んでいる当座預金口座の残高が、決算時にマイナス10万円になっていた。

借方 当座預金	10	貸方 短期借入金	10

当座借越契約を金融機関と結んでいると、借越限度額まで小切手を振り出すことができます。その当座預金借越残高（マイナス残高）のことを、当座借越といいます。期末に**当座借越**の場合には、「当座預金（貸方残）」を「短期借入金」に振り替えます。

■ 会計処理を行う際の注意点！

◎ 各種の預金は、貸借対照表上、「現金及び預金」として表示されますが、日常は「普通預金」や「当座預金」などの預金種類ごとに会計処理します。
◎ 期末に未渡しの小切手がある場合には、「当座預金」として処理します。
◎ 1年を超えて期限の到来する定期預金等は、短期間に支払手段として利用しないことから、「定期預金」などとして、固定資産の「投資その他の資産」に表示します。ただし、「投資その他の資産」に表示した「定期預金」などの満期が1年以内となった場合は、「流動資産」に表示します。

関連科目　現金(P58)、短期借入金(P174)、CASE(P44, 45)

第3章　資産の項目　| 63

3-1 流動資産

うけとりてがた
受取手形

どんな科目なの？

お金をもらう権利を表したもの。取引先との通常の営業取引で、対価として受け取った手形債権のことです。

摘要

- 手形による売上
- 手形の回収
- 手形の取立て
- 約束手形受取
- 為替手形受取
- 金融手形受取
- 裏書手形受取
- 手形書換
- 手形期日取立
- 融通手形受取
- 手形の割引
- 手形の裏書
- 手形更改
- 不渡手形
- 手形ジャンプ

受取手形とは、通常の営業取引によって、得意先などが支払い手段として振り出した手形を受け取って保有している場合に、その手形債権を処理する勘定科目です。

増加する仕訳例

得意先に対して商品を販売し、代金5万円は手形で受け取った。

借方 受取手形	5	貸方 売上	5

▼主な取引例
- 手形による売上
- 売掛金の手形による回収
- 手形の書き換え 等

減少する仕訳例

約束手形の期日が到来し、得意先より当座預金口座に5万円が振り込まれた。

借方 当座預金	5	貸方 受取手形	5

▼主な取引例
- 手形の取立てによる入金
- 手形の裏書
- 支払手形との相殺
- 手形の割引
- 手形の差し替え
- 手形の不渡り 等

Point! ～約束手形と為替手形～

手形には、約束手形と為替手形の2種類があります。会計上は、どちらも区別はせず、「受取手形」として処理します。

約束手形は2者間の取引に使われます。手形の振出人がその受取人に対し、その手形に記載された一定の金額を将来の一定の期日に支払うことを約束した証券です。

一方、**為替手形**は3者間の取引に使われます。手形の振出人が支払人に対し、その手形に記載された一定の金額を将来の一定の期日に、手形の受取人に支払うように依頼した証券です。

◆ 取引別の仕訳例 ◆

①受け取った場合

- 売掛金の代金として、得意先より受取手形30万円を受け取った。

| 借方 受取手形 | 30 | 貸方 売掛金 | 30 |

②取り立てた場合

- 取引銀行に取立てを依頼し、得意先の約束手形20万円が、満期日に決済され当座預金口座に入金された。

| 借方 当座預金 | 20 | 貸方 受取手形 | 20 |

- A社振り出し、B社引き受けの為替手形10万円が、満期日に決済され当座預金口座に入金された。

| 借方 当座預金 | 10 | 貸方 受取手形 | 10 |

③通常の営業取引以外の手形の場合

- 営業外手形の取引
C社と土地1,000万円の売買契約を結び、売却代金1,100万円を約束手形で受け取った。

- 担保手形の取引
貸付金の担保として、手形10万円を受け取った。

| 借方 短期貸付金 | 10 | 貸方 現金 | 10 |

- 金融手形の取引
D社と相互に金融手形10万円を振り出した。

※割引、裏書、不渡りの場合の仕訳は、次のページを参照してください。

◆ 割引、裏書、不渡時の仕訳 ◆

(1) 手形を割り引いた場合

割引手形とは、金融機関で割引することで現金化した手形をいいます。手形の割引とは、金融機関で割引日から支払期日までの利息相当分を割引料として手形の金額から差し引かれて、その残額が当座預金口座に入金されることです。

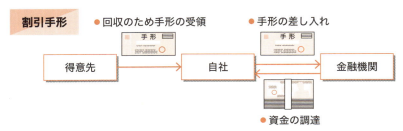

金融機関で手形を割り引いて、手持ちの手形を満期日前に現金化する場合の会計処理には次のような方法があります。

① 遡及義務等を記録しない方法
② 評価勘定により遡及義務等を記録する方法(評価勘定法)
③ 対照勘定により遡及義務等を記録する方法(対照勘定法)
④ 遡及義務等(保証債務)を時価評価する方法

ここでは、会計処理が簡単な①遡及義務等を記録しない方法による仕訳例を挙げます。

● 手形の割引
E社振出しの約束手形200万円を取引銀行にて割り引いた。割引料8万円を差し引かれ、残額が当座預金口座に入金された。

借方	当座預金	192	貸方	受取手形	200
	手形売却損(支払利息割引料)	8			

● 割引手形の期日落ち
取引銀行にて割引いたE社振出しの約束手形200万円について、銀行より満期取立て済みの通知を受けた。

仕訳なし

● 割引手形の不渡
取引銀行にて割引いたE社振出しの約束手形200万円が満期日に不渡りとなり、買戻すことになった。

借方	不渡手形	200	貸方	当座預金	200

(2) 手形を裏書した場合

裏書手形とは、支払手形等の代わりの支払手段として、裏書譲渡した手形をいいます。手形の裏書譲渡とは、手形の所持人が期日前に手形の裏面に記名・押印して、手形を第三者に渡すことです。

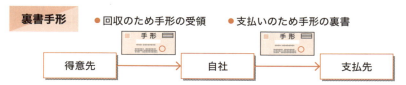

手形を仕入先等に裏書譲渡して、手持ちの手形を債務の支払いに充てる場合の会計処理には次のような方法があります。

① 遡及義務等を記録しない方法
② 評価勘定により遡及義務等を記録する方法（評価勘定法）
③ 対照勘定により遡及義務等を記録する方法（対照勘定法）
④ 遡及義務等（保証債務）を時価評価する方法

ここでは、会計処理が簡単な①遡及義務等を記録しない方法による仕訳例を挙げます。

● 手形の裏書
F社に対する買掛金の支払いのため、手持ちのG社振出し約束手形200万円を裏書譲渡した。

借方 買掛金	200	貸方 受取手形	200

● 裏書手形の期日落ち
F社に裏書譲渡したG社振出し約束手形200万円が満期日に決済された。

仕訳なし

● 裏書手形の不渡
F社に裏書譲渡したG社振出し約束手形200万円が満期日に不渡りとなり、買戻すことになった。

借方 不渡手形	200	貸方 当座預金	200

会計処理を行う際の注意点！

◎「受取手形」は、貸借対照表上、流動資産の部に表示されますが、破産債権、更生債権その他これらに準ずる債権で1年以内に回収されないことが明らかなものには、固定資産の部の「投資その他の資産」に表示します。
◎受取手形は、期末に貸倒引当金を設定する対象となります。

関連科目 短期貸付金（P102）、貸倒引当金（P108）、売掛金（P68）、買掛金（P170）、売上高（P228）

3-1 流動資産

売掛金
うりかけきん

どんな科目なの？

得意先との通常の営業取引（商品の販売やサービスの提供など）で発生した、未回収の代金（まだ入金のない販売代金）のことです。

摘要

- ●掛け売上
- ●代金未収
- ●掛け回収
- ●未収代金
- ●未回収代金の回収
- ●請負代金の未収分
- ●売上代金の未収分
- ●割賦販売の未収金
- ●売上値引の戻入
- ●掛け売上げ返品
- ●掛け代金割戻し
- ●買掛金との相殺
- ●預り金振替
- ●前受金相殺
- ●前受金への振替
- ●債権譲渡証書
- ●代物返済
- ●リベート

日常
経費
資金
売上
仕入
その他

　売掛金とは、得意先との通常の営業取引（商品などの販売代金の未回収分、サービスの提供の授受などの営業収益の未回収分など）によって発生した、営業上の債権を処理する勘定科目です。回収まで1年を超える債権でも、通常の営業取引によって発生した売掛金であれば「売掛金」で処理します。これを**正常営業循環基準**といいます。

増加する仕訳例

得意先に対して商品100万円を販売し、代金は翌月末となった。

借方 売掛金	100	貸方 売上	100

▼主な取引例
- ●掛による売上
- ●商品販売代金の未収
- ●販売代金の未回収　等

減少する仕訳例

掛売りした商品の代金100万円が当座預金口座に入金された。

借方 当座預金	100	貸方 売掛金	100

▼主な取引例
- ●掛の回収による入金
- ●手形の受取
- ●買掛金との相殺
- ●売上値引き　等

Point!　〜似ている勘定科目との違い〜

　「売掛金」と似た勘定科目の「未収金（未収入金）」は、通常の営業取引以外（固定資産や有価証券の売却など）から発生した債権である点が異なります。

68

◆ 取引別の仕訳例 ◆

①掛売りした場合

- A社に商品50万円を掛売りした。

| 借方 売掛金 | 50 | 貸方 売上 | 50 |

- A社に販売した商品の一部に欠陥があり、3万円分が返品された。

| 借方 売上 | 3 | 貸方 売掛金 | 3 |

②回収した場合

- A社の売掛金47万円が普通預金口座に入金された。

| 借方 普通預金 | 47 | 貸方 売掛金 | 47 |

- B社より売掛代金として、同社振出しの約束手形20万円を受け取った。

| 借方 受取手形 | 20 | 貸方 売掛金 | 20 |

③回収不能になった場合

- D社が倒産し、司社に対する売掛金20万円が回収不能になった。

| 借方 貸倒損失 | 20 | 貸方 売掛金 | 20 |

会計処理を行う際の注意点！

◎「売掛金」は、貸借対照表上、流動資産の部に表示されますが、破産債権、更生債権その他、これらに準ずる債権で1年以内に回収されないことが明らかなものには、固定資産の部の「投資その他の資産」に表示します。
◎売掛金は、期末に貸倒引当金を設定する対象となります。

関連科目 CASE(P38, 39)、売上高(P228)、貸倒引当金(P108)、貸倒損失(P290)、買掛金(P170)

3-1 流動資産

電子記録債権
でんしきろくさいけん

どんな科目なの？

未回収の新しい形（なんとペーパレス！）の金銭債権のことです。

摘要
- 債権の発生
- 発生記録の通知
- 発生記録の請求
- 債権の譲渡
- 譲渡記録の請求
- 買掛金との相殺
- 債権の決済
- 債権の消滅

日常

　電子記録債権とは、債権の発生や譲渡が電子債権記録機関の記録原簿に電子記録されることを要件とする金銭債権を処理する勘定科目です。「電子記録債権」は、「電子記録債務」に対応する勘定科目です。

　電子記録債権の仕組みは、取引コストや紛失リスクのある手形や、譲渡が煩雑である売掛債権の抱える問題を克服することが期待されて、新たな決済手段として創設されました。

経費
資金
売上
仕入
その他

増加する仕訳例

未回収の販売代金10万円が発生したことを、電子債権記録機関に通知した。

借方 電子記録債権	10	貸方 売掛金	10

▼主な取引例
- 電子記録債権の発生の請求
- 電子記録債権の発生の通知　等

減少する仕訳例

電子債権記録機関に発生を記録した債権10万円の支払い期日がきて、普通預金口座に振り込まれた。

借方 普通預金	10	貸方 電子記録債権	10

▼主な取引例
- 電子記録債権の消滅
- 電子記録債権の決済
- 買掛金との相殺
- 電子記録債権の譲渡　等

Point! ～通称「でんさい」～

　全国銀行協会は、新たな社会インフラとして電子債権記録機関「株式会社全銀電子債権ネットワーク（でんさいネット）」を設立し、2013年2月から電子記録債権（でんさい）のサービスをスタートしました。

対になる科目	対象	消費税	貸借対照表

電子記録債務
P172

対象		消費税			貸借対照表			
法人	個人	対象外	課税	非課税	資産	**流動資産**	負債	流動負債
						有形固定資産		固定負債
						無形固定資産	純資産	株主資本
						投資その他の資産		それ以外
						繰延資産		

◆ 取引別の仕訳例 ◆

①発生した場合

● 得意先A社に対する売掛金100万円の回収をでんさいネットで行うため、取引銀行を通じて電子債権の発生記録を請求した。

借方 電子記録債権	100	貸方 売掛金	100

②決済された場合

● でんさいネットに発生記録した電子記録債権100万円の支払い期日が到来して、普通預金口座に振り込まれた。

借方 普通預金	100	貸方 電子記録債権	100

③譲渡した場合

● 仕入先B社に対する買掛金の支払いをでんさいネットで行うため、電子記録債権100万円のうち50万円について取引銀行を通じて電子記録債権の譲渡記録を請求し、相殺した（裏書）。

借方 買掛金	50	貸方 電子記録債権	50

● 電子記録債権100万円のうち50万円について、取引銀行に電子記録債権の譲渡記録を請求し、割引料4万円を差し引かれた残額が当座預金口座に振り込まれた（割引）。

借方 当座預金	46	貸方 電子記録債権	50
電子記録債権売却損	4		

裏書の取引も割引の取引も、どちらも仕訳の考え方は「受取手形」と同様です。割引料は、「電子記録債権売却損」などとして営業外費用に計上します。

会計処理を行う際の注意点！

◎ 1枚の「受取手形」を分割することはできませんが、「電子記録債権」の場合、分割して譲渡することができます。そのため、「電子記録債権」の方が利便性の高い手段と言えます。

関連科目 売掛金（P68）、買掛金（P170）、電子記録債務（172）

第3章 資産の項目

3-1 流動資産
ファクタリング
ふぁくたりんぐ

どんな科目なの？
売掛金などをファクタリング会社に売却して、現金化しようとするものです。

摘要
- 売上債権の譲渡
- 売掛金の早期現金化
- 売掛債権担保
- ファクタリングの入金
- ファクタリング契約

ファクタリングは、企業の保有する売上債権をファクタリング会社に譲渡して、現金化しようとする際の会計処理に使用する勘定科目です。

ファクタリングとは、売上債権を売買する仕組みのことです。また**ファクタリング会社**とは、売上債権を買い取り、自己の危険負担で債権の回収を行う金融会社をいいます。

増加する仕訳例

保有する売掛金 10 万円をファクタリング会社に譲渡した。

借方 ファクタリング	10	貸方 売掛金	10

▼主な取引例
- 売上債権の譲渡
- ファクタリング契約の締結　等

減少する仕訳例

ファクタリング会社から手数料 1 万円を差し引かれた 9 万円が普通預金口座に振り込まれた。

借方 普通預金	9	貸方 ファクタリング	10
売上債権売却損	1		

▼主な取引例
- 売掛金の早期入金
- ファクタリング会社からの入金　等

Point!　〜「でんさい」との違い〜

電子記録債権とファクタリングはどちらも売掛債権を譲渡できる仕組みですが、電子記録債権は「でんさいネット」に登録した企業が利用する制度であるのに対して、ファクタリングは売掛債権を保有している企業とファクタリング会社の直接の譲渡取引である点が大きく異なります。

◆ 取引別の仕訳例 ◆

①売掛債権が発生した場合

● 得意先A社に商品100万円を販売したが、代金は未回収である。

| 借方 売掛金 | 100 | 貸方 売上 | 100 |

②売掛債権を譲渡した場合

● 得意先A社に対する売掛金100万円を、ファクタリング会社に譲渡する契約を締結した。

| 借方 ファクタリング | 100 | 貸方 売掛金 | 100 |

③ファクタリング会社から入金があった場合

● 売掛金100万円を譲渡したファクタリング会社から、手数料10万円を差し引かれた残額が普通預金口座に振り込まれた。

| 借方 普通預金 | 90 | 貸方 ファクタリング | 100 |
| 売掛債権売却損 | 10 | | |

手数料は「売掛債権売却損」などの勘定科目を使って、営業外費用に計上します。
なお、売上債権を譲渡したときには仕訳を行わない方法もあります。

● 売上債権を譲渡した場合

仕訳なし

● ファクタリング会社から入金があった場合

| 借方 普通預金 | 90 | 貸方 売掛金 | 100 |
| 売上債権売却損 | 10 | | |

会計処理を行う際の注意点！

◎ ファクタリングの契約を締結して売掛債権を譲渡することは通常の営業取引ではないので、「ファクタリング」ではなく「未収金（未収入金）」の勘定科目で処理することもあります。

関連科目　売掛金（P68）、未収金（P104）

3-1 流動資産

クレジット売掛金

くれじっとうりかけきん

どんな科目なの？

クレジットカード払いで商品を販売した店舗などが、その代金を受け取る権利のことです。

摘要

- カード売上
- 掛け代金回収
- クレジットカード会社からの入金
- クレジットカード名
- クレジットカードによる販売
- カード売上の返品

日常

経費

資金

売上

仕入

その他

クレジット売掛金とは、商品などをクレジットカード払いで販売した小売店などが、後日、クレジットカード会社からその代金を受け取ることができる権利を処理する勘定科目です。

クレジットカードによる販売の場合、代金は商品を購入した顧客から受け取るのでなく、後日、クレジットカード会社により決済されます。そこで、顧客に商品を販売してからクレジットカード会社による代金の決済を受けるまでの間、「クレジット売掛金」で処理します。

増加する仕訳例

商品10万円をクレジットカード払いで販売した。なお、クレジットカード会社への手数料は販売代金の3%とする。
単位：円

借方	クレジット売掛金	97,000	貸方	売上	100,000
	支払手数料	3,000			

▼主な取引例
- カード売上　● クレジットカードによる販売　● クレジットカード名　等

減少する仕訳例

クレジットカード会社から3%のクレジット手数料を差し引いた97,000円が普通預金口座に振り込まれた。
単位：円

借方	普通預金	97,000	貸方	クレジット売掛金	97,000

▼主な取引例
- 掛け代金の回収　● クレジットカード会社からの入金　● クレジットカード名　等

Point!　～「売掛金」との違い～

「クレジット売掛金」はクレジットカード会社に対する債権なので、営業上の得意先などに対する債権である「売掛金」とは区別する必要があります。

◆ 取引別の仕訳例 ◆

①クレジットカード払いで販売した場合

● 商品10,000円を販売し、その代金は顧客のクレジットカードにより決済された。クレジットカード会社へのクレジット手数料は販売代金の5％で、これは販売時に認識するものとする。

単位：円

借方 クレジット売掛金	9,500	貸方 売上	10,000
支払手数料	500＊		

＊クレジット手数料500円＝販売代金10,000円×5％

クレジットカード会社へ支払うクレジット手数料は、「支払手数料」などの勘定科目で処理します。

②返品された場合

● 上記①の商品10,000円が返品された。

単位：円

借方 売上	10,000	貸方 クレジット売掛金	9,500
		支払手数料	500

③クレジットカード会社から入金があった場合

● 後日、クレジット手数料を差し引いた手取り額9,500円が、クレジットカード会社から普通預金口座に振り込まれた。

単位：円

借方 普通預金	9,500	貸方 クレジット売掛金	9,500

会計処理を行う際の注意点！

◎「クレジット売掛金」は、貸借対照表上、「売掛金」に含めて表示します。

関連科目 売上高（P228）、支払手数料（P168）

3-1 流動資産

有価証券
ゆうかしょうけん

どんな科目なの？

短期的に売買を繰り返す目的のために、会社が保有している株式や公社債などのことです。

摘要

- 株式
- 新株予約権付社債
- 外国企業株式
- 売買目的の有価証券
- 1年以内満期到来の満期保有目的債権
- 国債証券
- 地方債
- 外国企業債券
- 有価証券売買委託手数料
- 社債券
- 投資信託受益証券
- 貸付信託受益証券
- 利付債券
- 有価証券購入
- 有価証券売却

発生

設立

資産

金融関連

その他

　有価証券とは、会計上の有価証券のうち売買目的で保有するものと、満期まで保有する目的のもののうち1年以内に満期が到来するものを処理する勘定科目です。「有価証券」は流動資産の部に、それ以外の有価証券は固定資産の「投資その他の資産」に表示されます。

　会計上、「有価証券」は、国債証券、地方債証券、株券、社債券、信託受益証券等をいいます。なお、法律上は、小切手、手形、切手、収入印紙等も有価証券ですが、会計上の有価証券には含まれません。

増加する仕訳例

有価証券を短期に売買する目的で購入し、代金10万円は普通預金口座から振り込んだ。

借方 有価証券	10	貸方 普通預金	10

▼主な取引例
- 有価証券の取得
- 有価証券の評価
- 売買委託手数料の支払い　等

減少する仕訳例

有価証券(簿価10万円)を7万円で売却し、代金が普通預金口座に振り込まれた。

借方 普通預金	7	貸方 有価証券	10
有価証券売却損	3		

▼主な取引例
- 有価証券の売却
- 有価証券の評価　等

Point! 〜トレーディング〜

　売買目的の有価証券とは、日々の時価の変動から利益を得ること(いわゆるトレーディング)を目的として保有している有価証券をいいます。売買目的とは、通常、同一銘柄に対して相当程度の反復的な購入と売却が繰り返されている場合を指します。

◆ 取引別の仕訳例 ◆

①取得した場合

- A社の株式100万円を短期売買目的（トレーディング目的）で購入し、代金は普通預金口座から振り込んだ。なお、売買委託手数料は3万円であった。

| 借方 有価証券 | 103 | 貸方 普通預金 | 103 |

購入により取得した有価証券の取得価額には、購入代金と購入時の手数料その他の費用を含みます。

②売却した場合

- 保有するA社の株式（簿価50万円）を60万円で売却し、売買委託手数料1万円を差し引き、残金が普通預金口座に入金された。

| 借方 普通預金 | 59 | 貸方 有価証券 | 50 |
| | | 有価証券売却益 | 9 |

③決算時に時価評価した場合

- 保有するA社の株式（簿価50万円）の期末の時価は55万円であった。決算につき、評価替えを行った。

| 借方 有価証券 | 5 | 貸方 有価証券評価益 | 5 |

- 期首につき、上記の株式の洗替処理を行った。

| 借方 有価証券評価益 | 5 | 貸方 有価証券 | 5 |

「有価証券」の期末評価の方法には、評価損益を翌期首に戻し入れる**洗替法**と、評価損益を翌期首に戻し入れない**切放法**が認められています。

会計処理を行う際の注意点！

◎有価証券の期末における評価方法は、有価証券の保有目的によって異なります。上述のように、売買目的の有価証券は期末において時価で評価し、評価損益は当期の損益に認識されます。

関連科目 投資有価証券（P146）、有価証券売却益（損）（P308）、有価証券評価益（損）（P310）

3-1 流動資産
棚卸資産の全体像

どんな科目なの？
販売することを目的に会社が保有しているもの、いわゆる在庫のことです。

　棚卸資産とは、正常な営業プロセスを前提として、販売ないし消費する目的で会社が保有している資産をいいます。具体的には、次のようなものがあります。

勘定科目	意味
商品、製品、半製品等	販売のために保有している棚卸資産
仕掛品、未成工事支出金等	販売のために製造・生産中の棚卸資産
原材料、工場消耗品、貯蔵品等	製造・生産のために短期間で消費される棚卸資産
事務用消耗品、貯蔵品等	販売活動及び一般管理活動のために短期間で消費される棚卸資産

主な棚卸資産の種類

- 商品：物品を販売する会社が、販売するために所有しているもの
- 製品：製造・生産を行う会社が、販売するために所有する完成品
- 半製品：中間的製造品・生産品として、そのままの状態で販売できるもの
- 仕掛品：現に製造中や生産中のもので、そのままの状態では販売できないもの
- 原材料：製品の製造・生産のために使用される物品で、未使用の状態のもの
- 貯蔵品：製造・生産のために短期間で消費される工場消耗品(燃料等)
　　　　　販売活動や一般管理活動のために短期間で消費される事務用消耗品(文具等)

留意点

- 保管している耐用年数が1年未満または取得価額が10万円未満の工具や備品は有形固定資産であっても、「貯蔵品」として処理します。
- 形ある資産のみが棚卸資産になるわけではありません。加工のみを委託された場合の加工費のみから構成されるものは、無形のものであっても「製品」として棚卸資産となります。

▼棚卸資産と売上原価の関係

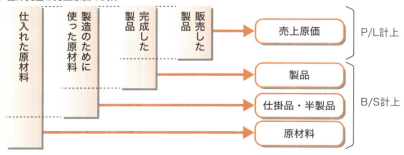

◆ 取得原価の決定 ◆

棚卸資産の取得価額は、その取得形態により次のように算出されます。

●購入した棚卸資産

商品、原材料等の購入した棚卸資産の取得価額は、購入対価と付随費用の合計額です。

▼購入した棚卸資産の取得価額

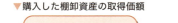

購入対価	直接付随費用（外部費用）	間接付随費用（内部費用）
送状価額 －値引き・割戻し等	引取運賃・荷役費・関税 運送保険料等	買入事務費・検収費 社内の移管費用等

税務上、間接付随費用については、購入対価の概ね3％以内であれば、販売費及び一般管理費として処理することができます。

●製造した棚卸資産

製品、仕掛品等の製造した棚卸資産の取得価額は、製造価額と付随費用の合計額です。

▼製造した棚卸資産の取得価額

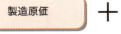

製造原価	付随費用
適正な原価計算基準によって算定された製造原価	製造後に要した検査・選別・手入れ等にかかった費用

税務上、付随費用については、製造原価の概ね3％以内であれば、販売費及び一般管理費として処理することができます。

会計処理を行う際の注意点！

◎棚卸資産の取得価額は、次のように配分されます。最初に決算時点で、売上原価や製造原価と、在庫となる繰越価額に配分されます。続いて実地棚卸の時点で、帳簿上の在庫となった原価のうち、減耗による減耗損や品質低下による評価損を当期の費用・損失として配分します。最後に、繰越原価の市場価額が著しく低下している場合、その下落額を評価損として配分します。

関連科目 CASE(P54)、商品(P80)、製品(P84)、仕掛品(P88)、原材料(P86)、貯蔵品(P90)

3-1 流動資産：棚卸資産の全体像

第3章　資産の項目

3-1 流動資産

しょうひん/たなおろししさん
商品/棚卸資産

どんな科目なの？

販売する目的で、仕入先などの外部者から仕入れた物品のことです。

摘要

- 仕入商品
- 試供品
- 商品
- 繰越商品
- 積送品
- 倉庫入庫済み商品
- 販売用商品
- 未着品
- 見本品
- 在庫

商品とは、物品を販売する会社が、販売する目的で仕入先などから仕入れたものを処理する勘定科目です。商品は販売を主たる事業とする会社が販売目的で仕入れた物品ですので、普通は業種によって様々なものが「商品」の勘定科目で処理されます。例えば、土地、建物、車両などは固定資産ですが、不動産会社が販売目的のために所有している土地や建物や、自動車会社にとっての販売用の車両などは、「商品」の範囲に含まれます。

増加する仕訳例

期末棚卸で在庫5万円を確認したので、資産へ計上した。

借方 商品	5	貸方 期末商品棚卸高	5

▼主な取引例
- 期末商品の振替
- 商品仕入（総記法、・分記法）　等

減少する仕訳例

前期末の商品在庫5万円を、期首商品棚卸高に振り替えた。

借方 期首商品棚卸高	5	貸方 商品	5

▼主な取引例
- 期首商品の振替
- 商品販売（総記法・分記法）　等

Point!　〜商品と製品〜

「商品」と「製品」は、製造や生産をするかしないかの違いです。仕入れた物品を製造や生産をせずに、そのままの状態で販売する場合は「商品」となります。

Point!　〜いろいろな会計処理〜

商品売買取引の会計処理には、**総記法**（期中の仕入、売上という取引すべてを商品勘定だけで処理）、**分記法**（商品勘定のすべてを仕入原価の動きで示し、売上の際の仕入原価との差額を商品売買益で処理）、**三分法**（商品勘定を取引内容に応じて「仕入」「売上」「繰越商品」の3つに分けて処理）があります。実務上は三分法を用います。

決算

原価棚卸

減価償却

貸倒

経過勘定

税金

◆ 取引別の仕訳例 ◆

①総記法の場合

- 仕入：商品400万円を掛で仕入れた。

借方 商品	400	貸方 買掛金	400

- 売上：商品360万円（原価240万円）を掛で販売した。

借方 売掛金	360	貸方 商品	360

- 決算：期首商品棚卸高は0円、期末商品棚卸高は160万円で決算処理を行った。

借方 商品	120	貸方 商品売買益	120

②分記法の場合

- 仕入：商品400万円を掛で仕入れた。

借方 商品	400	貸方 買掛金	400

- 売上：商品360万円（原価240万円）を掛で販売した。

借方 売掛金	360	貸方 商品	240
		商品売買益	120

- 決算：期首商品棚卸高は0円、期末商品棚卸高は160万円で決算処理を行った。

仕訳なし

会計処理を行う際の注意点！

◎「商品」は、商品売買取引の仕訳の方法として総記法または分記法を採用している場合に、使用される勘定科目です。実務的によく使われる三分法の仕訳方法については、「仕入高（P230）」を参照してください。三分法を採用したとしても、貸借対照表上は、「商品」で表示されます。

◆ 未着品と積送品の仕訳 ◆

●未着品

未着品とは、遠隔地より買い付けし、まだ輸送途中にある物品です。「未着品」の勘定科目は、手元にある在庫商品と区別して処理する場合に使います。

貨物引換証や船荷証券が転売可能なため、物品はまだ到着していなくても、商品と同じと考えられますので、貸借対照表上は「商品」と表示されます。

● 商品はまだ届いていないが、仕入商品200万円の貨物引換証を受け取った。

借方 未着品	200	貸方 買掛金	200

● 貨物引換証と引き換えに、仕入商品100万円を受け取った(三分法)。

借方 仕入	100	貸方 未着品	100

● 商品を受け取る前に、仕入商品100万円の貨物引換証を120万円で転売し、代金は掛とした(三分法)。

借方 売掛金	120	貸方 売上	120
仕入	100	未着品	100

●積送品

積送品とは、委託販売のために積送された物品です。

委託販売とは、商品の販売を第三者に委託して、委託者自身が商品の販売損益を計算し、販売手数料を受託者に支払う販売形態をいいます。委託販売では、受託者の手元に商品がありますが、商品の所有権は実際に販売されるまでは委託者にあります。そこで、「積送品」の勘定科目は、委託者の手元にある在庫商品と区別して処理する場合に使います。

● 委託販売のために、商品200万円を販売委託先Aに送付した(三分法)。

借方 積送品	200	貸方 仕入	200

● 販売委託先Aが積送品200万円を400万円で掛売りした。なお、販売委託先Aの販売手数料を100万円とする(三分法)。

借方 売掛金	300	貸方 積送品売上	300
仕入	200	積送品	200

「未着品」や「積送品」は、その金額が総資産の総額の100分の1を超える場合には「商品」と区別して、流動資産の部に独立して表示します。

コラム　棚卸資産の評価基準について

棚卸資産の評価方法には、①原価法と②低価法があります。

①原価法

原価法は、棚卸資産を取得原価によって評価します。具体的には、棚卸資産の取得原価に対して選択した原価配分方法（個別法、先入先出法、後入後出法、総平均法、移動平均法、最終仕入原価法、売価還元法等）を適用して、取得原価を算定し、期末の棚卸資産の価額を計算します。

なお、平成22年4月以後に開始する事業年度から後入先出法は廃止されること（「棚卸資産の評価に関する会計基準」の改正）になりました。

②低価法

低価法は、期末棚卸資産の取得原価と時価を比較して、いずれか低い方の価額を期末の棚卸資産の価額とします。

▼原価配分の方法

方法	内容
個別法	個々の取得価額で、払出単価と期末評価額を計算する
先入先出法	取得した時期が古い棚卸資産から順番に払い出されると仮定して、払出単価と期末評価額を計算する
後入後出法	取得した時期が新しい棚卸資産から順番に払い出されると仮定して、払出単価と期末評価額を計算する
総平均法	期首の棚卸資産の評価額と期中に購入した棚卸資産の取得価額の合計額を、棚卸資産の総数量で除して払出単価を求め、その単価で期末評価額を計算する
移動平均法	棚卸資産の受入れの度、仕入数量と繰越数量との平均単価を求め、それを払出単価とし、最終の単価で期末評価額を計算する
最終仕入原価法	期末に最も近い時点で取得した棚卸資産の価額で、払出単価と期末評価額を計算する
売価還元法	販売価格による期末棚卸資産高に、原価率を乗じて、期末評価額を計算する

コラム　棚卸資産の数量の算定方法について

棚卸資産の数量の計算方法には、①棚卸計算法と②継続記録法があります。

①棚卸計算法

棚卸計算法は、期末に実地棚卸をして在庫数量を把握します。実地棚卸により期末数量が確定すれば、次の算式により、期中の払出数量が計算できます。

期中払出数量＝期首在庫数量＋期中受入数量－期末在庫数量

②継続記録法

継続記録法は、品目ごとに受払いの全てを帳簿に記録します。

関連科目　CASE（P54）、仕入高（P230）、売上高（P228）

第3章　資産の項目　83

3-1 流動資産

製品/棚卸資産
せいひん/たなおろししさん

どんな科目なの？

製造や生産を事業とする会社が、販売目的のために、自らが製造した製造品や生産した生産品のことです。

摘要

- 完成済み製品
- 自社製品
- 在庫
- 完成品の受入れ
- 製品原価振替
- 製造品
- 作業くず
- 製品副産物
- 生産品

製品とは、工業、鉱業その他商業以外の事業を営む製造業者や製造部門が、販売用に製造や生産した製造品や生産品のことで、会社の営業目的に関係するものを処理する勘定科目です。

増加する仕訳例

期末棚卸で製品在庫50万円を確認したので、資産へ計上した。

借方 製品	50	貸方 期末製品棚卸高	50

▼主な取引例
- 期末製品の振替
- 製品の完成　等

減少する仕訳例

前期末の製品在庫50万円を期首製品棚卸高に振り替えた。

借方 期首製品棚卸高	50	貸方 製品	50

▼主な取引例
- 期首製品の振替
- 売上原価への振替　等

Point!　～製品と商品の違い～

　「製品」と「商品」は、製造や生産をするかしないかの違いです。仕入れた原材料などを製造や生産して、完成品として販売する場合は「製品」となります。

Point!　～製造工程にあるもの～

　「製品」は最終工程が終了して完成した完成品ですが、「仕掛品」や「半製品」は、製造過程にあって作っている途中のものです。
　「仕掛品」や「半製品」はどちらも製造過程にあります。「半製品」は貯蔵中で最終製品になっていなくても販売可能なものですが、「仕掛品」はそれ自体ではまだ販売できないものである点が異なります。
　「副産物」や「作業くず」は、製造過程で付随的に発生するものです。「副産物」は主な製品の製造過程から必然的に派生するもので販売可能なものですが、「作業くず」は製造過程で発生する原材料の残りくずで経済的に価値があるものである点が異なります。

決算

原価・棚卸

減価償却

貸倒

経過勘定

税金

◆ 取引別の仕訳例 ◆

①製品が完成した場合

- 製品Aが完成した。製品Aの製造原価は400万円であった。

| 借方 製品 | 400 | 貸方 仕掛品 | 400 |

製造業者や製造部門が販売用に製造や生産をした物品は、完成する前までは「仕掛品」として処理し、完成した際に「製品」の勘定科目に振替えます。

②売上に伴って製品売上の出庫額を売上原価に振替える場合

- 製品Aを販売代金300万円で掛けにて販売した。それに伴って、製品売上の出庫額200万円を売上原価に振替えた。

| 借方 売掛金 | 300 | 貸方 売上 | 300 |
| 売上原価 | 200 | 製品 | 200 |

③副産物が発生した場合

- 製造工程において、必然的に副産物が生じる。完成品の入庫は100万円、副産物の入庫は10万円であった。

| 借方 製品 | 100 | 貸方 仕掛品 | 110 |
| 副産物 | 10 | | |

会計処理を行う際の注意点！

◎製造のために必要な費用の総称を製造費用といいます。製造費用は、主に3つの原価要素(材料費、労務費、製造経費)の合計です。原価計算の手続きを経て、製造費用から製造原価を計算します。原価計算の方法には、**個別原価計算**と**総合原価計算**があります。
製造原価は次のように計算されます。

> 製造原価＝期首製品棚卸高＋当期総製造費用－期末製品棚卸高
> 当期製品製造費用＝期首仕掛品棚卸高＋材料費＋労務費＋製造経費－期末仕掛品棚卸高

◎製品の払出金額は、先入先出法、総平均法、最終仕入原価法、個別法等の方法で計算されます。実務上、計算が簡単な総平均法がよく利用されています。

関連科目　仕掛品(P88)

3-1 流動資産

原材料/棚卸資産
げんざいりょう/たなおろししさん

どんな科目なの？

製品の製造の目的で、外部から購入してきた原料、材料、部品のうち、まだ使用していないものです。

摘要

- ●原料
- ●工場消耗品
- ●材料
- ●消耗工具器具備品
- ●素材
- ●燃料
- ●部品
- ●補助原材料
- ●買入部品
- ●主要原材料
- ●直接付随費用
- ●間接付随費用

決算

原価・棚卸

減価償却

貸倒

経過勘定

税金

　原材料とは、製品の製造のために外部から購入した原料（製造過程で化学的変化をして、素材の原形をとどめないもの）、材料（製造過程で物理的変化をして、素材の原形をとどめるもの）、購入部分品（加工することなくそのままの状態で製品に取り付けられるもの）の受払いや、その残高を処理する勘定科目です。

増加する仕訳例

期末棚卸で原材料5万円を確認したので、資産へ計上した。

| 借方 原材料 | 5 | 貸方 期末材料棚卸高 | 5 |

▼主な取引例
- ●材料の購入
- ●期末材料の振替　等

減少する仕訳例

前期末の原材料5万円を期首材料棚卸高に振り替えた。

| 借方 期首材料棚卸高 | 5 | 貸方 原材料 | 5 |

▼主な取引例
- ●材料の消費
- ●期首材料の振替　等

Point!　～「原材料」は製造費用のうちの1つ～

　製造費用の構成要素の1つである「原材料」は、原価計算の手続き（個別原価計算や総合原価計算など）を通して、製造費用から製造原価が計算されます。まず原材料を購入した際に、取得価額で「原材料」を借方に記入します。次に製造のために原材料を出庫した際には、「仕掛品」に振替えます。

◆ 取引別の仕訳例 ◆

①原材料を購入した場合

- 原材料200万円を掛にて購入した。

借方 原材料	200	貸方 買掛金	200

②原材料を出庫した場合

- 製品Aの製造に使うために原材料100万円を出庫した。

借方 仕掛品	100	貸方 原材料	100

③棚卸減耗損や評価損が発生した場合

- 期末の実施棚卸の結果、原材料20万円が帳簿残高より不足していた。

借方 棚卸減耗損	20	貸方 原材料	20

- 保管している原材料の時価が下がっているため、評価損10万円が生じた。

借方 棚卸評価損	10	貸方 原材料	10

- 継続的記録法で把握した帳簿棚卸数量よりも実地棚卸数量が少ない場合、その不足数量に単価を乗じた額を「棚卸減耗損」とします。「棚卸減耗損」のうち、原価性を有するものは製造原価、売上原価または販売費及び一般管理費に、原価性を有しないものは営業外費用または特別損失に「棚卸減耗損」としてを計上します。
- 品質低下を原因とする「棚卸評価損」のうち、原価性を有するものは製造原価、売上原価または販売費及び一般管理費に、原価性を有しないものは営業外費用または特別損失として、「棚卸評価損」として計上します。
- 原材料の時価が取得原価より著しく下落した場合には、回復する見込がある場合を除き、時価をもって貸借対照表の金額とします。

会計処理を行う際の注意点！

◎原材料の取得価額は、購入対価、購入のために直接要した付随費用（引取運賃、荷役費、運送保険料、購入手数料、関税など）、間接的に要した付随費用（購入事務、検収、整理、選別、手入れなど）、事後費用（工場間の移管運賃、荷役費など）を合計して計算します。

関連科目 製品（P84）、仕掛品（P88）

3-1 流動資産

しかかりひん / たなおろししさん
仕掛品/
棚卸資産

どんな科目なの？

製造や生産を事業とする会社が、販売目的のために自ら製造や生産している途中の物品（つまり、完成する前の物品）のことです。

摘要

- ●加工途中の製品在庫
- ●工程上の製品在庫
- ●製造過程の在庫
- ●製造工程済み仕掛品
- ●製造中の部品
- ●生産ライン上の在庫

仕掛品とは、工業、鉱業その他商業以外の事業を営む製造業者や製造部門が、販売を目的とする製品の製造過程にあって、現在、仕掛り中のもの（製造現場において製造中の物品）を処理する勘定科目です。「仕掛品」は、製造工程の途中にあるため、その形は製造や生産の工程の進捗によって様々です。

決算

原価・棚卸

減価償却

貸倒

経過勘定

税金

増加する仕訳例

期末棚卸で仕掛品5万円を確認したので、資産へ計上した。

借方 仕掛品	5	貸方 期末仕掛品棚卸高	5

▼主な取引例
- ●期末仕掛品の振替
- ●製品の完成　等

減少する仕訳例

前期末の仕掛品5万円を期首仕掛品棚卸高に振り替えた。

借方 期首仕掛品棚卸高	5	貸方 仕掛品	5

▼主な取引例
- ●期首仕掛品の振替
- ●売上原価への振替　等

Point!　〜「仕掛品」と「半製品」の違いについて〜

　「仕掛品」と「半製品」はどちらも製造過程にあります。「仕掛品」はそれ自体では販売できませんが、「半製品」はそのままの状態で販売できる点が違います。

Point!　〜「仕掛品」の勘定科目は表記が様々〜

　業種によって「仕掛品」の勘定科目は表記が様々です。建設業では「未成工事支出金（みせいこうじししゅつきん）」、造船業では「半成工事（はんせいこうじ）」という表記をします。また、製造中の設備等であっても、自社で使用することを目的としたときは、固定資産の「建設仮勘定（けんせつかりかんじょう）」を使います。

◆ 取引別の仕訳例 ◆

①原材料が出庫された場合

- 製品Aの製造に使うために原材料200万円を出庫した。

借方 仕掛品	200	貸方 原材料	200

製造のために必要な費用の総称を、**製造費用**といいます。製造費用は主に3つの原価要素(材料費、労務費、製造経費)の合計です。製造費用は原価要素ごとに費目別に計算され、その発生額を「仕掛品」に振り替えます。

②加工費が費消された場合

- 製品Aの製造のために、労務費400万円と製造経費100万円を支出した。

借方 仕掛品	500	貸方 労務費	400
		製造経費	100

③製品が完成して入庫した場合

- 製造指図書No.101(仕掛品700万円)が完成した。

借方 製品	700	貸方 仕掛品	700

製造業者や製造部門が販売用に製造や生産をした物品は、完成する前までは「仕掛品」として処理し、完成した際に「製品」の勘定科目に振替えます。

会計処理を行う際の注意点！

- 「仕掛品」の取得原価は、適正な原価計算(個別原価計算と総合原価計算)に基づいて計算されます。
- **個別原価計算**の場合は、製造原価を製造指図書ごとに集計するため、製造指図書に集計された未完成の部分の製造原価を「仕掛品」の取得原価とします。一方、**総合原価計算**の場合は、「仕掛品」の製造工程における加工進捗度を考慮しながら、先入先出法、総平均法等の評価方法で仕掛品の評価額を計算します。
- 原価計算を実施していないような場合、「仕掛品」の取得原価は、「製品」と一緒に売価還元法によって評価する方法が使われます。

関連科目 製品(P84)、原材料(P86)

3-1 流動資産

貯蔵品/棚卸資産
ちょぞうひん/たなおろししさん

どんな科目なの？

事業全般（工場用、営業用、事務用など）のために、短い期間に使用する予定の消耗品などで、まだ使用していないもののことです。

摘要

● 事務用品(未使用)	● 工具器具備品(未使用)	● 消耗品(未使用)
● 梱包材料(未使用)	● 包装材料(未使用)	● 燃料(未使用)
● 切手(未使用)	● 収入印紙(未使用)	● 油(未使用)
● 文房具(未使用)	● 帳票(未使用)	● 伝票(未使用)
● パンフレット(未使用)	● チラシ(未使用)	● 会社案内(未使用)

決算

原価棚卸

減価償却

貸倒

経過勘定

税金

　貯蔵品とは、燃料、工場用消耗品、事務用消耗品、消耗器具備品、切手・収入印紙、梱包材料の他、工具・器具等(耐用年数1年未満または1年以上で相当額未満)のうち、取得した際に経費や材料費などに計上せず、未使用のまま貯蔵されているものを処理する勘定科目です。

増加する仕訳例

期末の棚卸しに際し、未使用の収入印紙2万円(費用処理)を確認したので、資産へ計上した。

借方 貯蔵品	2	貸方 消耗品費	2

▼主な取引例
● 消耗品の期末振替　● 貯蔵品の購入　等

減少する仕訳例

前期末の貯蔵品在庫2万円を費用に振り替えた。

借方 消耗品費	2	貸方 貯蔵品	2

▼主な取引例
● 貯蔵品の期首振替　● 貯蔵品の出庫　等

Point!　〜貯蔵品の2つの会計処理〜

　「貯蔵品」には2つの会計処理の方法があります。**購入時に全額を「貯蔵品」として資産に計上**し、その後、使用時に「消耗品費」として費用計上する方法と、**購入時に全額を「消耗品費」として費用計上**し、決算時に未使用分を「貯蔵品」として資産計上する方法です(「取引別の仕訳例」を参照)。

◆ 取引別の仕訳例 ◆

①貯蔵品を購入した場合（資産計上）

- 事務用品5万円を現金にて購入した。

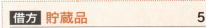

- 事務用品3万円を使用するために出庫した。

原則として、購入した時に消耗品の全額を「貯蔵品」に計上し、使用する度に費用に計上していきます。この原則的な方法は使用する度に仕訳が発生するので、事務処理が煩雑です。

②貯蔵品を購入した場合（費用計上）

- 事務用品5万円を現金にて購入した。

期末
- 未使用の事務用品2万円を確認した。

翌期首
- 前期末の貯蔵品在庫2万円を費用に振り替えた。

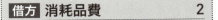

実務上は購入した時に全額を費用に計上し、期末に未使用分を「貯蔵品」に振り替える方法が多く使われています。

■ 会計処理を行う際の注意点！

◎税法上、貯蔵品は毎期ほぼ一定の量を取得し、経常的に消費するものの場合、「貯蔵品」として資産に計上せずに、購入した年度の費用に計上できます。

[関連科目] CASE（P31, 32, 34）、消耗品費（P270）、租税公課（P284）

3-1 流動資産

前渡金・前払金

まえわたしきん・まえばらいきん

どんな科目なの？

商品や原材料などを購入する前に、仕入先に支払った代金（いわゆる手付金）のことです。

摘要

- 材料費前払い
- 仕入代金前払い
- 諸経費前払い
- 外注費前払い
- 代金前払い
- 手付金
- 前払金
- 商品手付金
- 加工代金前渡し
- 購入代金前渡し
- 仕入振替処理
- 買掛金振替処理

発生 / 設立 / 資産 / 金融関連 / その他

前渡金とは、商品や原材料などを購入するにあたり、仕入先にその代金の一部または全部を納入前に支払った場合、その金額を一時的に処理する勘定科目です。「前払金」という勘定科目も同様です。

増加する仕訳例

外注先に加工代金の一部、20万円を小切手で手付金として前渡した。

借方 前渡金	20	貸方 当座預金	20

▼主な取引例
- 商品や材料などの購入代金の前払い　● 外注加工費の前払い　● 諸経費の前払い　等

減少する仕訳例

外注品200万円の納品を受け、代金の残り180万円を小切手で支払った（手付金20万円）。

借方 外注加工費	200	貸方 前渡金	20
		当座預金	180

▼主な取引例
- 仕入への振替　● 外注加工費への振替　等

Point! 〜「前払費用」と「前渡金・前払金」について〜

「前払費用」は「前渡金・前払金」と似た名称の勘定科目ですが、「前払費用」は継続的にサービスを受ける場合で、まだサービスを受けていない部分に対して、すでに代金を支払っているところが違います。

Point! 〜前渡金の2つの会計処理方法について〜

「前渡金」の会計処理には、2つの方法があります。前渡金を支払った際に「前渡金」で処理した後、**購入時に「前渡金」を振替処理**する方法と、前渡金を支払った際に「買掛金」で処理した後、**決算時に「前渡金」に振替処理**する方法です（「取引別の仕訳例」を参照）。

◆ 取引別の仕訳例 ◆

①購入時に振替処理する場合

- A商品200万円の代金の一部60万円を手付金として、仕入先に現金で前渡した。

| 借方 前渡金 | 60 | 貸方 現金 | 60 |

- 仕入先よりA商品200万円の納品があり、残額140万円を掛とした。

| 借方 仕入 | 200 | 貸方 前渡金 | 60 |
| | | 買掛金 | 140 |

仕入代金を前払いした時に前払いした分を、「前渡金」として計上します。実際の商品の納入時には「仕入」の勘定科目と振替え、残額を「買掛金」として計上します。この方法は取引の実体の通りですが、「前渡金」の発生する度に仕訳をすることになるので、事務処理が煩雑になります。

②決算時に振替処理する場合

- A商品200万円の代金の一部60万円を手付金として、仕入先に現金で前渡した。

| 借方 買掛金 | 60 | 貸方 現金 | 60 |

- 納品あり：仕入先よりA商品200万円の納品があり、残額140万円を掛とした。

| 借方 仕入 | 200 | 貸方 買掛金 | 200 |

- 納品なし：仕入先よりA商品200万円が未納入のまま決算をむかえた。

| 借方 前渡金 | 60 | 貸方 買掛金 | 60 |

仕入代金の前払い時に前払いした分を、「買掛金」として借方に計上します。決算時に「買掛金」の借方残のうち前渡しした該当分に「前渡金」を使うだけですので、簡便な方法です。

会計処理を行う際の注意点！

◎仕入先へ商品代金の一部の名目で前渡金を支払ったとしても、実質的には仕入先への資金援助にあたるときは、「前渡金」でなく「短期貸付金」として処理するほうが好ましいです。

関連科目 前払費用(P98)、短期貸付金(P102)、買掛金(P170)

3-1 流動資産
たてかえきん
立替金

どんな科目なの？

従業員、役員、取引先などが、本来、自ら支払うべきものを会社が一時的に立て替えたときの支払いのことです。

摘要

- 一時立替
- 立替払い
- 個人負担分の立替
- 役員への立替
- 従業員への立替
- 関係会社への立替
- 子会社への立替
- 取引先への立替
- 親会社への立替
- 保険料の立替
- 給付金の立替
- 他社経費の立替
- 他店発行の商品券による売上
- 他店発行のギフト券による売上

日常

経費

資金

売上

仕入

その他

立替金とは、会社が債務者に代わって債務を立て替えて払った場合に発生する勘定科目です。具体的には、役員、従業員、親会社、子会社、取引先などに対して一時的な金銭の立替払いした場合に、その立替金額を処理します。他にも、他社発行の商品券やギフト券などで自社の商品を販売した場合、商品券などの発行元との精算時までは「立替金」で処理します。

増加する仕訳例

社会保険料50万円を現金で支払い、従業員負担分15万円は立替金で処理した。

借方	法定福利費	35	貸方	現金	50
	立替金	15			

▼主な取引例
- 取引先、従業員などが負担すべき経費などの一時的な立替払い
- 従業員が負担すべき社会保険料の立替払い　● 他店発行商品券による商品の販売　等

減少する仕訳例

従業員への立替金50万円を短期の貸付金に振り替えた。

借方	短期貸付金	50	貸方	立替金	50

▼主な取引例
- 立替金の精算　● 立替金の回収
- 買掛金などとの相殺　● 貸付金への振り替え　等

Point!　～「立替金」の利息について～

役員や従業員などへの「立替金」は一時的な金銭の融通ですので、本来、利息は発生しません。しかし、長期間にわたる場合は、実質的に貸付金と変わりませんので、「貸付金」に振替えて、他の貸付金と同じように利息を付けます。

◆ 取引別の仕訳例 ◆

①取引先に対して立て替えた場合

- 取引先と同行した際、取引先の負担すべき交通費10万円を一時的に立て替えた。

借方 立替金	10	貸方 現金	10

- 翌月、立替金10万円を取引先の買掛金と相殺した。

借方 買掛金	10	貸方 立替金	10

②従業員に対して立て替えた場合

- 社内旅行費100万円を当座預金口座より支払い、そのうち従業員の負担分30万円を立替金で処理した。

借方 福利厚生費	70	貸方 当座預金	100
立替金	30		

- 翌月の給与300万円から立替金30万円を天引きして、普通預金口座から振り込んだ。

借方 給与手当	300	貸方 立替金	30
		普通預金	270

③商品券などによる売上の場合

- 商品1万円を販売し、代金として加盟店共通の商品券1万円を受け取った。

借方 立替金	1	貸方 売上	1

他社発行の商品券やギフト券などで商品を販売した場合、発行元との精算時までは「立替金」で処理します。別途、「他店商品券」の勘定科目を設けることもあります。

会計処理を行う際の注意点！

◎「立替金」の額が資産総額の100分の1を超える場合は、流動資産の部に「立替金」の勘定科目を設けて表示します。超えない場合は「その他の流動資産」に含めて表示します。

関連科目　CASE(P38)、短期貸付金(P102)、売上高(P228)、他店商品券(P96)

3-1 流動資産

たてんしょうひんけん
他店商品券

どんな科目なの？

自社以外の他店（百貨店等）が発行する、共通商品券やギフト券などのことです。

摘要

- 全国百貨店共通商品券の売上
- 他店の商品券の受け入れ
- ギフトカードの売上
- 全国百貨店共通商品券の交換
- 他店の商品券の交換
- ギフトカードの交換

日常

　他店商品券とは、百貨店、チェーン店、大手スーパー等が販売促進を目的として発行している商品券で、自社が発行した商品券以外のものを処理する勘定科目です。なお、自社が発行した商品券には、「商品券」の勘定科目を使います。

　「他店商品券」の勘定科目を設定せずに、「立替金」で処理することもあります。

経費
資金
売上
仕入
その他

増加する仕訳例

商品1万円を販売し、代金として全国百貨店共通商品券を受け取った。

| 借方 他店商品券 | 1 | 貸方 売上 | 1 |

▼主な取引例
- 他店の発行した商品券による販売
- ギフトカードによる売上　等

減少する仕訳例

顧客から受け取った全国百貨店共通商品券1万円を換金した。

| 借方 現金 | 1 | 貸方 他店商品券 | 1 |

▼主な取引例
- 他店の発行した商品券の換金
- ギフトカードの換金　等

Point!　〜「他店商品券」と「商品券」の違い〜

　「他店商品券」は百貨店など商品券を発行した会社から、後でその券面額を受け取ることができる権利ですので、資産に計上されます。一方、「**商品券**」は自社が発行した商品券の券面額に相当する商品を引き渡す義務ですので、負債に計上されます。

◆ 取引別の仕訳例 ◆

①他店発行の商品券の受け入れた場合

- 商品2万円を販売し、代金としてカード会社が発行したギフトカードを顧客から受け取った。

| 借方 他店商品券 | 2 | 貸方 売上 | 2 |

②他店発行の商品券と自社発行の商品券を受け入れた場合

- 商品3万円を販売し、代金として他店発行の商品券1万円と自社発行の商品券2万円を顧客から受け取った。

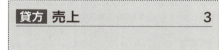

③おつりを払った場合

- 商品9万円を販売し、代金として他店発行の商品券10万円を顧客から受け取ったので、おつりは現金で支払った。

④他店発行の商品券を決済した場合

- 顧客から受け取ったカード会社発行のギフトカード2万円を発行元で精算した。

| 借方 現金 | 2 | 貸方 他店商品券 | 2 |

会計処理を行う際の注意点！

◎他店の発行した商品券は、後日、発行元において決済されて現金化されます。一方、自社発行の商品券は、商品券と引き換えに商品を引き渡す義務が履行されましたので、発行時に負債に計上されていた「商品券」と相殺されます。

関連科目 売上高（P228）、商品券（P186）、CASE（P38）

3-1 流動資産

前払費用
まえばらいひよう

どんな科目なの？

継続的にサービスの提供を受ける契約で、まだ受けていないサービスに対して、先に支払った代金のことです。

摘要

- 前払いの経費
- 前払いの保険料
- 前払いの家賃
- 前払いの地代
- 前払いの賃借料
- 短期保険料の前払い
- 短期リース料の前払い
- 短期広告料の前払い
- 未経過の支払利息
- 未経過の保険料
- 未経過のリース料
- 未経過の割引料

決算

前払費用とは、一定の契約に従って継続的にサービスの提供を受ける場合、まだ提供されていないサービスに対してすでに支払われた対価を処理する勘定科目です。「前払費用」は、適正な損益計算を行うため、決算において損益項目を修正するために設けられた経過勘定の1つです。

原価・棚卸

減価償却

貸倒

経過勘定

税金

増加する仕訳例

月末に来月分の事務所の家賃20万円を普通預金口座から支払った。

借方 前払費用	20	貸方 普通預金	20

▼主な取引例
- 経費の前払い
- 家賃、地代、リース代などの前払い
- 保険料の未経過分
- 支払利息の未経過分　等

減少する仕訳例

翌月に前払費用20万円の振替処理を行った。

借方 地代家賃	20	貸方 前払費用	20

▼主な取引例
- 長期前払費用への振替
- 前払費用の振替　等

Point! ～「前渡金・前払金」と「前払費用」の違い～

「前渡金・前払金」は「前払費用」と似た名称の勘定科目ですが、「前渡金・前払金」は、継続的に役務の提供を受ける以外の商品の購入などをした場合に、商品の納品前に代金の一部または全部を支払った時に使用します。一方、「前払費用」は継続的に役務の提供を受ける場合に、まだサービスの提供を受けていないにもかかわらず支払った時に使用します。

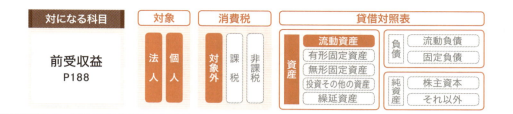

◆ 取引別の仕訳例 ◆

①支出時に資産計上し、月次で費用へ振替える場合

- 1月に、コンピュータのリース料6ヶ月分30万円を小切手で支払った。

借方 前払費用	30	貸方 当座預金	30

- 上記のリース料を月次(1月)で費用に振替処理をした。

借方 賃借料	5	貸方 前払費用	5

②支出時に費用処理し、期末に資産計上する場合

- 1月に、コンピュータのリース料6ヶ月分30万円を小切手で支払った(3月決算)。

借方 賃借料	30	貸方 当座預金	30

- 期末時点で上記リース料のうち3ヶ月が未経過である。

借方 前払費用	15	貸方 賃借料	15

- 翌期首に振替処理を行った。

借方 賃借料	15	貸方 前払費用	15

リース料を前払いした時点で、まだ経過していない分も含めて、既に当期の費用にしているので、決算時にまだ経過していない分の費用を当期の損益計算から控除します。あわせて貸借対照表の資産の部に、まだ経過していない分を「前払費用」として計上します。
翌期首には「前払費用」の振替処理をすると、翌期分のリース料のみが翌期の損益計算書に「賃借料」として計上されます。あわせて決算時に計上した「前払費用」と期首に振替処理して計上した「前払費用」が、貸借対照表上で相殺されます。

会計処理を行う際の注意点！

◎決算日から起算して1年以内に費用となるものは、流動資産の部の「前払費用」に、1年を超えて費用になるものは固定資産の部の「長期前払費用」として表示します。この基準を、**1年基準(ワン・イヤー・ルール)**といいます。

◎継続適用を条件に、重要性のない場合は「前払費用」としないで、支払時に費用計上できます。

関連科目　前渡金・前払金(P92)、長期前払費用(P152)、賃借料(P262)

3-1 流動資産

未収収益
みしゅうしゅうえき

どんな科目なの？

継続的にサービスを提供する契約で、すでに提供したサービスに対して、まだ支払ってもらっていない代金のことです。

摘要

- 未収受取利息
- 未収地代
- 未収賃貸料
- 未収手数料
- 未収家賃
- 未収利息

未収収益とは、一定の契約に従って継続的にサービスを提供する場合において、すでに提供されたサービスに対してまだ代金の支払いを受けていないもので、支払期日が未到来のものを処理する勘定科目です。「未収収益」は、適正な損益計算を行うため、決算において損益項目を修正するために設けられた経過勘定の１つです。

増加する仕訳例

期末に預金の利息１万円の未収分を計上した。

借方 未収収益	1	貸方 受取利息	1

▼主な取引例
- 預金利息の未収
- 貸付金利息の未収
- 地代家賃の未収
- 手数料の未収　等

減少する仕訳例

翌期首に未収収益１万円の振替処理を行った。

借方 受取利息	1	貸方 未収収益	1

▼主な取引例
- 未収収益の期首振替　等

Point!　～似ている勘定科目～

「未収金」は「未収収益」と似た名称の勘定科目ですが、「未収金」は、すでに財貨を販売しており債権は確定しているがまだ入金されてないか、もしくは継続的にサービスを提供する場合で、すでに提供したサービスに対して、まだ入金されていないが入金の期日が到来しているものです。一方、「未収収益」は継続的にサービスを提供する場合で、すでに提供したサービスに対して、まだ入金されていないもので、入金の期日が到来していないもの(債権として未確定)です。

対になる科目	対象		消費税			貸借対照表				
未払費用 P182	法人	個人	対象外	課税	非課税	**流動資産**		負債	流動負債	
						有形固定資産			固定負債	
						無形固定資産	資産			
						投資その他の資産		純資産	株主資本	
						繰延資産			それ以外	

◆ 取引別の仕訳例 ◆

①期末の時点で貸付金に対する利息が未収の場合

● 取引先に対して短期で貸付をし、小切手100万円を振り出した。

借方 短期貸付金	100	貸方 当座預金	100

● 期末に、上記の貸付金100万円に対する未収利息1万円を計上した。

借方 未収収益	1	貸方 受取利息	1

時の経過とともに、サービスに対する対価である「受取利息」はすでに当期の収益として発生していますので、当期の損益計算書に「受取利息」として計上します。あわせて、貸借対照表の資産の部に「未収収益」を計上します。

②翌期に振替処理をした場合

● ①の未収利息を翌期首に振替処理した。

借方 受取利息	1	貸方 未収収益	1

● 支払期日となって利息3万円とともに①の短期貸付金を小切手で回収した。

借方 当座預金	103	貸方 短期貸付金	100
		受取利息	3

翌期首に「未収収益」の振替処理をすると、利息の入金があった場合に、すでに計上している前期分の収益が差し引かれて、翌期分の収益のみが翌期の損益計算書に「受取利息」として計上されます。決算時に借方に計上した「未収収益」と、期首に振替処理して貸方に計上した「未収収益」が貸借対照表上で相殺されます。

会計処理を行う際の注意点！

◎「未収収益」の額が資産総額の100分の1を超える場合は、「未収収益」の勘定科目を設けて表示し、超えない場合に「その他の流動資産」に含めて表示します。

◎継続適用を条件に重要性のない場合は、「未収収益」として計上しないで、入金時に収益計上できます。

関連科目 未収金（P104）、受取利息（P302）

第3章 資産の項目 | 101

3-1 流動資産

たんきかしつけきん
短期貸付金

どんな科目なの？

会社が役員、従業員、取引先、関係会社などに貸したお金（決算日の翌日から1年以内に会社に返す約束になっている）のことです。

摘要

- ●役員への貸付金
- ●従業員への貸付金
- ●取引先への貸付金
- ●子会社への貸付金
- ●関連会社への貸付金
- ●親会社への貸付金
- ●短期貸付金
- ●手形貸付金
- ●1年以内返済予定の貸付
- ●長期貸付金の振替
- ●立替金の振替
- ●貸付金の回収

日常

短期貸付金とは、消費貸借契約および準消費貸借契約に基づいて、取引先、親会社、関連会社、役員や従業員などに対する貸付金で、回収期限が決算日の翌日から起算して1年以内に到来するものを処理する勘定科目です。回収期限が1年を超えて到来する貸付金は、「長期貸付金」となります。この基準を、**1年基準(ワン・イヤー・ルール)** といいます。

増加する仕訳例

取引先に50万円を短期に貸し付けた。

借方 短期貸付金	50	貸方 現金	50

▼主な取引例
- ●資金の貸付
- ●長期貸付金からの振替え　等

減少する仕訳例

短期の貸付金50万円が期日に現金にて返済された。

借方 現金	50	貸方 短期貸付金	50

▼主な取引例
- ●貸付金の回収
- ●長期貸付金への振替え　等

Point!　～無利息の貸付金には注意が必要～

　会社間の「短期貸付金」はもちろんのこと、役員や従業員に対する「短期貸付金」であっても貸付金には利息が発生します。

　本来、利息を付けない「短期貸付金」は営利を目的とする会社の事業活動に反しますので、税務上、役員や従業員などに対して無利息または著しく低い金利で貸付を行った場合、会社からの経済的な利益供与とみなされるおそれがあります。

　なお「短期貸付金」に対する利息は「受取利息」として、営業外収益の区分に表示されます。

◆ 取引別の仕訳例 ◆

①貸し付けた場合

- 普通預金口座からの振込みにより、役員に200万円を短期に貸し付けた（元利受取り）。

借方	短期貸付金	200	貸方	普通預金	200

- 普通預金口座からの振込みにより、役員に200万円を短期に貸し付けた。なお、利息10万円は貸付時に前取りした（利息前取り）。

借方	短期貸付金	210	貸方	普通預金	200
				受取利息	10

②回収した場合

- 役員に貸し付けた短期の貸付金200万円が、期日に利息10万円とともに普通預金口座に振り込まれ返済された（元利受取り）。

借方	普通預金	210	貸方	短期貸付金	200
				受取利息	10

③長期の貸付金を振替えた場合

- 決算時に、長期の貸付金300万円の返済期間が1年以内になったため、短期の貸付金に振替えた。

借方	短期貸付金	300	貸方	長期貸付金	300

決算時に、「長期貸付金」の返済期限が決算日の翌日から数えて1年以内になったら、「短期貸付金」に振替えますが、その金額が少額の場合は振替えを省略してもかまいません。

会計処理を行う際の注意点！

◎ 役員や従業員への一時的な資金融通や、福利厚生のための資金援助等は「役員短期貸付金」、「従業員短期貸付金」、子会社への一時的な運転資金や設備投資資金等の貸付金は「子会社短期貸付金」の勘定科目を設定して表示します。また、注記によることもできます。
◎ 「短期貸付金」は期末に、貸倒引当金を設定する対象となります。

関連科目 長期貸付金（P150）、貸倒引当金（P108）

3-1 流動資産

みしゅうきん・みしゅうにゅうきん
未収金・未収入金

どんな科目なの？

得意先との通常の営業取引（商品の購入やサービスの提供など）以外で発生した、未回収の代金（まだ入金のない代金）のことです。

摘要

- 有価証券の売却代金の未収
- 機械などの売却代金の未収
- 工具などの売却代金の未収
- 自動車などの売却代金の未収
- 設備などの売却代金の未収
- 備品などの売却代金の未収
- 作業くずの売却代金の未収
- 未収分の回収
- 未収代金

日常

　未収金とは、通常の営業取引（商品の購入やサービスの提供など）以外の取引によって発生した債権や、通常の取引によって発生した債権のうち「売掛金」以外の債権で支払期日が到来しているものを処理する勘定科目です。「未収入金」という勘定科目も同様です。

増加する仕訳例

機械200万円（減価償却累計額60万円）を売却し、その代金160万円を翌月末に受け取ることにした。

借方	未収金	160	貸方	機械装置	200
	減価償却累計額	60		固定資産売却益	20

▼主な取引例
- 固定資産（機械・車両・建物…）の売却代金の未収分
- 有価証券の売却代金の未収分　●外注先への資材提供代金の未収分　等

減少する仕訳例

車両を売却した未収分160万円が、売却後の翌月末に普通預金口座に振り込まれた。

借方	普通預金	160	貸方	未収金	160

▼主な取引例
- 未収分の回収（現金、預金）　等

Point!　〜「未収収益」と「未収金」の違い〜

　「未収収益」は「未収金」と似た名称の勘定科目ですが、「未収収益」は継続的にサービスを提供する場合に、すでに提供したサービスの対価で、まだ入金されていないもののうち、支払期限が到来していないものです。一方、「未収金」は、すでに財貨を販売しており、債権が確定しているがまだ入金されてないか、もしくは継続的にサービスを提供する場合で、すでに提供したサービスに対して、まだ入金されていないが入金の期日が到来しているものです。

◆ 取引別の仕訳例 ◆

① 土地・建物等の固定資産や有価証券を売却して、その代金を受け取っていない場合

- 取得価額100万円（減価償却累計額40万円）の営業用の車両を50万円で売却した。代金は翌月末に受け取る契約をした。

借方		貸方	
未収金	50	車両運搬具	100
減価償却累計額	40		
車両売却益	10		

- 上記の売却代金50万円が翌月末に普通預金口座に振り込まれた。

借方		貸方	
普通預金	50	未収金	50

② 本業以外の取引として、金銭を貸し付けたり、不動産賃貸等の役務の提供して、その代金を受け取っていない場合

- 子会社への貸付金にかかる利息10万円が、支払期日（5/25）になっても払われていない。

借方		貸方	
未収金	10	受取利息	10

- 上記の利息10万円が翌月（6/1）に普通預金口座に振り込まれた。

借方		貸方	
普通預金	10	未収金	10

通常の営業取引以外の取引によって発生した収益の支払期日が到来していない未回収分は、実務的には「未収収益」で処理しますが、支払期日が到来している確定債権は「未収金」を使用します。

会計処理を行う際の注意点！

◎ 「未収金」の額が資産総額の100分の1を超える場合は、「未収金」の勘定科目を設けて表示し、超えない場合は「その他の流動資産」に含めます。
◎ 通常、決算日の翌日から1年以内に期日の到来する「未収金」は、流動資産の部の「その他の流動資産」として、1年を超える場合は「投資その他の資産」の区分に表示します。
◎ 「未収金」は、期末に貸倒引当金を設定する対象となります。

関連科目 CASE（P41, 47）、売掛金（P68）、未収収益（P100）、貸倒引当金（P108）

3-1 流動資産

仮払金
かりばらいきん

どんな科目なの？

お金を支出したものの、取引の内容が不明だったり、金額が不確定であったりした支出のことです。

摘要

- 概算払い
- 内払い
- 仮払金の支払い
- 仮払金の精算
- 交際費の仮払い
- 交際費の精算
- 交通費の仮払い
- 交通費の精算
- 出張旅費の仮払い
- 出張旅費の精算
- 経費の仮払い
- 経費の精算

日常

仮払金とは、現金や小切手等による金銭の支出をしたけれど、取引内容がわからず相手勘定が不明な場合や、相手勘定が判明しているものの内払いや概算払いのため最終的な金額が確定していない場合に、その支出を一時的に処理しておく勘定科目です。

増加する仕訳例

従業員が出張するので、現金5万円を概算払いした。

借方 仮払金	5	貸方 現金	5

▼主な取引例
- 役員や従業員に前もって仮払いした取引先を接待する費用
- 従業員に前もって仮払いした出張費用
- 従業員に前もって仮払いした交通費 ● 従業員に前もって仮払いした諸経費 等

減少する仕訳例

出張のための仮払いを精算し、その内容は交通費5万円であった。

借方 旅費交通費	5	貸方 仮払金	5

▼主な取引例
- 役員や従業員に前もって仮払いした取引先を接待する費用の精算
- 従業員に前もって仮払いした出張費用の精算
- 従業員に前もって仮払いした交通費の精算 ● 従業員に前もって仮払いした諸経費の精算 等

Point! 〜「立替金」や「未決算勘定」との違い〜

「仮払金」のように一時的に会計処理するための勘定科目に、「立替金」や「未決算勘定」があります。「仮払金」は将来的に金銭等を回収する予定がないですが、「立替金」は回収する予定があるところが違います。また、「仮払金」は実際に金銭等の支出がありますが、「未決算勘定」は金銭等の支出がないところが違います。

対になる科目	対象		消費税			貸借対照表				
仮受金 P192	法人	個人	対象外	課税	非課税	**資産**	**流動資産**	負債	流動負債	
							有形固定資産		固定負債	
							無形固定資産	純資産	株主資本	
							投資その他の資産		それ以外	
							繰延資産			

◆ **取引別の仕訳例** ◆

①仮払いした場合

● 取引先の接待のために役員に現金10万円を概算払いした。

借方 仮払金	10	貸方 現金	10

● 従業員の出張のための旅費として、あらかじめ現金10万円を仮払いした。

借方 仮払金	10	貸方 現金	10

②仮払いを精算した場合

● 取引先の接待のために概算払いした現金10万円を、飲食店の領収書と現金2万円と引き換えに精算した。

借方 交際費	8	貸方 仮払金	10
現金	2		

● 出張のため旅費として仮払いした現金10万円を、精算して現金2万円を不足分として支払った。

借方 旅費交通費	12	貸方 仮払金	10
		現金	2

概算払いのため、取引内容や金額が未確定な支出を一時的に「仮払金」として計上しますので、取引内容や金額が確定した都度、適切な勘定科目で処理します。

会計処理を行う際の注意点！

◎ 「仮払金」が資産総額の100分の1を超える金額は「仮払金」の勘定科目を設けて表示し、超えない場合は「その他の流動資産」に含めて表示します。

◎ 期末に計上されている「仮払金」がある場合は、できる限り精算して、適切な勘定科目に振替えます。いつまでも精算せずに「仮払金」のまま計上していると、**使途不明金（しとふめいきん）**となってしまうおそれもあります。さらに、**使途秘匿金（しとひとくきん）**と税務調査で指摘されると、〈使途秘匿金×40％〉の金額が課税されます。

関連科目　CASE（P39）、旅費交通費（P258）、交際費（P254）

第3章　資産の項目　**107**

3-1 流動資産

貸倒引当金
かしだおれひきあてきん

どんな科目なの？

取引先の倒産などにより、売掛金や貸付金などの金銭債権が回収できなくなる場合に備えて、期末にあらかじめ見積もっておくものです。

摘要

- 貸倒引当金の繰入
- 債権回収不能
- 貸倒損失
- 貸倒引当金の計上
- 取立不能見込額
- 貸倒引当金の戻入
- 貸倒
- 貸倒見積り
- 貸倒引当金の差額補充

決算

原価・棚卸

減価償却

貸倒

経過勘定

税金

貸倒引当金とは、取引先に対する売掛金、貸付金等の金銭債権が回収できなくなる場合に備えて、期末に金銭債権を評価し、回収不能見込額を費用に繰り入れる際に使用する勘定科目です。

「貸倒引当金」は本来、負債の部に属する勘定科目ですが、資産の部にマイナスで表示されます。つまり、「貸倒引当金」は貸倒引当金の設定対象となる債権から間接的に控除する形式となります。

増加する仕訳例

前期末に売掛金に対して貸倒引当金2万円を計上した。

借方 貸倒引当金繰入額	2	貸方 貸倒引当金	2

▼主な取引例
- 貸倒引当金計上
- 引当金回収不能見込額
- 取立不能見込額　等

減少する仕訳例

今期末に前期末計上分の貸倒引当金2万円を戻し入れて、今期、新たに貸倒引当金3万円を計上した。

借方 貸倒引当金	2	貸方 貸倒引当金戻入益	2
借方 貸倒引当金繰入額	3	貸方 貸倒引当金	3

▼主な取引例
- 貸倒引当金戻入
- 洗替処理
- 貸倒発生　等

Point! 〜「貸倒引当金」の会計処理方法〜

「貸倒引当金」の処理には、洗替処理、差額処理があります。**洗替処理**とは、前期末に計上した分を「貸倒引当金戻入益」として戻し入れ、今期末に計上する分を「貸倒引当金繰入額」として繰り入れる方法です。一方、**差額処理**とは、前期末に計上した分と今期末に計上する分の差額を補充する方法です。

◆ 取引別の仕訳例 ◆

①貸倒引当金を計上する場合

- 前期末に計上した貸倒引当金20万円を戻し入れ、今期末の売掛金に対して貸倒引当金30万円を計上した(洗替処理した)

借方 貸倒引当金	20	貸方 貸倒引当金戻入益	20
借方 貸倒引当金繰入額	30	貸方 貸倒引当金	30

- 前期末に売掛金に対して貸倒引当金20万円を計上したが、今期末には貸倒引当金30万円と設定した(差額処理した)。

借方 貸倒引当金繰入額	10	貸方 貸倒引当金	10

②貸倒が発生した場合

- 取引先の売掛金100万円が貸倒れとなった。なお、前期末に貸倒引当金20万円を計上していた。

借方 貸倒引当金	20	貸方 売掛金	100
貸倒損失	80		

会計処理を行う際の注意点！

◎ 原則として、「貸倒引当金」は、対象となる債権が流動資産の場合には流動資産の部に、固定資産の場合には固定資産の部に計上されます。しかし、実務上、事務処理を簡便にするために、「貸倒引当金」の全額を流動資産の部の「貸倒引当金」として計上することもあります。

◎ 「貸倒引当金」は、「売掛金」や「受取手形」等に対する評価勘定ですので、貸借対照表上、対象となる勘定科目ごとまたは一括して表示します。

◎ 税法では、貸倒引当金の繰入限度額は、金銭債権を**個別評価金銭債権**(取引先の個別的な事情に応じて貸倒引当金繰入額を計上する)と、**一括評価金銭債権**(個別評価金銭債権以外の一般債権に関しては、過去の貸倒実績率に基づいて貸倒引当金繰入額を計算する)に区分して定めています。

◎ 「金融商品の会計基準」では、貸倒見積高の算定方法は、債権を**一般債権**、**貸倒懸念債権**、**破産更生債権**等に区分して、その債権ごとにを決めています。

関連科目　CASE(P53)、貸倒引当金繰入額(P288)、貸倒引当金戻入益(P328)、貸倒損失(P290)

3-1 流動資産

繰延税金資産
くりのべぜいきんしさん

どんな科目なの？
税効果会計の適用により、会計と税務のアンバランスを解消するための資産のことです。

摘要
- 貸倒引当金の計上（損金不算入）
- 棚卸資産評価損の計上（損金不算入）
- 賞与引当金の計上（損金不算入）
- 事業税の未払計上

繰延税金資産とは、税効果会計により生じる税効果額を処理する勘定科目です。「繰延税金資産」は、将来の会計期間に対応する法人税等相当額を繰延べることにより生じる資産の項目で、**将来減算一時差異にかかる法人税等相当額**です。

税効果会計とは、会計上の資産・負債の額と税務上の資産・負債の額に相違や、会計と税務の間における収益と益金、費用と損金の認識時点の違いがある場合、税務における課税所得から計算された法人税等の額を、会計上の利益計算の考え方に調整するために、適切に期間配分するための会計処理です。

増加する仕訳例

決算に際して、貸倒引当金100万円を計上した。税務上の限度額を超える貸倒引当金50万円については税効果会計を適用した。なお、実効税率は40％であった（減少する仕訳例も同様）。

借方 繰延税金資産	20	貸方 法人税等調整額	20

▼主な取引例
- 貸倒引当金の計上（一時差異の発生）
- 棚卸資産評価損の計上（一時差異の発生）
- 賞与引当金の計上（一時差異の発生）　等
- 事業税の未払計上（一時差異の発生）　等

減少する仕訳例

貸倒れが確定したため、前期において損金不算入だった貸倒引当金50万円の損金算入が認められた。

借方 法人税等調整額	20	貸方 繰延税金資産	20

▼主な取引例
- 貸倒引当金の計上（一時差異の解消）
- 賞与引当金の計上（一時差異の解消）
- 棚卸資産評価損の計上（一時差異の解消）
- 事業税の未払計上（一時差異の解消）　等

Point!　〜「繰延税金資産」と「繰延税金負債」の表示の区分について〜

「繰延税金資産」と「繰延税金負債」は、税効果会計の適用の対象となった資産や負債の分類により、区分表示されます。流動資産と流動負債に区分表示された「繰延税金資産」と「繰延税金負債」は、それぞれ相殺して表示します。また、投資その他の資産と固定負債に区分表示された「繰延税金資産」と「繰延税金負債」も、それぞれ相殺して表示します。

◆ 取引別の仕訳例 ◆

①繰延税金資産を計上する場合

● 決算に際し、税務上、棚卸資産500万円に損金算入されなかった棚卸資産の評価損200万円が生じ、将来減算一時差異が認識された。なお、実効税率は40％であった。

借方 繰延税金資産	80	貸方 法人税等調整額	80

企業会計上の資産・負債の金額と、税務の課税所得計算上の資産・負債の金額の差額が一時差異なります。一時差異のうち、将来にその差異が解消する際に、課税所得を減少させる効果を持つ差異が将来減算一時差異です。
「会計上の資産＜税務上の資産」または「会計上の負債＞税務上の負債」の場合に、将来減算一時差異が生じます。例えば、上記のケースでは「会計上の資産（500 − 200）＜税務上の資産（500）」ですので、将来減算一時差異です。
繰延税金資産の金額は、将来減算一時差異に、回収が行われると見込まれる期の法定実効税率を乗ずることで計算されます。
　　◎繰延税金資産80万円＝将来減算一時差異200万円×実効税率40％
また「繰延税金資産」は、法人税等の前払額に相当しますので、法人税等の将来支払額を減額する効果があります。

②繰延税金資産を取り崩す場合

● 前期末に、税務上は損金算入されなかった棚卸資産の評価損200万円のうち、半分を廃棄処分したため、税務上、損金算入が認められた。なお、実行税率は40％であった。

借方 法人税等調整額	40	貸方 繰延税金資産	40

今期、税務上、損金算入を認められた評価損に対応する「繰延税金資産」を取り崩します。
　　◎繰延税金資産40万円＝評価損200万円×1/2×実効税率40％

会計処理を行う際の注意点！

◎ 繰延税金資産の計上については、収益力に基づく課税所得が十分であるか、タックスプランニングが存在するかなどから、将来減算一時差異が将来の税金負担額を減少させる効果を持つかどうかを十分に検討して慎重に決定しなければなりません。
◎ 当期純利益と法人税等の額を対応させるため、将来減算一時差異にかかる法人税相当額を「法人税調整額」として、損益計算書に計上します。

関連科目　法人税等調整額（P334）、繰延税金負債（P200）、貸倒引当金繰入額（P288）

3-1 流動資産

仮払消費税
かりばらいしょうひぜい

どんな科目なの？

経費の支払いや固定資産の購入にあたって、支払った消費税を一時的に処理するもののことです。

摘要
- 課税仕入
- 仮受消費税との相殺
- 控除対象外消費税額
- 仮払いの消費税分
- 税込み処理修正
- 未収消費税

仮払消費税とは、課税事業者が税抜方式を採用している場合で、課税仕入の度に支払った消費税の金額を一時的に処理する勘定科目です。

増加する仕訳例

営業用の車両324万円を購入し、代金を普通預金口座から振り込んだ。なお、消費税の処理は税抜方式をとっている。

借方 車両	300		貸方 普通預金	324
仮払消費税	24			

▼主な取引例
- 課税取引による仕入
- 課税取引による経費　等

減少する仕訳例

決算に際し、仮払消費税200万円と仮受消費税160万円を相殺した。差額は未収消費税として計上した。

借方 仮受消費税	160		貸方 仮払消費税	200
未収消費税	40			

▼主な取引例
- 仮受消費税と相殺
- 税込方式へ修正　等

Point! ～税抜方式と税込方式について～

消費税の会計処理には、税抜方式（売上高や仕入高等の取引の対価に消費税を含めない方式）と、税込方式（売上高や仕入高等の取引の対価に消費税を含める方式）があります。

税抜方式の場合は、期末に「仮払消費税」と「仮受消費税」の差額を「未払消費税（ないし未収消費税）」として計上します。一方、**税込方式**の場合は、申告時に「租税公課」として費用に計上するか、期末に未払計上します。

事業者はどちらの方式を採用することもできますが、全ての取引に同じ方式を採用することが原則となります。

決算

原価・棚卸

減価償却

貸倒

経過勘定

税金

◆ 取引別の仕訳例 ◆

①税抜方式の場合

- 課税仕入：商品（税込価額216万円）を掛で仕入れた。

借方	仕入	200	貸方	買掛金	216
	仮払消費税	16			

- 課税売上：商品（税込価額432万円）を掛で販売した。

借方	売掛金	432	貸方	売上	400
	仮受消費税	32			

- 決算：決算にあたり、未払消費税16万円を計上した。

借方	仮受消費税	32	貸方	仮払消費税	16
				未払消費税	16

②税込方式の場合

- 課税仕入：商品（税込価額216万円）を掛で仕入れた。

借方	仕入	216	貸方	買掛金	216

- 課税売上：商品（税込価額432万円）を掛で販売した。

借方	売掛金	432	貸方	売上	432

- 決算：決算にあたり、未払消費税16万円を計上した。

> 仕訳なし（ただし、未払計上もできる）

会計処理を行う際の注意点！

◎法人は課税期間の末日の翌日から2カ月以内に、個人事業主は翌年3月末までに申告・納付します。

関連科目　仮受消費税（P114）、未払消費税（P178）、CASE（P49）

3-1 流動資産

かりばらいほうじんぜいとう
仮払法人税等

どんな科目なの？

中間申告や予定申告によって算出した法人税等の一部を納付した場合の、その金額のことです。

摘要

- 法人税中間申告
- 法人税予定申告
- 住民税中間申告
- 住民税予定申告
- 事業税中間申告
- 事業税予定申告
- 未払法人税等
- 法人税等の計上
- 法人税等の納付

仮払法人税等とは、1年決算の法人が中間申告や予定申告を行って法人税等を納付した場合の、支払い金額を会計期末まで一時的に処理する勘定科目です。なお、法人税等とは、国税である法人税、地方税である住民税（道府県民税・市町村民税）、事業税です。

増加する仕訳例

予定納税により法人税等100万円を普通預金口座から納付した

借方 仮払法人税等	100	貸方 普通預金	100

▼主な取引例
- 法人税等の中間申告
- 法人税等の予定申告　等

減少する仕訳例

決算に際し、当期の法人税等が240万円と算出された。なお、当社は期中に予定納税100万円を行っている。

借方 法人税等	240	貸方 仮払法人税等	100
		未払法人税等	140

▼主な取引例
- 法人税等の計上
- 未払法人税等　等

Point!　～予定申告と中間申告について～

　事業年度開始日以後6カ月を経過した日から2カ月以内に、税務署長に対し中間申告書を提出し、中間申告書に記載した税額を納付する必要があります。中間申告の方法には、**予定申告**（前期の実績による申告）と**中間申告**（仮決算による申告）があります。ただし、予定申告と中間申告のいずれの方法によるか、遅くとも申告期限の1カ月ほど前（事業年度開始日以後7カ月）までにその選択をしなければなりません。

決算

原価・棚卸

減価償却

貸倒

経過勘定

税金

◆ 取引別の仕訳例 ◆

①中間申告した場合

中間申告

- 中間申告に際し、法人税120万円、住民税20万円、事業税20万円を普通預金口座から中間納付した。

| 借方 仮払法人税等 | 160 | 貸方 普通預金 | 160 |

中間申告によって、納付する法人税、住民税、事業税の支払額を概算して「仮払法人税等」として処理します。なお、「仮払法人税等」でなく、「法人税等(法人税・住民税及び事業税)」を使うこともできます。

決算

- 決算に際し、当期の法人税200万円、住民税40万円、事業税40万円を算出された。なお、仮払法人税等として計上した中間納付額160万円である。

| 借方 法人税等 | 280 | 貸方 仮払法人税等 | 160 |
| | | 未払法人税等 | 120 |

法人税等は、その事業年度の終了時に納税義務が発生するため、決算時に当期納税額を算出して、「法人税等(法人税・住民税及び事業税)」として費用に計上します。しかし、決算日から2ヶ月後が実際の納付期限ですので、決算日から納付までの期間、未納付分を「未払法人税等」として負債に計上します。
中間納付額を「仮払法人税等」として計上した場合は、当期の負担すべき税額から中間納付額を控除した金額を「未払法人税等」として計上します。

納付

- 上記の未払法人税等を普通預金口座から納付した。

| 借方 未払法人税等 | 120 | 貸方 普通預金 | 120 |

会計処理を行う際の注意点！

◎ 前事業年度の法人税額を基礎として計算した納付すべき法人税額が10万円以下となる場合は、中間申告はしなくてもかまいません。なお、法人税について中間申告が必要ない場合は、住民税、事業税についても同様に中間申告はしなくてかまいません。

関連科目 法人税等(P332)、未払法人税等(P180)、CASE(P47)

3-2 固定資産（有形固定資産）

建物
たてもの

どんな科目なの？

事業に使用するために所有している
事務所、工場、店舗などのことです。

摘要

- 営業所
- 事務所
- 自社ビル
- 事業所
- 工場
- 倉庫
- 店舗
- 研修所
- 車庫
- 社宅
- 造作費用
- 建物購入代金
- 建物取得費用
- 建物仲介手数料
- 建物取得時立退料
- 建築仮勘定振替
- 貸与建物
- 体育館
- 療養所
- 寄宿舎

発生 / 設立 / 資産 / 金融関連 / その他

建物は、事業に使用するために所有している土地の上に建てられた建造物を処理する勘定科目です。原則として、屋根、床、壁を有する建造物です。なお、電気設備・給排水設備などは建物に附属するものですので、「建物附属設備」の勘定科目で処理しますが、貸借対照表上は「建物」で表示します。

増加する仕訳例

事業用に倉庫500万円を購入し、普通預金口座から振り込んだ。

借方 建物	500	貸方 普通預金	500

▼主な取引例
- 事務所、工場、店舗等の取得
- 車庫、倉庫等の取得
- 社宅、寄宿舎等の取得
- 仲介手数料、立退料等の支払
- 建設仮勘定からの振替え　等

減少する仕訳例

500万円の建物（減価償却累計額300万円）を売却し、代金100万円が普通預金口座に振り込まれた。

借方 普通預金	100	貸方 建物	500
減価償却累計額	300		
固定資産売却損	100		

▼主な取引例
- 建物の売却
- 建物の廃棄
- 建物の除却
- 建物の減価償却　等

Point!　～「建物」の耐用年数について～

「建物」の減価償却は、税法上、構造と用途を基本として各々の建物の細目ごとに別個の耐用年数が決められています。例えば、木造・合成樹脂の事務所用の建物の耐用年数は24年です。

116

◆ 取引別の仕訳例 ◆

①購入する場合

● 事務所用の建物を4,500万円で購入し、仲介手数料200万円、登記料及び不動産取得税300万円をそれぞれ普通預金口座から振り込んだ。

借方 建物	5,000	貸方 普通預金	5,000

「建物」の取得価額には、購入対価の他、付随費用（購入手数料、運送費、荷役費、据付費用など）を含めます。税法上、登録免許税等の登記費用や不動産取得税は、「建物」の取得価額に含めずに、費用（「租税公課」など）として処理することもできます。

②減価償却をする場合

● 決算に際し建物5,000万円に減価償却を行った。なお、当期の減価償却費は100万円であった。

借方 減価償却費	100	貸方 減価償却累計額	100

③売却する場合

● 取得価額5,000万円（減価償却累計額500万円）の建物を4,800万円で売却し、代金が普通預金口座に振り込まれた。

借方 普通預金	4,800	貸方 建物	5,000
減価償却累計額	500	固定資産売却益	300

「建物」の簿価（帳簿価額）は、取得価額5,000万円から減価償却累計額500万円を控除した額です。簿価4,500万円と売却代金4,800万円との差額が、売却損益となります。

会計処理を行う際の注意点！

◎ 税法上、平成10年4月1日以降に取得した建物（建物附属設備は除く）は、定額法で計算します。
◎ 「建物」を建築にするにあたり、完成前（着工時、中間時など）に建設代金の一部を支払う場合があります。その場合には、「建設仮勘定」の勘定科目で一時的に処理します。
◎ 賃借している建物に関して、内装、設備の補修工事を行った場合、内部造作も「建物」の勘定科目に含めて表示します。
◎ 「建物」の法定耐用月年数に関しては、「**減価償却資産の耐用年数等に関する省令（別表①）**」を参照してください。また国税庁のHPに、主な減価償却資産の耐用年数表が掲載されています。

関連科目 建設仮勘定（P130）、減価償却累計額（P134）、減価償却費（P286）、固定資産売却益（損）（P320）

3-2 固定資産（有形固定資産）

建物附属設備
たてものふぞくせつび

どんな科目なの？

建物そのものではなく、建物と一体となって機能する昭明器具や給排水設備などのことです。

摘要

- 照明設備
- 給排水設備
- 冷暖房設備
- 昇降機設備
- 衛生設備
- 通風設備
- 消火設備
- 排煙設備
- ガス設備
- 電気設備
- 避難設備
- ボイラー設備
- 日よけ設備
- 防音設備
- 自動ドア
- エレベーター
- カーテン
- ブラインド
- エアカーテン
- アーケード

発生

設立 / **資産** / 金融関連 / その他

建物附属設備とは、建物本体とは区別されますが、建物に附属して、建物の利用価値を高め、建物を管理する上で必要不可欠な設備を処理する勘定科目です。例えば、照明設備、給排水設備、冷暖房設備、自動ドア、昇降機、間仕切りなどです。

増加する仕訳例

事務所に照明器具を設置し、代金50万円を普通預金口座から振り込んだ。

借方 建物附属設備	50	貸方 普通預金	50

▼主な取引例
- 電気設備、照明設備の設置
- 冷暖房気、ボイラーの設置
- 建設仮勘定振替　等

減少する仕訳例

照明設備50万円（減価償却累計額30万円）を売却し、代金7万円が普通預金口座に振り込まれた。

借方 普通預金	7	貸方 建物附属設備	50
減価償却累計額	30		
固定資産売却損	13		

▼主な取引例
- 建物附属設備の売却
- 建物附属設備の廃棄・除却
- 建物附属設備の減価償却　等

Point! ～「建物附属設備」の耐用年数について～

　「建物附属設備」の減価償却は、税法上、構造と用途を基本として各々の建物附属設備の細目ごとに別個の耐用年数が決められています。例えば、給排水設備の耐用年数は15年です。

　なお「建物附属設備」は、「建物」と同時に取得しても耐用年数が異なるので、「建物」とは区別して計上します。しかし、建物の利用に必要なので、貸借対照表上は「建物」に含めて表示します。

◆ 取引別の仕訳例 ◆

①購入する場合

● 社屋の建設にあたり、冷暖房設備290万円を設置し、代金は翌月末に支払うことになった。なお、手数料10万円は小切手で支払った。

借方	建物附属設備	300	貸方	未払金	290
				当座預金	10

「建物附属設備」の取得価額には、購入対価の他、付随費用(購入手数料、運送費、荷役費、据付費用など)を含めます。

②減価償却をする場合

● 決算に際し、建物附属設備300万円について減価償却を行った。なお、当期の減価償却費は30万円であった。

借方	減価償却費	30	貸方	減価償却累計額	30

③除却する場合

● 取得価額300万円(減価償却累計額100万円)の建物附属設備を除却処分し、処分のために現金10万円を支払った。

借方	固定資産除却損	210	貸方	建物附属設備	300
	減価償却累計額	100		現金	10

「建物附属設備」の簿価(帳簿価額)は、取得価額300万円から減価償却累計額100万円を控除した額です。簿価200万円に除却費用10万円を足した額が、除却損となります。

会計処理を行う際の注意点！

◎ 「建物附属設備」を設置するあたり、完成前(着工時、中間時など)に代金の一部を支払う場合があります。その場合には、「建設仮勘定」の勘定科目で一時的に処理して、実際に建物附属設備が完成して引渡しを受けた時点で、「建物附属設備」に振替えます。

◎ 「建物附属設備」の法定耐用年数に関しては、「**減価償却資産の耐用年数等に関する省令(別表①)**」を参照してください。また、国税庁のHPに主な減価償却資産の耐用年数表が掲載されています。

関連科目 建物(P116)、建設仮勘定(P130)、減価償却累計額(P134)、減価償却費(P286)

3-2 固定資産（有形固定資産）

構築物

こうちくぶつ

どんな科目なの？

事業に使用するために所有している土地の上に造られた建物以外の土木設備や工作物のことです。

摘要

- 路面舗装
- 舗装費用
- 緑化設備
- 広告用看板
- 広告塔
- 煙突
- 街路灯
- 花壇
- 鉄塔
- 橋
- 塀
- 焼却炉
- 用水地
- 庭園
- 岸壁
- ドッグ
- トンネル
- 水槽
- 井戸
- 坑道
- スタンド
- サイロ
- 防波堤
- さん橋
- 垣根

発生

設立

資産

金融関連

その他

構築物とは、事業に使用するために所有している土地や借地の上に固着した建物や建物附属設備以外の土木設備、または工作物を処理する勘定科目です。例えば、舗装道路、緑化設備、看板、塀、橋、鉄塔、トンネルなどです。

増加する仕訳例

自社ビルの屋上に広告塔を設置した。その代金100万円を普通預金口座から振り込んだ。

借方 構築物	100	貸方 普通預金	100

▼主な取引例
- アスファルトによる舗装工事の費用
- 花壇などの緑化設備
- 橋、塀、鉄塔などの設置
- 広告宣伝用の看板、広告塔の設置　等

減少する仕訳例

広告塔100万円（減価償却累計額90万円）を売却し、代金20万円が普通預金口座に振り込まれた。

借方 普通預金	20	貸方 構築物	100
減価償却累計額	90	固定資産売却益	10

▼主な取引例
- 構築物の売却
- 構築物の廃棄
- 構築物の除却
- 構築物の減価償却　等

Point!　～「構築物」の耐用年数について～

「構築物」の減価償却は、税法上、構造と用途を基本として各々の構築物の細目ごとに別個の耐用年数が決められています。例えば、金属造りの散水用配管（農林業用）の構築物の耐用年数は14年です。

120

◆ 取引別の仕訳例 ◆

①設置する場合

● 従業員用駐車場を作るため、工場内の一部をアスファルト舗装した。その代金300万円を翌月末に支払うことになった。

借方 構築物	300	貸方 未払金	300

「構築物」の取得価額には、購入対価の他、付随費用(購入手数料、運送費、荷役費、据付費用など)含めます。

②減価償却をする場合

● 決算に際し、構築物300万円について減価償却を行った。なお、当期の減価償却費は30万円であった。

借方 減価償却費	30	貸方 減価償却累計額	30

③除却する場合

● 取得価額100万円(減価償却累計額60万円)の広告用の看板を除却処分し、処分のために現金10万円を支払った。

借方 固定資産除却損	50	貸方 構築物	100
減価償却累計額	60	現金	10

「構築物」の簿価(帳簿価額)は、取得価額100万円から減価償却累計額60万円を控除した額です。簿価40万円に除却費用10万円を足した額が、除却損となります。

会計処理を行う際の注意点！

◎「構築物」を設置するにあたり、完成前(着工時、中間時など)に代金の一部を支払うことがあります。その場合には、「建設仮勘定」の勘定科目で一時的に処理して、実際に構築物が完成して引渡しを受けた時点で、「構築物」に振替えます。

◎経営目的に直接関係しない貸与中の構築物は「有形固定資産」ではなく、「投資その他の資産」に区分して表示します。

◎「構築物」の法定耐用年数に関しては、**減価償却資産の耐用年数等に関する省令(別表①)**」を参照してください。また、国税庁のHPに、主な減価償却資産の耐用年数表が掲載されています。

関連科目 建物(P116)、建設仮勘定(P130)、減価償却累計額(P134)、減価償却(P286)

3-2 固定資産（有形固定資産）

機械装置
きかいそうち

どんな科目なの？

事業に使用するために所有している機械、装置、運搬設備、その他の附属設備のことです。

摘要

- ● 製造機械
- ● 作業用機械
- ● 製品製造設備
- ● 印刷設備
- ● 織物設備
- ● 菓子類製造設備
- ● 革製品製造設備
- ● クリーニング設備
- ● 金属加工設備
- ● 旋盤
- ● 研削盤
- ● コンプレッサー
- ● 機械式駐車設備
- ● 建設工業設備
- ● 自動車分解整備設備
- ● 砂利採取設備
- ● 搬送設備
- ● 段ボール容器製造設備
- ● パワーショベル
- ● クレーン
- ● 可動式コンベヤ
- ● 据付工事費
- ● 引取運賃
- ● 購入手数料

発生

設立

資産

金融関連

その他

　機械装置とは、事業に使用するために所有している機械や装置、または運搬設備やその他の附属設備を処理する勘定科目です。例えば工場内で使用する、原材料や動力を用いて物理的・化学的に加工する設備、自走式作業機械（ブルドーザーなど）、搬送機（コンベアなど）などです。

増加する仕訳例

製造用の機械設備200万円を購入した。その代金を普通預金口座から振り込んだ。

借方 機械装置	200	貸方 普通預金	200

▼主な取引例
- ● 工場などで使用される製品製造設備の購入　● 製造設備に付属する搬送設備の購入　等

減少する仕訳例

機械設備200万円（減価償却累計額160万円）を売却し、50万円が普通預金口座に振り込まれた。

借方 普通預金	50	貸方 機械装置	200
減価償却累計額	160	固定資産売却益	10

▼主な取引例
- ● 機械装置の売却　● 機械装置の廃棄　● 機械装置の除却　● 機械装置の減価償却　等

Point! 〜「機械装置」の耐用年数について〜

　「機械装置」の減価償却は税法上、「日本標準産業分類」の業種をベースにして、その用途別に耐用年数が決められています。例えば、デジタル印刷システム設備（印刷業）の機械装置の耐用年数は14年です。

◆ 取引別の仕訳例 ◆

①購入する場合

- 生産工場に機械230万円を導入した。運送費等10万円とあわせて翌月末に支払うことになった。

| 借方 機械装置 | 240 | 貸方 未払金 | 240 |

「機械装置」の取得価額には、購入対価の他、付随費用(購入手数料、運送費、荷役費、据付費用など)を含めます。

②減価償却をする場合

- 決算に際し、機械装置240万円について減価償却を行った。なお、当期の減価償却費は20万円であった。

| 借方 減価償却費 | 20 | 貸方 減価償却累計額 | 20 |

③除却する場合

- 取得価額200万円(減価償却累計額160万円)の機械装置を除却処分し、処分のために現金10万円を支払った。

| 借方 固定資産除却損 | 50 | 貸方 機械装置 | 200 |
| 減価償却累計額 | 160 | 現金 | 10 |

「機械装置」の簿価(帳簿価額)は、取得価額200万円から減価償却累計額160万円を控除した額です。簿価40万円に除却費用10万円を足した額が、除却損となります。

会計処理を行う際の注意点！

- ◎機械装置には、複数の機械が一体となって機能するものもあるため、「機械装置」の減価償却は個々の機械ごとではなく、一体となっている機械装置全体で減価償却を行う**総合償却**がよく行われます。
- ◎総合償却では、個々の機械装置の簿価が記録されません。そのため、全体の機械装置のうち一部を除却しようとする場合、その除却価額の計算に注意が必要です。
- ◎「機械装置」の法定耐用年数に関しては**減価償却資産の耐用年数等に関する省令(別表①)**を参照してください。また、国税庁のHPに主な減価償却資産の耐用年数表が掲載されています。

関連科目 減価償却累計額(P134)、減価償却費(P286)、固定資産除却損(P322)

第3章 資産の項目 | 123

3-2 固定資産（有形固定資産）

車両運搬具
しゃりょううんぱんぐ

どんな科目なの？

事業に使用するために所有している、人を運んだり、物を運んだりする陸上の乗り物のことです。

摘要

- 自動車
- 小型自動車
- 軽自動車
- 乗用車
- 自転車
- 二輪自動車
- 台車
- 貨物自動車
- ダンプカー
- トラック
- バン
- フォークリフト
- バス
- リヤカー
- 車両下取費用
- 購入手数料

発生

設立

資産

金融関連

その他

車両運搬具とは、事業に使用するために所有している、陸上で人や物を運搬したり、牽引したりするものを処理する勘定科目です。例えば、普通乗用車、貨物自動車、貨車、旅客自動車、トラック、ミキサー車などです。

増加する仕訳例

搬送用の車両200万円を購入した。その代金を普通預金口座から振り込んだ。

借方 車両運搬具	200	貸方 普通預金	200

▼主な取引例
- 一般自動車（普通乗用車など）の購入
- 営業用自動車（貨物自動車、旅客自動車など）の購入
- 鉄道用車両（電車・貨車など）の購入
- 特殊自動車（消防車、トラックミキサーなど）の購入　等

減少する仕訳例

搬送用の車両200万円（減価償却累計額180万円）を売却し、代金40万円が普通預金口座に振り込まれた。

借方 普通預金	40	貸方 車両運搬具	200
減価償却累計額	180	固定資産売却益	20

▼主な取引例
- 車両運搬具の売却
- 車両運搬具の廃棄
- 車両運搬具の除却
- 車両運搬具の減価償却　等

Point! 〜異なる耐用年数〜

「車両運搬具」の減価償却は、税法上、構造と用途を基本として、各々の車両運搬具の細目ごとに別個の耐用年数が決められています。例えば、一般事業用の小型車（総排気量0.66リットル以下）の車両運搬具の耐用年数は4年です。

◆ 取引別の仕訳例 ◆

①購入する場合

- 商品を運ぶためのバン390万円を購入した。引取運賃等の取得費用10万円とあわせて、翌月末に支払うことになった。

借方 車両運搬具	400	貸方 未払金	400

「車両運搬具」の取得価額には、購入対価の他、付随費用(購入手数料、運送費、荷役費、据付費用など)を含めます。自動車取得税や車庫証明などの法定費用は「車両運搬具」に含めずに、費用(「租税公課」など)として処理することもできます。
車両を保有していく上で発生する自動車重量税や自賠責保険料などは、取得時に費用(「租税公課」など)として処理します。一方、カーステレオ、カーエアコン等のように車両に装備されたものは、常に車両と一体になって機能するものですので、「車両運搬具」に含めて処理します。

②減価償却をする場合

- 決算に際し、バン400万円の減価償却を行った。なお、当期の減価償却費は40万円であった。

借方 減価償却費	40	貸方 減価償却累計額	40

③売却する場合

- 取得価額300万円(減価償却累計額250万円)の営業用に使用していた車両を40万円で下取りにだし、新しい営業車350万円に買い替えた。代金は小切手で振り出して支払った。

借方 当座預金	40	貸方 車両運搬具	300
減価償却累計額	250		
固定資産売却損	10		

借方 車両運搬具	350	貸方 当座預金	350

会計処理を行う際の注意点！

◎ 水上の運搬具(客船等)は「船舶」、空中運搬具(飛行機等)は「航空機」という勘定科目を使います。
◎ 「車両運搬具」の法定耐用年数に関しては、**減価償却資産の耐用年数等に関する省令(別表①)**を参照してください。また、国税庁のHPに主な減価償却資産の耐用年数表が掲載されています。

関連科目　減価償却累計額(P134)、減価償却費(P286)、固定資産除却損(P322)

3-2 固定資産（有形固定資産）

工具器具備品
こうぐきぐびひん

どんな科目なの？

事業に使用するために所有している、いろいろな道具のことです。

摘要

- ● 音響機器
- ● 家具
- ● ガス機器
- ● 金型
- ● キャビネット
- ● 金庫
- ● コピー機
- ● 試験機器
- ● 室内装飾品
- ● 自動販売機
- ● 事務機器
- ● 書画骨董品
- ● 切削工具
- ● 測定機器
- ● 陳列棚
- ● 通信機器
- ● テレビ
- ● 電子機器
- ● 度量衡機器
- ● 検査機器
- ● 冷蔵庫
- ● 冷暖房機器
- ● パソコン
- ● サーバー
- ● LAN設備

発生

設立／資産／金融関連／その他

工具器具備品とは、事業に使用するために所有している、耐用年数が1年以上かつ取得価額10万円以上の工具、器具、備品を処理する勘定科目です。

工具とは、工場で使われている工作工具や機械に取付けられた加工用の道具です。例えば、測定工具、検査工具、取付工具などです。器具とは、直接製造や加工に使用する以外の道具や容器です。例えば、試験機器、測定機器、光学機器などです。備品とは、工具や器具以外の販売や一般管理のために使用するものです。例えば、事務机、パソコン、通信機器などです。

増加する仕訳例

コピー機50万円を購入して、代金は普通預金口座から振り込んだ。

借方 工具器具備品	50	貸方 普通預金	50

▼主な取引例
- ● 工具の購入
- ● 器具の購入
- ● 備品の購入　等

減少する仕訳例

コピー機50万円（減価償却累計額40万円）を売却し、代金20万円が普通預金口座に振り込まれた。

借方 普通預金	20	貸方 工具器具備品	50
減価償却累計額	40	固定資産売却益	10

▼主な取引例
- ● 工具器具備品の売却
- ● 工具器具備品の廃棄
- ● 工具器具備品の除却
- ● 工具器具備品の減価償却　等

Point!　～「工具器具備品」の耐用年数について～

「工具器具備品」の減価償却は、税法上、構造と用途を基本として、各々の工具器具備品の細目ごとに別個の耐用年数が決められています。例えば、測定工具や検査工具の耐用年数は5年です。

◆ 取引別の仕訳例 ◆

①購入する場合

- 営業所に冷暖房機器80万円を購入した。運送費等の取得費用2万円とあわせて、翌月末に支払うことになった。

借方 工具器具備品	82	貸方 未払金	82

「工具器具備品」の取得価額には、購入対価の他、付随費用（購入手数料、運送費、荷役費、据付費用など）を含めます。
「工具器具備品」が「機械装置」と一体化している場合には、「機械装置」に含めて処理します。一方、「工具器具備品」が汎用性を維持している場合には、「工具器具備品」が「機械装置」に組み込まれていたとしても、「工具器具備品」として処理します。
同様に、カーステレオ、カーエアコンなどのように車両に装備されたものは、常に車両と一体になって機能するものですので、「車両運搬具」に含めて処理します。

②減価償却をする場合

- 決算に際し、工具器具備品50万円について減価償却を行った。なお、当期の減価償却費は5万円であった。

借方 減価償却費	5	貸方 減価償却累計額	5

③除却する場合

- 取得価額100万円（減価償却累計額80万円）の工具器具備品を除却処分し、処分のために現金10万円を支払った。

借方 固定資産除却損	30	貸方 工具器具備品	100
減価償却累計額	80	現金	10

会計処理を行う際の注意点！

◎ 耐用年数1年未満又は取得価額10万円未満のものは、「消耗品費」等で費用として処理します。また、取得価額10万円以上20万円未満のものは、一括して3年間で均等償却ができます。
◎ 書画骨董品は、その価値が時の経過によって減少しないので、減価償却の対象とはなりません。
◎ 「工具器具備品」の法定耐用年数に関しては、**減価償却資産の耐用年数等に関する省令（別表①）**を参照してください。また、国税庁のHPに、主な減価償却資産の耐用年数表が掲載されています。

関連科目 CASE（P42）、減価償却累計額（P134）、減価償却費（P286）、固定資産除却損（P322）

3-2 固定資産（有形固定資産）
土地
とち

どんな科目なの？
事業に使用するために所有している、工場用や事務所用の敷地のことです。

摘要

- 自社ビル敷地
- 建物敷地
- 工場敷地
- 資材置場
- 倉庫用敷地
- 事務所用敷地
- 店舗敷地
- 駐車場
- 造成費用
- 測量費
- 立退料
- 地盛費用
- 建物取壊費用
- 仲介手数料
- 整地費用
- 埋立費用
- 運動場
- 社宅敷地
- 運動場用地
- 農園

発生

設立

資産

金融関連

その他

土地とは、事業に使用するために所有している敷地を処理する勘定科目です。「土地」には、直接的に事業に使用するための工場用や事務所用の敷地の他、事業に付随する社宅や運動場などの敷地も含まれます。

増加する仕訳例
従業員用の駐車場にするための敷地2,000万円を購入した。その代金は普通預金口座から振り込んだ。

借方 土地	2,000	貸方 普通預金	2,000

▼主な取引例
- 土地の購入
- 土地購入のための付随費用の発生　等

減少する仕訳例
土地2,000万円を売却し、代金1,700万円が普通預金口座に振り込まれた。

借方 普通預金	1,700	貸方 土地	2,000
固定資産売却損	300		

▼主な取引例
- 土地の売却
- 投資不動産への振替
- 棚卸資産への振替　等

Point!　～土地は減価償却の対象にはならない～
土地は、使用や時の経過によって価値が減少していくわけではありません。そのため、時の経過に応じて期間配分すべき減価償却資産としては考えず、非償却資産とてして考えますので、減価償却の対象にはなりません。

Point!　～土地購入時の非課税取引と課税取引～
土地の購入は、消費税法上、非課税取引となるので注意が必要です。ただし、土地の購入時に発生する仲介手数料や司法書士報酬は役務の提供ですので、課税取引となります。

◆ 取引別の仕訳例 ◆

①購入する場合

- 工場建設のために土地6,000万円を購入した。仲介手数料等の取得費用300万円とあわせて、翌月末に支払うことになった。

借方 土地	6,300	貸方 未払金	6,300

「土地」の取得価額には、購入対価の他、付随費用(仲介手数料、埋立・整地・造成費、立退料など)を含めます。税法上、不動産取得税、登録免許税、登録のための司法書士報酬は「土地」の取得価額に含めずに、費用(「租税公課」など)として処理することもできます。
建物が付いている土地を購入した後、すぐにその建物を取り壊して土地を利用することが明らかな場合は、建物の購入対価と取り壊しのための費用の合計額が土地の取得価額となります。一方、既存の建物をそのまま使用する場合には、土地と建物の一括した購入対価を、「土地」と「建物」にそれぞれ按分して、それぞれの取得価額とします。

②手付金を支払った場合

- 倉庫用の土地を購入するにあたり、手付金として500万円を普通預金口座から支払った。

借方 建設仮勘定	500	貸方 普通預金	500

所有権移転登記が完了するまでは、土地購入の手付金は「建設仮勘定」の勘定科目で処理します。

③売却する場合

- 取得価額5,000万円の土地を7,000万円で売却した。仲介手数料などの諸費用350万円を差し引かれた金額が、普通預金口座に入金された。

借方 普通預金	6,650	貸方 土地	5,000
		固定資産売却益	1,650

会計処理を行う際の注意点！

◎「土地」には、現在、事業のために使用しているものの他に、将来的に事業に使用する予定の遊休の土地や未稼働の土地なども含まれます。他方、不動産売買を事業とする事業者が保有する販売目的の土地は「棚卸資産」として、事業に直接的に関係なく賃貸などの投資目的で保有している土地は「投資その他の資産」として、「有形固定資産」とはそれぞれ区分して表示します。

関連科目 建物(P116)、建設仮勘定(P130)、固定資産売却益(損)(P320)

3-2 固定資産（有形固定資産）

建設仮勘定
けんせつかりかんじょう

どんな科目なの？

事業に使用することを前提に、現在、建設中や製作中の有形固定資産のことです。

摘要

- 建設資材購入費
- 固定資産建設費
- 固定資産製作費
- 固定資産製造経費
- 固定資産設計料
- 固定資産労務費
- 製作中機械
- 中間金
- 固定資産前払金
- 設備取得前渡金
- 前渡金
- 建築手付金

発生

設立 資産 金融関連 その他

建設仮勘定とは、事業に使用することを目的として建設または製作途中にある有形固定資産に関する支出などを、一時的に集計した金額を処理する勘定科目です。「建設仮勘定」には、建設のための手付金、建設のために取得した機械等で保管中のもの、建設の目的で購入した資材等、建設の目的のために支払われた労務費や経費などが含まれます。

増加する仕訳例

業者に事務所の建設を依頼し、工事代金の一部200万円を手付金として小切手で支払った。

借方 建設仮勘定	200	貸方 当座預金	200

▼主な取引例
- 設備建設のための手付金や前渡金の支出
- 設備建設のための機械等の取得（保管中）
- 建設等のための資材や部品の購入
- 建設等のための労務費や経費の支払　等

減少する仕訳例

事務所が完成し、引渡しを受けた。すでに支払った手付金200万円を除き、残金800万円を普通預金口座から支払った。

借方 建物	1,000	貸方 建物仮勘定	200
		普通預金	800

▼主な取引例
- 建物への振替
- 機械設備への振替
- 土地への振替　等

Point!　～「建設仮勘定」の減価償却について～

「建設仮勘定」は、有形固定資産の建設または製作のための支出を一時的に集計したものであり、まだ事業のためにも使用していないため、原則として減価償却の対象となりません。ただし、その一部が完成して事業のために使用されている場合は、その部分だけを減価償却することが可能です。

◆ 取引別の仕訳例 ◆

①集計する場合

- 店舗の工事を業者に依頼し、店舗の設計料として100万円を普通預金口座から支払った。

借方 建設仮勘定	100	貸方 普通預金	100

- 上記工事に関して、工事代金の一部として中間金200万円を普通預金口座から支払った。

借方 建設仮勘定	200	貸方 普通預金	200

付随費用（立退料、設計料など）を支出した場合、取得価額に算入できるものは、その時点で「建設仮勘定」として処理することができます。

②振替える場合

- 店舗が完成し、引渡しを受けた。残金500万円を普通預金口座から支払った。なお、すでに設計料100万円、中間金200万円を支払っており、建設仮勘定に計上している。

借方 建物	800	貸方 建設仮勘定	300
		普通預金	500

- 店舗用の土地2,000万円の購入に際し、所有権の移転登記完了後、引渡しを受けた。残金1,800万円を、普通預金口座から振り込んだ。なお、すでに契約時に手付金200万円を支払っており、建設仮勘定に計上している。

借方 土地	2,000	貸方 建設仮勘定	200
		普通預金	1,800

会計処理を行う際の注意点！

◎工事代金の手付金を支払う際に、実務上、消費税を加味して支払うことがあります。しかし、税法上、まだ引渡しのない場合には、仕入税額控除の対象になりません。そこで、一旦、消費税部分は「建設仮勘定」に含めて処理しておきます。その後、実際に引渡しを受けた時点で「仮払消費税」等に振替えます。

◎資材等を購入したものの、まだその資材を建設の目的で使用するかの判断が難しい場合は、「貯蔵品」として処理することも可能です。また、資材等を購入するための手付金等で、その資材を建設の目的で使用するかの判断が難しい場合は、「前渡金」とすることも可能です。

関連科目　CASE（P35）、土地（P128）、建物（P116）、構築物（P120）、機械装置（P122）、仮払消費税（P112）

3-2 固定資産（有形固定資産）

りーすしさん
リース資産

どんな科目なの？
ファイナンス・リース取引において、リースの借り手側に発生する資産のことです。

摘要
- ●ファイナンス・リース
- ●複合機リース
- ●車両リース
- ●機械リース
- ●パソコンリース

発生

リース資産とは、ファイナンス・リース取引によりリースした物件を処理する勘定科目です。**ファイナンス・リース取引**とは、顧客が希望する物件をリース会社が購入し、顧客にリースする賃貸借契約の取引です。ファイナンス・リース取引は、原則として中途解約不可で、リース期間中に物件価格や諸経費を含めた全ての代金をリース料として支払います。

ファイナンス・リース取引には、借り手に所有権が移転する所有権移転ファイナンス・リース取引と、移転しない所有権移転外ファイナンス取引があります。また、ファイナンス・リース取引以外の取引を**オペレーティング・リース取引**といいます。

設立

資産

金融関連

その他

増加する仕訳例

機械をリースした（所有権移転外ファイナンス・リース取引）。リース料総額は100万円であった。

借方 リース資産	100	貸方 リース債務	100

▼主な取引例
- ●リース契約
- ●ファイナンス・リース
- ●リース開始　等

減少する仕訳例

決算に際して、リース資産に対して10万円の減価償却費を計上した。

借方 減価償却費	10	貸方 リース資産	10

▼主な取引例
- ●リース資産の減価償却　等

Point!　～リースのタイプによって異なる会計処理について～

所有権移転ファイナンス・リース取引：売買処理
所有権移転外ファイナンス・リース取引（1契約300万円超）：売買取引に準じた処理
所有権移転外ファイナンス・リース取引（1契約300万円以下）：賃貸借処理
オペレーティング・リース取引：賃貸借処理

Point!　～中小企業の場合の会計処理は？～

中小企業は、所有権移転外ファイナンス・リース取引については賃貸借処理が可能です。

対になる科目	対象	消費税	貸借対照表
リース債務 P210	法人／個人	対象外／課税／非課税	資産：流動資産／**有形固定資産**／無形固定資産／投資その他の資産／繰延資産　負債：流動負債／固定負債　純資産：株主資本／それ以外

◆ 取引別の仕訳例 ◆

①リース契約した場合

● 機械装置を5年間リースすることになった（所有権移転外ファイナンス・リース取引）。リース料総額は600万円で、うち利息相当額が60万円であった。

原則処理：

借方		貸方	
リース資産	540	リース債務	600
前払利息	60		

簡便処理：

借方		貸方	
リース資産	600	リース債務	600

原則として、リース料総額を資産の取得価額相当額と利息に区分して処理します。ただし、所有権移転外ファイナンス・リース取引の場合は、簡便的な処理も認められています。

②リース料を支払った場合

● リース料10万円が普通預金口座から引き落とされた。

借方		貸方	
リース債務	10	普通預金	10

③決算の場合

● 決算に際して、上記リース資産に対して120万円の減価償却費を計上した。

原則処理：

借方		貸方	
減価償却費	108 [*1]	リース資産	108
支払利息	12	前払費用	12

簡便処理：

借方		貸方	
減価償却費	120 [*2]	リース資産	120

*1　108万円＝リース資産540万円÷5年　　*2　120万円＝リース資産600万円÷5年

減価償却の計算方法は、リース期間定額法（リース期間を償却期間とする定額法）となります。

関連科目　リース債務（P210）、減価償却費（P130）、支払利息割引料（P304）、前払費用（P98）

3-2 固定資産（有形固定資産）

げんかしょうきゃくるいけいがく
減価償却累計額

どんな科目なの？

これまで有形固定資産を減価償却してきた金額の、累積額のことです。

摘要
● 減価償却（間接法）　● 減価償却費計上額　● 固定資産減価償却

減価償却累計額とは、有形固定資産の減価償却を間接法で行う場合に、減価償却の対象となる資産の控除項目（資産のマイナス勘定）として、これまでの減価償却費を累積した額を処理する勘定科目です。

それぞれの有形固定資産の帳簿価格（簿価）は、取得価額から減価償却累計額を控除した金額として、貸借対照表に表示されます。

増加する仕訳例

決算に際し、備品の減価償却を実施して、間接法で10万円を計上した。

| 借方 減価償却費 | 10 | 貸方 減価償却累計額 | 10 |

▼主な取引例
● 固定資産の減価償却　● 当期償却費計上　等

減少する仕訳例

機械装置100万円（減価償却累計額80万円）を現金10万円で売却したら、売却損が出た。

借方 減価償却累計額	80	貸方 機械装置	100
現金	10		
固定資産売却損	10		

▼主な取引例
● 固定資産の売却　● 固定資産の除却　等

Point!　〜減価償却について〜

減価償却とは、各事業年度の収益と費用を期間対応させるために、有形固定資産の取得原価を使用する期間に配分する会計手続きです。減価償却では、合理的に決定された一定の計算方法によって、毎期、規則的に有形固定資産の取得原価を適正に期間配分します。

減価償却の計算方法には、**定額法**（毎期均等額の減価償却費を計上する方法）、**定率法**（毎期期首未償却残高に一定率を乗じた減価償却費を計上する方法）、**級数法**（毎期一定額を算術級数的に逓減した減価償却費を計上する方法）、**生産高比例法**（毎期生産高の度合いに比例した減価償却費を計上する方法）があります。

決算

原価・棚卸

減価償却

貸倒

経過勘定

税金

◆ 取引別の仕訳例 ◆

①決算時に計上する場合

● 決算に際し、車両300万円に減価償却の手続きを実施して、30万円の減価償却費を計上した。

間接法

借方 減価償却費	30	貸方 減価償却累計額	30

直接法

借方 減価償却費	30	貸方 車両運搬具	30

減価償却を仕訳する方法には、**直接法**(有形固定資産から減価償却額を直接的に控除する方法)と、**間接法**(有形固定資産から「減価償却累計額」という勘定科目を使用して間接的に控除する方法)があります。間接法の場合のみに、「減価償却累計額」が使用します。

②期中に計上する場合

● 期中の10月にパソコン40万円(耐用年数4年、定額法、間接法)を購入した。3月末の決算に際し、減価償却費を計上した。

借方 減価償却費	5*1	貸方 減価償却累計額	5

*1　減価償却費5万円＝40万円÷4年×(6月÷12月)

期中で取得した償却資産の減価償却費は、使用する月数で按分で計上します。

③売却する場合

● 取得価額200万円(減価償却累計額180万円)の営業用の車両を40万円で売却し、代金を小切手で受け取った。

借方 当座預金	40	貸方 車両運搬具	200
減価償却累計額	180	固定資産売却益	20

■ 会計処理を行う際の注意点！

◎ 減価償却累計額の表示には、(1)各有形固定資産の勘定科目ごとに減価償却累計額を控除する、(2)複数の有形固定資産の勘定科目に対して、減価償却累計額を一括して控除する、(3)各有形固定資産の簿価を貸借対照表上に表示し減価償却累計額を注記する、といった方法があります。

関連科目　CASE(P53)、減価償却費(P130)、建物(P116)、機械装置(P122)

3-3 固定資産（無形固定資産）

のれん

どんな科目なの？

企業が長年の経営活動の中で築き上げてきた無形の企業価値（伝統、信用、ブランドなど）のことです。

摘要
- 合併による取得
- 買収による取得
- のれん代買取
- 有償譲受による取得
- 営業権
- 無形固定資産

のれんとは、企業の長年の信用、伝統、技術、地理的条件等に基づく超過収益力（企業価値を上回る企業の収益力）を獲得できる、無形の財産的な価値を処理する勘定科目です。従来は、営業権と呼ばれていました。

のれんは、企業の合併や買収により企業の評価を行った場合、営業譲受価格と受入純資産価額の差額で表されます。超過する場合（営業譲受価格＞受入純資産価額）の差額は、「のれん」として固定資産に計上されます。一方、不足する場合（営業譲受価格＜受入純資産価額）の差額は、「負ののれん」として固定負債に計上されます。

発生

設立

資産

金融関連

その他

増加する仕訳例

A社の営業を譲り受けることになり、A社の資産1,000万円及び諸負債600万円を引き継いだ。譲受の代金として、700万円を普通預金口座から振り込んだ。

借方 諸資産	1,000	貸方 諸負債	600
のれん	300	普通預金	700

▼主な取引例
- 事業譲受、合併等により有償取得した、いわゆる「のれん」代
- 連結決算における連結調整勘定。「負ののれん」の償却
- 法令の規定、行政官庁の指導による規制に基づく登録、認可等の権利を取得するための費用

減少する仕訳例

決算に際し、のれんの償却費15万円を計上した。

借方 のれん償却	15	貸方 のれん	15

▼主な取引例
- のれんの償却
- 「負ののれん」
- 連結決算における連結調整勘定　等

Point! 〜のれんの計上について〜

会社法上、合併、分割、株式交換、株式移転、事業譲受による取得に限っては「のれん」の計上ができますが、自社で自ら作り上げたのれん（自己創設のれん）の計上はできません。

136

対になる科目	対象		消費税			貸借対照表				
負ののれん P136	法人	個人	対象外	課税	非課税	資産	流動資産	負債	流動負債	
							有形固定資産		固定負債	
							無形固定資産	純資産	株主資本	
							投資その他の資産		それ以外	
							繰延資産			

◆ 取引別の仕訳例 ◆

①事業を譲り受けた場合

● A社の営業を8,000万円で譲り受けることになり、A社より建物3,000万円、土地5,000万円及び長期借入金2,000万円を引き継いだ（帳簿価額と時価は等しいものとする）。譲受に際し、その代金を普通預金口座から支払った。

借方			貸方		
建物		3,000	長期借入金		2,000
土地		5,000	普通預金		8,000
のれん		2,000			

他の企業の事業を譲り受けるために支出した対価（譲受価格）と、取得した企業または事業の時価（受入純資産価額）との差額が「のれん」として計上されます。

②合併による場合

● B社を吸収合併した。B社の諸資産5,000万円（時価は6,000万円）、諸負債2,000万円、資本金2,000万円、剰余金1,000万円であった。なお、合併によって新たに発行したB社株式6,000万円で、新株の発行価額の2分の1を資本金に組み入れた。

借方			貸方		
諸資産		6,000	諸負債		2,000
のれん		2,000	資本金		3,000
			資本準備金		3,000

③償却する場合

● 決算に際し、のれん2,000万円を20年間で償却した。

借方			貸方		
のれん償却		100	のれん		100

会計処理を行う際の注意点！

◎会計上、「のれん」はその効果が及ぶ期間にわたって、定額法その他の合理的な方法により20年以内に規則的に償却します。他方、税法上、「のれん」は5年以内で均等償却します。よって、会計上と税法上の償却期間が違う場合には調整が必要になります。

関連科目 建物（P116）、土地（P128）、長期借入金（P206）、資本金（P214）、資本剰余金（P216）

第3章 資産の項目 | 137

3-3 固定資産（無形固定資産）

特許権
とっきょけん

どんな科目なの？
特許登録することで、発明を一定期間、独占的に利用できる権利のことです。

摘要

- ●特許の登録
- ●特許出願料
- ●特許登録費用
- ●特許料
- ●特許権の購入
- ●特許権の売却
- ●特許権の償却
- ●研究開発振替
- ●無形固定資産

発生

設立・資産・金融関連・その他

　特許権とは、特許権者が特許法に基づき登録することで、創造性のある新しい発明や発見による新製品や新製法を、その特許権者が一定期間独占的・排他的に利用できる法律上の権利を処理する勘定科目です。特許権は、**工業所有権**の1つです。

増加する仕訳例

取引先から特許権を購入し、代金80万円を普通預金口座から振り込んだ。

借方 特許権	80	貸方 普通預金	80

▼主な取引例
- ●他者から特許権を取得した場合の取得費用
- ●研究開発費の振替
- ●自社の試験研究により特許権を取得した場合の出願料等　等

減少する仕訳例

決算に際し、保有する特許権の償却費10万円を計上した。

借方 特許権償却	10	貸方 特許権	10

▼主な取引例
- ●特許権の償却　●特許権の売却　等

Point!　～特許権以外の工業所有権について～

　工業所有権には、特許権の他にも実用新案権、意匠権、商標権など類似の権利があります。**実用新案権**は、実用新案法に基づき登録された物品の形状、構造等についての考案を、独占的・排他的に利用できる権利です。**意匠権**は、意匠法に基づき登録された意匠（物品の形状、模様、色彩に関するデザイン）を、独占的・排他的に利用できる権利です。**商標権**は、商標法に基づき登録された商標（商品等につけられた文字、図形、記号などの組み合わせ）を、独占的・排他的に利用できる権利です。

◆ 取引別の仕訳例 ◆

①他者から取得した場合

- ある研究機関から特許権を 380 万円で買い入れることにし、代金を小切手で支払った。あわせて特許登録費用などの付随費用 20 万円を現金で支払った。

借方	特許権	400	貸方	当座預金	380
				現金	20

「特許権」の取得価額には、特許権の購入対価の他、付随費用(出願料、特許料など)も含めます。

②償却する場合

- 決算に際し、保有する特許権 400 万円を 8 年間で償却した。

借方	特許権償却	50 *1	貸方	特許権	50

＊1　特許権償却 50 万円＝特許権 400 万円÷8 年

「特許権」の法的有効期間は 20 年です。しかし、税法上の耐用年数が 8 年のため、実務上、残存価額 0 円の定額法により 8 年間で償却することが多いです。ただし、特許権を取得した後の存続期間が特許権の耐用年数に満たない場合、その存続期間を耐用年数とすることができます。なお、他の工業所有権の税法上の耐用年数は、実用新案権 5 年、意匠権 7 年、商標権 10 年です。実務的には残存価額 0 円の定額法により、各耐用年数で償却します。

③売却する場合

- 保有する特許権 350 万円を A 社に売却し、売却代金 500 万円が普通預金口座に振り込まれた。

借方	普通預金	500	貸方	特許権	350
				特許権売却益	150

会計処理を行う際の注意点！

◎自社で発明した場合は、原則として、発生時に「研究開発費」として費用に計上します。よって、その後に特許権を取得したとしても「特許権」の勘定科目には振り替えませんが、特許権の出願料や登録費用などの付随費用が「特許権」の取得価額になります。ただし、付随費用を費用計上することもできます。

関連科目　開発費(P164)

3-3 固定資産（無形固定資産）

借地権
しゃくちけん

どんな科目なの？

事業に使用するために他人から土地を借りて、その土地を利用させてもらう権利のことです。

摘要

- ●借地権契約
- ●借地権償却
- ●借地権売却
- ●更新契約
- ●借地権更新
- ●認定課税

借地権とは、事業に使用するために、他人の所有している土地を利用する権利（地上権と賃借権）を処理する勘定科目です。

発生

設立

資産

金融関連

その他

増加する仕訳例

地主と土地を賃借する契約を結び、権利金50万円を普通預金口座から支払った。

借方 借地権	50	貸方 普通預金	50

▼主な取引例
- ●土地の賃借のための権利金などの支出　●借地権の更新料　●認定課税　等

減少する仕訳例

借地権50万円を売却して、売却代金が普通預金口座に入金された。

借方 普通預金	50	貸方 借地権	50

▼主な取引例
- ●借地権の売却　●借地権の償却（更新）　等

Point!　～借地権の権利の範囲について～

　借地法上と会計上の借地権の権利は、その範囲が異なっています。

　借地法上は、建物の所有を目的とする地上権及び賃借権を指します。地上権とは、工作物などを所有するために他人の土地を使用する権利で、民法上で認められている権利です。他人に自由に譲渡することができます。また、賃借権とは地主に地代を払って土地を借りる権利で、賃貸借契約により生じる債権です。他人に自由に譲渡することができません。

　一方で会計上は、借地法上の借地権よりも広く解釈しています。すなわち、建物を所有しているかどうかにかかわらず、借地の対価であれば、全てを「借地権」として計上します。

Point!　～「借地権」は減価償却の対象ではない～

　「借地権」は、長期にわたって土地を使用する権利ですので、土地と同様に減価償却の対象ではありません。よって、税務上、「借地権」の取得価額が10万円未満であったとしても、費用計上ではなく資産計上しなければなりません。

◆ 取引別の仕訳例 ◆

①借地権を取得した場合

- 事務所を建設するために、地主との間で土地の賃貸契約を締結した。契約に際し、権利金500万円と仲介手数料25万円を、普通預金口座から振り込んだ。

| 借方 借地権 | 525 | 貸方 普通預金 | 525 |

「借地権」の取得価額には、権利金の他、付随費用(仲介手数料、立退料など)や、地ならしなどの土地の整備にかかった費用、土地付建物を取得した場合の購入対価に含まれる借地権の対価、建物の増改築にあたり地主に払った費用などを含めます。

②更新する場合

- 借地権の更新に際し、更新料250万円を普通預金口座から振り込んだ。更新前の借地権の簿価は500万円で、更新時の時価は1,000万円であった。

| 借方 借地権 | 250 | 貸方 普通預金 | 250 |
| 借方 借地権償却 | 125*1 | 貸方 借地権 | 125 |

*1 更新前の借地権の帳簿価格×(更新料／更新時の借地権の時価) = 500 ×(250／1,000) = 125

「借地権」は減価償却の対象ではないので、原則的に費用に計上されません。ただし、税法上、更新時には更新料の一部を「借地権償却」として費用に計上することが認められてます。

会計処理を行う際の注意点！

◎借地権の権利金として、土地の時価の50％前後の金額を支払う慣行のある地域があります。このような権利金の授受の慣行があるにもかかわらず、その支払いがなかったり、その支払い金額が少ない場合には、税務上、権利金の贈与があったとみなされことがあります。これを「認定課税」といいます。地主、借主双方が課税されますので、注意が必要です。

【地主】

| 借方 寄付金 | ×× | 貸方 権利金収入 | ×× |

【借主】

| 借方 借地権 | ×× | 貸方 受贈益 | ×× |

関連科目 　寄付金(P292)、その他の特別損益(P330)

3-3 固定資産（無形固定資産）

電話加入権
でんわかにゅうけん

どんな科目なの？

事業に使用するために、加入電話の施設を利用する権利のことです。

摘要

- 電話契約料
- 電話加入料
- 工事負担金
- 電話設備負担金
- ISDN契約料
- 施設設置負担金
- 配線工事費用
- 設置費用
- 電話架設料

電話加入権とは、事業に使用するために日本電信電話株式会社（NTT）との間で電話加入契約を結んで、電話役務の提供を受ける権利を処理する勘定科目です。

増加する仕訳例

事務所の新設に際し、電話の加入申込みを行い、工事負担金4万円を現金で支払った。

| 借方 電話加入権 | 4 | 貸方 現金 | 4 |

▼主な取引例
- 電話工事負担金の支払
- 電話加入料の支払
- 屋内配線設備費用の支払　等

減少する仕訳例

事務所の移転にともなって、電話加入権4万円を売却して現金を受け取った。

| 借方 現金 | 4 | 貸方 電話加入権 | 4 |

▼主な取引例
- 電話加入権の売却　等

発生

設立

資産

金融関連

その他

Point! ～「電話加入権」と「電気通信施設利用権」の違い～

電話加入権と似たものとして、携帯電話、専用電話などの施設を利用に関する権利（**電気通信施設利用権**）があります。「電話加入権」は転売可能な権利です。「電話加入権」は、利用度合いや時の経過によって価値が減少しないので、減価償却の対象ではありません。

一方、「電気通信施設利用権」は譲渡することができません。「電気通信施設利用権」は、減価償却の対象として耐用年数20年で償却できます。ただし、その取得価額が10万円未満の場合、取得した時に費用として計上できます。

◆ 取引別の仕訳例 ◆

①電話加入権を取得した場合

● 営業所の移転に際し、電話を架設した。その際、工費負担金と加入料等4万円及び電話機代5万円を現金で支払った。

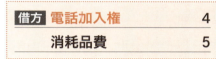

「電話加入権」の取得価額には、NTTに支払う工事負担金の他、加入料、屋内配線設備等の工事費などを含めます。
「電話加入権」は転売可能な権利のため、減価償却(非減価償却資産)しません。そのため、取得価額が10万円未満であっても、必ず資産に計上します。一方、電話機本体は減価償却資産ですが、1台10万円未満のものは資産に計上せずに、費用として計上できます。

②電話加入権を売却する場合

● 業者に電話加入権4万円を売却し、代金2万円を現金で受け取った。

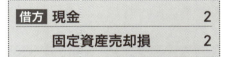

NTTの電話を引く際にかかる施設設置負担金は、現在、37,800円(税込み)に値下げされています。将来的には、施設設置負担金は全廃される可能性もあります。

③電気通信施設利用権を取得した場合

● 電気通信事業者とのデジタル通信専用回線の契約に際し、工事負担金として50万円を普通預金口座から振り込んだ。

借方 電気通信施設利用権	50	貸方 普通預金	50

電気通信事業者との専用回線利用に伴う契約料、工事負担金などは、「電気通信施設利用権」に計上します。

■ 会計処理を行う際の注意点！

◎ 貸借対照表上、「電話加入権」は、重要性があれば「電話加入権」として表示しますが、重要性がなければ無形固定資産の部の「その他」に含めて表示します。

関連科目 CASE(P42, 43)、消耗品費(P270)、固定資産除却損(P322)

3-3 固定資産（無形固定資産）

ソフトウェア

そふとうぇあ

どんな科目なの？

コンピューターを動かすために必要なプログラムのことです。

摘要

- コンピュータプログラム
- ITシステム
- 他者開発のソフトウェア
- システム仕様書
- 生産管理システム
- 販売管理システム
- 給与計算システム
- 会計システム
- 自社制作の研究費からの振替
- 製品マスターの制作

発生

設立

資産

金融関連

その他

　ソフトウェアとは、コンピューター用のソフトウェアを購入したり、制作したりするときに支出した金額を処理する勘定科目です。

増加する仕訳例

専門業者に自社で利用する目的のソフトウェアを開発してもらった。その代金として、50万円を普通預金口座から振り込んだ。

借方 ソフトウェア	50	貸方 普通預金	50

▼主な取引例
- ソフトウェア開発の費用
- ソフトウェアの購入　等

減少する仕訳例

自社で利用していたソフトウェア（帳簿価額30万円）を売却した。売却代金として10万円が普通預金口座に入金された。

借方 普通預金	10	貸方 ソフトウェア	30
固定資産売却損	20		

▼主な取引例
- ソフトウェアの売却
- ソフトウェアの償却
- ソフトウェアの廃棄　等

Point!　～ソフトウェアとコンテンツについて～

　ソフトウェアには、コンピューター用のプログラムの他、システム仕様書やフローチャート等の関連文書も含めます。なお、データや映像・音楽などのコンテンツは、ソフトウェアとは別個のものとして「新聞図書費」などで処理します。しかし、ソフトウェアとコンテンツが経済的にも機能的にも一体で不可分である場合は、両者を一体として取り扱うことも認められています。

◆ 取引別の仕訳例 ◆

①ソフトウェアを購入した場合

- 経理用のソフトウェアを購入し、代金40万円を普通預金口座から振り込んだ。

| 借方 ソフトウェア | 40 | 貸方 普通預金 | 40 |

②ソフトウエアを制作した場合

- 専門業者に販売管理システムの開発を依頼し、開発費として100万円を小切手で支払った。

| 借方 ソフトウェア | 100 | 貸方 当座預金 | 100 |

「研究開発費の会計基準」において、ソフトウェアの会計処理は次のように、制作目的別に決められています。

●自社利用の場合
ソフトウエアの利用により、将来の収益獲得または費用削減が確実であると認められる場合には「ソフトウェア」として資産に計上し、認められない場合や不明な場合には「研究開発費」として費用に計上します。

●販売目的の場合
製品マスターが完成するまでにかかった費用は、「研究開発費」として費用に計上し、製品マスター完成後の制作費や通常の機能の改良・強化に伴うものは、「ソフトウェア」として資産に計上します。

●受注制作のソフトウェアの場合
請負工事の会計処理に準じて処理します。具体的には、個別原価計算を実施し、ソフトウェアの「仕掛品」として棚卸資産に計上します。

③ソフトウェアを償却する場合

- 期末に、販売管理システム100万円を5年間で償却した。

| 借方 ソフトウェア償却費 | 20 | 貸方 ソフトウェア | 20 |

会計処理を行う際の注意点！

◎実務上、「ソフトウェア」の減価償却は、販売目的の「ソフトウェア」の耐用年数は3年以内、自社利用目的の「ソフトウェア」は5年以内という税法の規定を従います。

関連科目 CASE（P32, 35）、開発費（P164）、仕掛品（P88）

第3章 資産の項目 | 145

3-4 固定資産（投資その他）

投資有価証券
とうしゆうかしょうけん

どんな科目なの？

投資目的で会社が長期に保有している株式や公社債などのことです。

摘要

- 長期保有目的有価証券
- 満期保有目的債権
- 投資目的有価証券
- 投資目的外国株券
- 投資目的外国債券
- 投資目的株式
- 投資目的公債
- 投資目的国債
- 投資目的社債
- 投資目的地方債
- 投資目的利付債券
- 貸付信託受益証券
- 有価証券売買委託手数料
- 新株予約権付社債
- 投資信託受益証券

発生

設立

資産

金融関連

その他

投資有価証券とは、保有する有価証券のうち、売買目的以外の有価証券と、1年以内償還予定の債権以外の有価証券を処理する勘定科目です。つまり、投資目的として1年を超えて長期に保有している株式、公社債、投資信託受益証券などです。

増加する仕訳例

投資目的のために長期的に保有しようと株式を購入し、代金50万円を普通預金口座から振り込んだ。

借方 投資有価証券	50	貸方 普通預金	50

▼主な取引例
- 投資目的で長期保有する株式の購入
- 投資目的で長期保有する社債の購入
- 貸付信託の受益証券の購入
- 売買委託手数料の支払い　等

減少する仕訳例

長期保有していた株式50万円を売却し、売却代金40万円が普通預金口座に振り込まれた。

借方 普通預金	40	貸方 投資有価証券	50
投資有価証券売却損	10		

▼主な取引例
- 投資目的で長期保有する株式の売却
- 投資目的で長期保有する社債の売却
- 貸付信託の受益証券の売却
- 投資有価証券の減損処理　等

Point! 〜有価証券の、保有目的による4つの分類について〜

「金融商品に関する会計基準」では、有価証券を保有目的によって4つに分類しています。①売買目的で保有する目的の「売買目的有価証券」、②満期まで保有する目的の「満期保有目的債権」、③子会社や関連会社の株式である「子会社株式・関連会社株式」、①②③以外の「その他の有価証券」、の4つです。その分類に従って、それぞれの会計処理が規定されています。

◆ 取引別の仕訳例 ◆

①購入した場合

● 投資目的のために長期に保有しようと、有価証券100万円を購入した。購入代金は普通預金口座から振り込んだ。なお、売買委託手数料1万円であった。

| 借方 投資有価証券 | 101 | 貸方 普通預金 | 101 |

「投資有価証券」の取得価額には、購入代金の他、購入時の手数料その他の費用を含みます。

②売却した場合

● 長期保有の有価証券100万円を110万円で売却した。売買委託手数料1万円を差し引いた残金が、普通預金口座に入金された。

| 借方 普通預金 | 109 | 貸方 投資有価証券 | 100 |
| | | 投資有価証券売却益 | 9 |

投資有価証券を売却した場合は、売却価額から投資有価証券の簿価と売買委託手数料を差し引いた金額が、「投資有価証券売却益(損)」となります。原則として、営業外収益(費用)に計上します。

③決算時に時価評価した場合

● 長期に保有するA社の株式(簿価200万円)の期末の時価は300万円だった。決算に際して評価替えを行った。なお、実効税率は40％とする。

| 借方 投資有価証券 | 100 | 貸方 その他有価証券評価差額金 | 60 |
| | | 繰延税金負債 | 40 |

長期保有の有価証券は、期末に時価で評価します(「その他有価証券評価差額金」P222参照)。

会計処理を行う際の注意点！

◎「投資有価証券」の期末における評価方法は、有価証券の種類によって異なります。時価のある有価証券は時価で評価し、満期保有目的の有価証券は取得原価または償却原価で評価し、子会社株式及び関連会社株式、時価のない有価証券は取得原価となります。

◎投資有価証券について、期末に時価が著しく下落したとき(通常取得原価の50％程度)には、回復すると認められる場合以外は、減損処理を行って「投資有価証券評価損」を計上します。

関連科目　有価証券(P76)、有価証券評価益(損)(P310)、投資有価証券売却益(損)(P324)

3-4 固定資産（投資その他）

出資金

どんな科目なの？

株式会社以外の法人や組合等に出資した持分のことです。信用金庫や信用組合への出資も含みます。

摘要

- 合同会社出資金
- 合資会社出資金
- 合名会社出資金
- 有限会社出資金
- 信用金庫出資金
- 信用組合出資金
- 協同組合出資金
- 社団法人出資金
- 商工会議所出資金
- 有限責任事業組合出資金
- ゴルフクラブ入会金
- レジャークラブ出資金

発生 設立 資産 金融関連 その他

　出資金とは、資金提供に対する出資者の持分が有価証券の形態をとらないタイプの出資を処理する勘定科目です。出資金には、合名会社、合資会社等の株式会社以外の会社に対する出資持分や、信用金庫、信用組合、協同組合等に対する出資持分などがあります。また、ゴルフクラブやレジャークラブの会員権も含まれます。

増加する仕訳例

協同組合に加入するにあたり、出資証券5万円を現金で購入した。

借方 出資金	5	貸方 現金	5

▼主な取引例
- 協同組合などへの出資
- 株式会社以外の会社（合名会社など）への出資
- 信用金庫への出資
- ゴルフ会員権の購入　等

減少する仕訳例

出資証券5万円を譲渡して、7万円が普通預金口座に振り込まれた。

借方 普通預金	7	貸方 出資金	5
		出資金売却益	2

▼主な取引例
- 出資金の譲渡
- 出資金の減損処理　等

Point!　～「出資金」と「投資有価証券」の違いについて～

　株式会社以外の会社や組合等の出資持分は、出資した金額に対する持分が有価証券の形態をとりません。また、譲渡することは可能ですが、短期的に売買を目的とするものではありません。よって、「有価証券」や「投資有価証券」とは区分して表示します。

148

◆ 取引別の仕訳例 ◆

①出資した場合

● 地元の信用金庫との取引を開始に際し、出資証券5万円を取得するために現金を支払った。

借方	出資金	5	貸方	現金	5

②会員権を取得した場合

● ゴルフ会員権100万円を購入し、名義書換料10万円と一緒に普通預金口座から支払った。

借方	出資金	110	貸方	普通預金	110

「出資金」の取得価額には、ゴルフクラブの入会金等の他、付随費用(名義書換料、手数料など)も含めます。なお、役員など特定の者だけが業務と関係なく利用している場合には、「出資金」でなく「役員報酬」としてみなされるおそれがありますので、注意が必要です。

③会員権を譲渡した場合

● ゴルフ場の会員権(取得価額110万円)を80万円で譲渡し、代金が普通預金口座に入金された。

借方	普通預金	80	貸方	出資金	110
	出資金売却損	30			

④評価した場合

● A協同組合に100万円を出資している。A協同組合の財政状態が非常に悪化しており、回復の見込みがついていない。決算日現在の持分額は40万円である。

借方	出資金評価損	60	貸方	出資金	60

「出資金」は取得原価により評価します。しかし、財政状態が著しく悪化し、かつ回復の見込みがないと認められる場合は、評価損の計上(減損処理)が認められます。

会計処理を行う際の注意点！

◎「出資金」を子会社や関係会社とそうでないものとに区分し、「子会社出資金」や「関係会社出資金」として表示をします。

関連科目 投資有価証券(P146)

3-4 固定資産（投資その他）

長期貸付金
ちょうきかしつけきん

どんな科目なの？

会社が役員、従業員、取引先、関係会社などに貸しているお金で、決算日の翌日から1年を超えて会社に返される約束になっているものです。

摘要

- 役員への長期貸付金
- 従業員への長期貸付金
- 取引先への長期貸付金
- 子会社への長期貸付金
- 関連会社への長期貸付金
- 親会社への長期貸付金
- 短期貸付金に振替
- 長期住宅資金融資
- 長期手形貸付金

長期貸付金とは、消費貸借契約および準消費貸借契約に基づく、取引先、親会社、関連会社、役員や従業員などに対する貸付金で、回収期限が決算日の翌日から起算して1年を超えて到来するものを処理する勘定科目です。回収期限が1年以内に到来する貸付金は、「短期貸付金」となります。この基準を、1年基準（ワン・イヤー・ルール）と言います。

増加する仕訳例

従業員へ住宅資金として、貸付期間5年で現金100万円を貸し付けた。

借方 長期貸付金	100	貸方 現金	100

▼主な取引例
- 資金の長期貸付
- 短期貸付金からの振替え　等

減少する仕訳例

長期の貸付金の一部、20万円の返済期限が到来し、普通預金口座に入金された。

借方 普通預金	20	貸方 長期貸付金	20

▼主な取引例
- 貸付金の回収
- 短期貸付金への振替え　等

Point!　〜「長期貸付金」の利息について〜

会社間の「長期貸付金」はもちろんのこと、役員や従業員に対する「長期貸付金」であっても、貸付金には利息が発生します。

本来、利息を付けない「長期貸付金」は、営利を目的とする会社の事業活動に反しますので、税務上、役員や従業員などに対して無利息または著しく低い金利で貸付を行った場合、会社からの経済的な利益供与とみなされるおそれがあります。

なお、「長期貸付金」に対する利息は、「受取利息」として営業外収益の区分に表示されます。

◆ 取引別の仕訳例 ◆

①貸し付けた場合

- 長期に資金300万円を役員に貸し付け、普通預金口座から振り込んだ。

借方 長期貸付金	300	貸方 普通預金	300

②回収した場合

- 役員に貸し付けた長期の貸付金のうち150万円が、利息10万円とともに普通預金口座に振り込まれた。

借方 普通預金	160	貸方 長期貸付金	150
		受取利息	10

③長期の貸付金を振替えた場合

- 決算時に際し、長期の貸付金150万円の回収期限が1年以内になったため、短期の貸付金に振替えた。

借方 短期貸付金	150	貸方 長期貸付金	150

- 短期貸付金に振替えた長期貸付金150万円が、利息10万円とともに普通預金口座に振り込まれた。

借方 普通預金	160	貸方 短期貸付金	150
		受取利息	10

決算時に「長期貸付金」の返済期限が、決算日の翌日から数えて1年以内になったら「短期貸付金」に振替えますが、その金額が少額の場合は振替えを省略してもかまいません。

会計処理を行う際の注意点！

◎ 役員や従業員への一時的な資金融通や、福利厚生のための資金援助等は「役員長期貸付金」「従業員長期貸付金」の勘定科目、子会社への一時的な運転資金や設備投資資金等の貸付金は、「子会社長期貸付金」の勘定科目を設定して表示します。また、注記によることもできます。
◎ 「長期貸付金」は、期末に貸倒引当金を設定する対象となります。

関連科目　短期貸付金（P102）、貸倒引当金（P108）、受取利息（P302）

3-4 固定資産（投資その他）
長期前払費用
ちょうきまえばらいひよう

どんな科目なの？

長期間、継続的にサービスの提供を受ける契約で、まだ受けていないサービスに対して先に支払った代金のうち、1年を超える期間に対応する代金のことです。

摘要

- 長期保険料の前払い
- 長期広告料の前払い
- 長期地代の前払い
- 長期家賃の前払い
- 長期リース料の前払い
- 公共的施設の負担金
- 共同施設の負担金
- 権利金
- 立退き料
- ノウハウの頭金
- 広告宣伝用資産の贈与費用
- 同業者団体の加入金
- 前払費用への振替え
- 長期前払費用の償却
- ドメイン取得費用

決算

長期前払費用とは、一定の契約に従って継続的にサービスの提供を受ける場合、まだ提供されていないサービスに対してすでに支払われた対価のうち、決算日の翌日から起算して1年を超えて費用化が見込まれるものを処理する勘定科目です。

増加する仕訳例

2年分の火災保険に加入した。保険料8万円を一括して普通預金口座から振り込んだ。

借方 長期前払費用	8	**貸方** 普通預金	8

▼主な取引例
- 長期の保険料の前払い長期の家賃
- 地代、リース代などの前払い　等

減少する仕訳例

商店街のアーケード設置のために計上した負担金200万円のうち、当期分40万円を償却した。

借方 長期前払費用償却	40	**貸方** 長期前払費用	40

▼主な取引例
- 長期前払費用の償却
- 前払費用への振替
- 各種費用への振替　等

Point! ～1年基準（ワン・イヤー・ルール）について～

　1年基準（ワン・イヤー・ルール）により、決算日の翌日から1年を超えて費用化が見込まれるものは「長期前払費用」として、1年以内に費用化が見込まれるものは「前払費用」として計上します。

◆ 取引別の仕訳例 ◆

①契約した場合

- 5年分の火災保険に加入した。5年分の保険料40万円を、一括して小切手で支払った。

借方 長期前払費用	40	貸方 当座預金	40

②決算の場合

- 決算に際し、長期前払費用（5年分、40万円）に計上していた火災保険料の当期分8万円と、翌期分8万円をそれぞれ振り替えた。

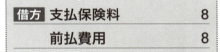

支出時に費用として計上し、期末に資産に計上する方法もあります（「前払費用」P98を参照）。

③償却した場合

- フランチャイズ加盟料100万円を普通預金口座から支払った。

借方 長期前払費用	100	貸方 普通預金	100

- 決算に際し、上記の加盟料を償却した。なお、償却期間は5年間であった。

借方 長期前払費用償却	20	貸方 長期前払費用	20

会計処理を行う際の注意点！

◎税法上の繰延資産の中には、会計上、繰延資産を限定列挙しているため「長期前払費用」として処理されるものがあります。**税法上の繰延資産**のうち、公共的施設等の負担金等、資産を賃借するための権利金等、役務の提供を受けるために支出する権利金等、広告宣伝用資産の贈与費用等、同業者団体の加入金等は、会計上「長期前払費用」として処理されます。

◎税法上の繰延資産は、その種類に応じて月割で均等償却します。ただし、支出が20万円未満であるときは、支出時にすべて費用に計上できます。

関連科目 CASE（P43）、前払費用（P98）、差入保証金（P154）

3-4 固定資産（投資その他）

差入保証金
さしいれほしょうきん

どんな科目なの？

取引をするための契約や取引慣行によって差し入れる各種の保証金やの敷金などのことです。

摘要
- 敷金の支払い
- 借室権利金の支払い
- 営業保証金の支払い
- 取引保証金の支払い
- 借受契約保証金の支払い
- 債務履行保証金の支払い
- 差入保証金の支払い
- 架設保証金の支払い
- 代理店契約保証金の支払い
- 入札保証金の支払い
- 輸入保証金の支払い

発生

設立

資産

金融関連

その他

差入保証金とは、取引を開始するなどの契約に際し、債務者が債権者に負う債務履行を担保する目的で差し入れられる各種の保証金を処理する勘定科目です。

増加する仕訳例

店舗を賃借するにあたり、敷金45万円と1か月分の家賃15万円、仲介手数料15万円を普通預金口座から振り込んだ。

借方	地代家賃	15	貸方	普通預金	75
	差入保証金	45			
	支払手数料	15			

▼主な取引例
- 敷金などの支払い
- 保証金の支払い
- 営業保証金などの差入　等

減少する仕訳例

契約期間の満了に際し、預け入れていた敷金45万円を現金にて返還された。

借方	現金	45	貸方	差入保証金	45

▼主な取引例
- 敷金などの返還
- 敷金などの償却
- 営業保証金の返還等

Point! ～「差入保証金」と「敷金」について～

不動産の賃貸借の場合、預け入れた金額のことを**敷金（しききん）**と言ったりします。保証金と言っても敷金と言っても、債務不履行の担保として預け入れている点は同じです。そのため、どちらも「差入保証金」の勘定科目を使うことができますが、別途、「敷金」の勘定科目を設定してもかまいません。

なお、「差入保証金」は契約の終了や解除によって、全額が返還されます。そのため、償却の会計処理はしません。

◆ 取引別の仕訳例 ◆

①営業保証金の場合

● 契約時：取引のスタートに際し、営業保証金200万円を預け入れるために小切手を振り出した。

借方 差入保証金	200	貸方 当座預金	200

● 契約終了時：契約期間満了に伴って、営業保証金200万円が普通預金口座に返還された。

借方 普通預金	200	貸方 差入保証金	200

②敷金の場合

● 契約時：営業所の賃貸契約を結び、保証金100万円を支払うために小切手を振り出した。このうち10％相当額は、解約時に償却されて返還されないものである。

借方 差入保証金	90	貸方 当座預金	100
長期前払費用	10		

● 解約時：営業所を移転に際して賃貸契約を解約し、物件を返却した。これに伴い、保証金の返還として、普通預金口座に90万円が振り込まれた。なお、保証金のうち返還されない部分の未償却分5万円を、費用として処理した。

借方 普通預金	90	貸方 差入保証金	90
借方 長期前払費用償却	5	貸方 長期前払費用	5

不動産の賃貸借契約などの契約では、**償却条項**（契約が終了した場合、差入保証金の一定割合については、その部分を償却して返還しない旨を定めている条項）がついていることがあります。償却条項がある場合、その一定割合については返還されないため、この部分は「差入保証金」にはあたりません。

返還されない部分は、不動産などを賃借するために支払った権利金等ですので、税務上は繰延資産、会計上は「長期前払費用」として処理します。なお、「長期前払費用」として計上された金額は、賃借する期間にわたって償却します。

会計処理を行う際の注意点！

◎差入保証金は回収過程にある債権ではないため、貸倒引当金の設定対象ではありません。

関連科目 CASE（P26, 37, 43）、長期前払費用（P152）

3-5 固定資産（繰延資産）

創立費
そうりつひ

どんな科目なの？

会社が負担するべき「設立するまでにかかった色々な費用」のことです。ポイントは「設立までに」という点です。

摘要
- 定款作成費用
- 定款認証手数料
- 定款印紙税
- 株式募集広告費
- 目論見書印刷費
- 株券印刷費
- 創立事務所賃借料
- 設立事務に使用する使用人の給与手当て
- 金融機関の取扱手数料
- 創立総会費用
- 創立費用
- 創立事務費用
- 登録免許税
- 発起人報酬
- 税理士報酬
- 司法書士報酬
- 行政書士報酬

発生 ▶ 設立

資産 / 金融関連 / その他

　創立費とは、会社を設立するまでに支出した費用を処理する勘定科目です。例えば、「発起人が受ける報酬」、「会社が負担すべき設立費用」、「設立登記のために支出した登録免許税」などです。会社法上、支出した額の定款の記載などが必要ですが、税法上では、定款の記載がなくても認められる場合もあります。

増加する仕訳例

会社設立に際し、行政書士に定款作成の費用として現金8万円を支払った。

借方 創立費	8	貸方 現金	8

▼主な取引例
- 会社設立費用
- 定款及び諸規則作成費用
- 創立総会費用
- 会社設立登記費用　等

減少する仕訳例

決算に際し、創立費8万円を全額償却した。

借方 創立費償却	8	貸方 創立費	8

▼主な取引例
- 創立費の償却　等

Point!　〜「創立費」を設立会社の負担にできる範囲について〜

　「創立費」は会計上、会社が設立までに支出した費用（定款作成費用、株式募集広告費、株券印刷費、創立事務所賃借料、発起人報酬、登録免許税など）のうち、設立会社が負担すべきものです。なお税法上は、これより範囲が広く、会社を設立するため必要とする支出と認められれば、定款に記載されていない、あるいは定款の規定額を超えていても、設立会社の負担とすることができます。

◆ 取引別の仕訳例 ◆

①計上する場合

- 創立総会まで(発起人):創立事務所の賃借料として発起人が現金10万円を立替払いした。

借方 立替金	10	貸方 現金	10

- 創立総会承認時(当社):発起人が立替払いしていた創立事務所の賃借料10万円に関して、創立費として創立総会で承認された。

借方 創立費	10	貸方 現金	10

発起人は、創立総会での承認を得られるように、適切な勘定科目で支出した内容を記録しておきます。創立総会の承認を得て、初めて会社が負担すべきものとされ、その額を「創立費」として計上できます。

原則として、「創立費」は支出した時に営業外費用として処理しますが、繰延資産として処理することもできます。

②償却する場合

- 5年で償却:決算に際し、繰延資産に計上した創立費10万円を5年間で均等額償却した。

借方 創立費償却	2	貸方 創立費	2

- 1年で償却:決算に際し、繰延資産に計上した創立費10万円の全額を償却した。

借方 創立費償却	10	貸方 創立費	10

繰延資産として計上した「創立費」は、会社成立のときから5年以内のその効果の及ぶ期間にわたり、定額法により償却します。税法上、任意償却ができますので、創立した事業年度に全額を一括して償却することもできます。

なお、「創立費償却」は営業外費用として表示します。

会計処理を行う際の注意点！

◎繰延資産として計上した「創立費」は、貸借対照表上、繰延資産の部に「創立費」として表示します。なお、貸借対照表の価額から償却額を直接控除した残額が「創立費」となります。

関連科目 CASE(P27)、開業費(P158)、株式交付費(P160)、社債発行費(P162)、開発費(P164)

3-5 固定資産(繰延資産)

かいぎょうひ
開業費

どんな科目なの？

会社設立後から営業を開始するまでにかかった、開業準備のための色々な費用のことです。ポイントは「営業開始までに」という点です。

摘要

- 開業前土地/建物の賃借料
- 開業前広告宣伝費
- 開業前消耗遺品費
- 開業前通信費
- 開業前交通費
- 開業前使用人給料
- 開業前保険料
- 開業前電気/ガス/水道料等
- 開業前事務用消耗品費
- 開業前調査費用
- 開業前支払利息
- 開業準備費用

発生
設立
資産
金融関連
その他

開業費とは、会社を設立した後から営業を開始するまでに、開業準備のために支出した費用を処理する勘定科目です。例えば、営業を開始するための建物の賃借料、従業員給料、広告宣伝費、通信交通費、水道光熱費などです。

増加する仕訳例

会社を設立し、開業準備のための事務所の賃借料15万円を現金で支払った。

借方 開業費	15	貸方 現金	15

▼主な取引例
- 開業準備のための諸費用
- プレオープンの諸費用　等

減少する仕訳例

決算に際し、計上している開業費15万円を全額償却した。

借方 開業費償却	15	貸方 開業費	15

▼主な取引例
- 開業費の償却　等

Point!　〜開業費に含まれる費用と含まれない費用〜

「開業費」は会計上、会社を設立した後から営業を開始するまでに支出した開業準備のための、すべての費用です。なお税法上は、これより範囲が狭く、開業を準備するために特別に支出した費用しか認められないので、経常的に発生するような費用は含まれません。

例えば、開業するたに特別に支出した広告宣伝費、交際費、交通費、調査費などです。そのため、会社を設立した後から開業するまでの間に支出した費用だとしても、建物の賃借料、通信交通費、水道光熱費、従業員給料、支払利子などの経常的な支出は「開業費」にはあたりません。

158

◆ 取引別の仕訳例 ◆

①計上する場合

- 開業準備に際し、特別に市場調査を行い、その代金30万円を普通預金口座から振り込んだ。

| 借方 開業費 | 30 | 貸方 普通預金 | 30 |

- 開業準備に際し、特別にチラシを作成し、現金5万円を役員が支払った。

| 借方 開業費 | 5 | 貸方 未払金 | 5 |

営業を開始するまでに支出した費用は「開業費」ですが、営業を開始した後は各種の経費として処理することになるため、両者を明確に区分する必要があります。取引内容や時期などを適切に記録しておかなければなりません。
原則として、「開業費」は支出した時に営業外費用または販売費及び一般管理費として処理しますが、繰延資産として処理することもできます。

②償却する場合

- 5年で償却：決算に際し、繰延資産に計上した開業費30万円を5年間で均等額償却した。

| 借方 開業費償却 | 6 | 貸方 開業費 | 6 |

- 1年で償却：決算に際し、繰延資産に計上した開業費30万円の全額を償却した。

| 借方 開業費償却 | 30 | 貸方 開業費 | 30 |

繰延資産として計上した「開業費」は、開業のときから5年以内のその効果の及ぶ期間にわたり、定額法により償却します。税法上、任意償却ができますので、開業した事業年度に一括して償却することもできます。
なお、「開業費償却」は営業外費用として表示します。

会計処理を行う際の注意点！

◎ 繰延資産として計上した「開業費」は、貸借対照表上、繰延資産の部に「開業費」として表示します。なお、貸借対照表の価額から償却額を直接控除した残額が、「開業費」となります。

関連科目　CASE（P26）、創立費（P156）、株式交付費（P160）、社債発行費（P162）、開発費（P164）

3-5 固定資産（繰延資産）

かぶしきこうふひ
株式交付費

どんな科目なの？

既存の会社の株式発行に直接かかった費用のことです。ポイントは「既存の会社の株式発行」という点です。

摘要

- 新株発行に直接要した費用
- 株式交付費用
- 新株発行費用
- 増資の費用
- 株式募集広告費
- 金融機関の取扱手数料
- 証券会社の取扱手数料
- 株券印刷費
- 株式申込書印刷費
- 目論見書印刷費
- 変更登記登録免許税
- 自己株式処分費用

発生

設立　資産　**金融関連**　その他

株式交付費とは、既存会社が新株を発行するなどのために直接的に支出した費用を処理する勘定科目です。例えば、株式募集のための広告費、金融機関の取扱手数料、証券会社の取扱手数料、目論見や株券等の印刷費、変更登記の登録免許税などです。

増加する仕訳例

増資するため新株の募集広告費50万円の支払いとして、小切手を振り出した。

借方 株式交付費	50	貸方 当座預金	50

▼主な取引例
- 株式募集広告費
- 金融機関等の取扱手数料
- 目論見／株券等の印刷費
- 変更登記の登録免許税　等

減少する仕訳例

決算に際し、新株発行費50万円を一括して償却した。

借方 株式交付費償却	50	貸方 株式交付費	50

▼主な取引例
- 株式交付費の償却　等

Point!　〜「株式交付費」と「創立費」について〜

「株式交付費」は、既に存在している会社が新株を発行するために直接的に支出した費用です。会社を設立した時に発行される株式に支出した費用は、「創立費」となります。同じ株式の発行でも異なりますので、注意が必要です。

◆ 取引別の仕訳例 ◆

①新株を発行する場合

- 新株を発行に際し、株券を印刷する費用と株式を募集する費用として、普通預金口座から90万円を振り込んだ。

| 借方 株式交付費 | 90 | 貸方 普通預金 | 90 |

原則として「株式交付費」は支出した時に営業外費用として処理しますが、繰延資産として処理することもできます。

企業の規模を拡大するための資金調達に支出した費用を、「株式交付費」として繰延資産に計上しています。そのため、株式分割や株式無償割当のために支出した費用は、企業の規模の拡大に関するものではないので繰延資産にあたらず、支出した時に費用として計上します。

②償却する場合

- 3年で償却：決算に際し、繰延資産に計上した株式交付費90万円を3年間で均等額償却した。

| 借方 株式交付費償却 | 30 | 貸方 株式交付費 | 30 |

- 1年で償却：決算に際し、繰延資産に計上した株式交付費90万円の全額を償却した。

| 借方 株式交付費償却 | 90 | 貸方 株式交付費 | 90 |

繰延資産として計上した「株式交付費」は、株式交付のときから3年以内のその効果の及ぶ期間にわたり、定額法（月割）により償却します。税法上、任意償却ができるので、交付した事業年度に一括して償却することもできます。
なお、「株式交付費償却」は営業外費用として表示します。

会計処理を行う際の注意点！

◎繰延資産として計上した「株式交付費」は、貸借対照表上、繰延資産の部に「株式交付費」として表示します。なお、貸借対照表の価額から償却額を直接控除した残額は、「株式交付費」となります。

関連科目 創立費（P156）、開業費（P158）、社債発行費（P162）、開発費（P164）

3-5 固定資産（繰延資産）

しゃさいはっこうひ
社債発行費

どんな科目なの？
資金調達をするために社債を発行する際に、直接かかった費用のことです。

摘要

- 社債発行に直接要した費用
- 社債募集広告費
- 金融機関の取扱手数料
- 証券会社の取扱手数料
- 社債券印刷費
- 目論見書印刷費
- 社債申込書印刷費用
- 社債登記登録免許税

発生

設立

資産

金融関連

その他

社債発行費とは、社債を発行するために直接的に支出した費用を処理する勘定科目です。例えば、社債募集のための広告費、金融機関の取扱手数料、証券会社の取扱手数料、目論見書や社債券等の印刷費、社債登記の登録免許税などです。

増加する仕訳例

社債発行するため社債の募集広告費50万円の支払いとして、小切手を振り出した。

借方 社債発行費	50	貸方 当座預金	50

▼主な取引例
- 社債募集広告費
- 金融機関等の取扱手数料
- 目論見/社債券等の印刷費
- 社債登記の登録免許税　等

減少する仕訳例

決算に際し、社債発行費50万円を一括して償却した。

借方 社債発行費償却	50	貸方 社債発行費	50

▼主な取引例
- 社債発行費の償却　等

Point!　～新株予約権発行のための費用について～

新株予約権の発行のために直接的に支出した費用は、資金調達という財務活動に関する費用ですので、「社債発行費」と同じように処理します。

Point!　～償却原価法について～

償還金額（社債権者に償還すべき金額の総額）と発行価額（社債募集によって得た金額の差額）が異なるタイプの社債は、以前はその差額を繰延資産の「社債発行差金」として処理していました。しかし現在は、社債発行差金に相当するその差額は、償却原価法によって処理します。**償却原価法**とは、その差額に相当する金額を、償還期までに毎期一定の方法で貸借対照表額に加減する方法です。

◆ 取引別の仕訳例 ◆

①計上する場合

- 社債発行：社債を発行に際し、社債の印刷費用と社債募集のための費用として、90万円を普通預金口座から振り込んだ。

借方 社債発行費	90	貸方 普通預金	90

原則として「社債発行費」は、支出時に営業外費用として処理しますが、繰延資産として計上することもできます。

- 新株予約権発行：新株予約権付社債を発行するための費用50万円に対して、小切手を振り出した。

借方 社債発行費	50	貸方 当座預金	50

②償却する場合

- 3年で償却：決算に際し、繰延資産に計上した社債発行費90万円を3年間で均等額償却した。

借方 社債発行費償却	30	貸方 社債発行費	30

- 1年で償却：決算に際し、繰延資産に計上した株式交付費90万円の全額を償却した。

借方 社債発行費償却	90	貸方 社債発行費	90

繰延資産として計上した「社債発行費」は、社債償還までの期間にわたり、利息法により償却します。ただし、社債償還までの期間による定額法（月割）も継続適用を条件に認められています。税法上、任意償却ができますので、発行した事業年度に一括して償却することもできます。なお、「社債発行費償却」は営業外費用として表示します。

会計処理を行う際の注意点！

◎ 繰延資産として計上した「社債発行費」は、貸借対照表上、繰延資産の部に「社債発行費」として表示します。なお、貸借対照表の価額からその償却額を直接控除した残額が、「社債発行費」となります。

関連科目 創立費（P156）、開業費（P158）、株式交付費（P160）、開発費（P164）

3-5 固定資産（繰延資産）

開発費
かいはつひ

どんな科目なの？

新技術・新組織の採用、資源の開発、市場の開拓などに支出した費用（経常的に発生するものは除く）のことです。

摘要

- 新技術採用費用
- 新経営組織採用費用
- 資源開発費用
- 市場開拓費用
- 設備の大規模な配置替え費用
- 技術導入費用
- 開発のためのコンサルタント料
- 市場調査費用
- 油田試掘費用
- 特許権使用のための頭金

発生

設立｜資産｜金融関連｜その他

開発費とは、新技術の採用、新経営組織の採用、資源の開発、市場の開拓等のために支出した費用を処理する勘定科目です。また、生産能率の向上や生産計画の変更などによる、設備の大規模な配置替えの費用も該当します。ただし、いずれも経常的に発生するような費用は、「開発費」にはあたりません。

増加する仕訳例

新しい経営組織の発足に伴って、コンサルティング費用50万円を普通預金口座から振り込んだ。

借方 開発費	50	貸方 普通預金	50

▼主な取引例
- 新技術や新経営組織採用の費用
- 資源開発や市場開拓の費用
- 設備の大規模な配置替え費用　等

減少する仕訳例

決算に際し、計上している開発費50万円を全額償却した。

借方 開発費償却	50	貸方 開発費	50

▼主な取引例
- 開発費の償却　等

Point!　〜「開発費」と「研究費」について〜

「開発費」と似ている勘定科目に、「研究費」があります。「研究費」とは、新製品の製造や新技術の発明のために、特別に支出した費用です。「開発費」と「研究費」は「**研究開発費等に係る会計基準**（平成10年3月31日）」により、株式公開企業等では、どちらも発生した時に費用として処理することになりました。ただし、「開発費」は会社法上、繰延資産として限定列挙されています。

◆ 取引別の仕訳例 ◆

①計上する場合

- 新しい事業を開始にあたり、市場開拓の目的で特別に市場調査を実施した。その費用として、小切手200万円を振り出した。

| 借方 開発費 | 200 | 貸方 当座預金 | 200 |

- 生産能率の向上の設備の大規模な配置換えを行い、その費用100万円を普通預金口座から支払った。

| 借方 開発費 | 100 | 貸方 普通預金 | 100 |

原則として「開発費」は、支出した時に売上原価または販売費及び一般管理費として処理しますが、繰延資産として計上することもできます。

②償却する場合

- 1年で償却:決算に際し、繰延資産として計上した開発費200万円を5年間で均等償却した。

| 借方 開発費償却 | 40 | 貸方 開発費 | 40 |

- 1年で償却:決算に際し、繰延資産として計上した開発費200万円を一括償却した。

| 借方 開発費償却 | 200 | 貸方 開発費 | 200 |

繰延資産として計上した「開発費」は、支出した事業年度から5年以内のその効果の及ぶ期間にわたり、定額法(月割)その他合理的な方法により償却します。税法上、任意償却ができますので、支出した事業年度に全額を償却することもできます。
なお、「開発費償却」は営業外費用として表示します。

「開発費」は収益の拡大を目的とするものなので、収益と対応させる観点から資産性が認められ、その効果の及ぶ期間にわたり償却していきます。よって、その効果が認められなくなった場合は、未償却残高を一時的に償却する必要があります。

会計処理を行う際の注意点!

◎ 繰延資産として計上した「開発費」は、貸借対照表上、繰延資産の部に「開発費」として表示します。なお、「開発費償却」は営業収益と対応関係がない場合は、営業外費用として表示します。

関連科目 創立費(P156)、開業費(P158)、株式交付費(P160)、社債発行費(P162)

第4章

負債の項目

4-1 流動負債
　支払手形
　買掛金
　電子記録債務
　短期借入金
　未払金
　未払消費税
　未払法人税等
　未払費用
　前受金
　商品券
　前受収益
　預り金
　仮受金
　賞与引当金
　その他の引当金
　繰延税金負債
　仮受消費税

4-2 固定負債
　社債
　長期借入金
　退職給付引当金
　リース債務

4-1 流動負債
しはらいてがた
支払手形

どんな科目なの？
お金を支払う債務を表したもの。仕入先との通常の営業取引で、対価として支払った手形債務のことです。

摘要
- 手形による支払い
- 手形仕入
- 手形による買掛金決済
- 手形の更改
- 為替手形引受
- 約束手形振出
- 振出手形差替
- 約束手形振替
- 手形借入金
- 金融手形振出
- 設備手形振出
- 融通手形振出

日常

支払手形とは、通常の営業取引によって、仕入先などに支払う対価として振り出した手形債務（債務の支払いのために振り出した約束手形や引き受けた為替手形）を処理する勘定科目です。

経費・資金・売上・仕入・その他

増加する仕訳例

仕入先から買掛金10万円の支払いとして為替手形を引き受けた。

借方 買掛金	10	貸方 支払手形	10

▼主な取引例
- 手形による仕入
- 買掛金の手形による決済
- 約束手形の振り出し
- 為替手形の引き受け
- 手形による借り入れ
- 設備購入代金の支払い等

減少する仕訳例

支払手形10万円の満期が到来し、当座預金口座から支払われた。

借方 支払手形	10	貸方 当座預金	10

▼主な取引例
- 手形の決済
- 手形代金の支払
- 手形借入金の返済
- 約束手形の差換　等

Point! 〜いろいろな手形債務の処理について〜

営業外の取引（固定資産の購入など）の手形債務は、「営業外支払手形」や「設備支払手形」として処理します。1年基準（ワン・イヤー・ルール）により、流動負債の部か固定負債の部に表示します。

また、金融機関から資金を借り入れ、その見返りに振り出した手形債務は、「支払手形」ではなく「短期借入金」となりますので注意が必要です。

168

対になる科目	対象	消費税	貸借対照表

受取手形
P64

対象：法人／個人

消費税：対象外（課税／非課税）

貸借対照表：
- 資産：流動資産／有形固定資産／無形固定資産／投資その他の資産／繰延資産
- 負債：**流動負債**／固定負債
- 純資産：株主資本／それ以外

◆ 取引別の仕訳例 ◆

①振り出した場合

● 仕入先から商品30万円を仕入れ、その代金の支払いとして約束手形を振り出した。

借方 仕入	30	貸方 支払手形	30

②決済された場合

● 仕入先に振り出した約束手形30万円が決済され、当座預金口座から引き落とされた。

借方 支払手形	30	貸方 当座預金	30

③通常の営業取引以外の手形の場合

● 営業外手形の取引：営業車100万円を購入し、その代金の支払いとして約束手形を振り出した。

借方 車両運搬具	100	貸方 営業外支払手形	100

● 手形の差入の取引：金融機関に約束手形を差し入れて、融資300万円を受けた。利息10万円を差し引かれて普通預金口座に入金された。

借方 普通預金	290	貸方 短期借入金	300
支払利息	10		

● 手形の更改の取引：仕入先A社に振り出した約束手形100万円の期日延長を申し入れたところ、了承された。利息10万円を含めて新しい手形を振り出した。

借方 支払手形	100	貸方 支払手形	110
支払利息	10		

会計処理を行う際の注意点！

◎資金繰りに行き詰っているときに、商取引の裏づけのない手形（**融通手形**）を資金融通のために企業同士で振り出すことがあります。融通手形は金融取引による債務になりますので、「支払手形」でなく「短期借入金」の勘定科目で処理します。

関連科目　受取手形（P64）、短期借入金（P174）、買掛金（P170）

4－1
流動負債：支払手形

第4章　負債の項目　169

4-1 流動負債

買掛金
かいかけきん

どんな科目なの？

仕入先との通常の取引（商品の購入やサービスの提供など）で発生した未払いの代金（まだ支払っていない仕入代金）のことです。

摘要

- 掛け仕入
- 仕入代金未払い
- 商品購入代金未払い
- 購入代金未払い
- 原材料購入代金未払い
- 前渡金振替
- 仕入戻し
- 仕入値引き
- 仕入割戻し
- 売掛金との相殺
- 前渡金相殺
- 未収金相殺
- 工事未払金
- 代物弁済
- 手形の振り出し

買掛金とは、仕入先との通常の営業取引（商品などの仕入代金の未払い分、サービスの授受などの営業費用の未払い分など）によって発生した営業上の債務を処理する勘定科目です。支払いまで1年を超える債務でも、通常の営業取引によって発生した買掛金であれば、「買掛金」で処理します。これを、**正常営業循環基準**と言います。

増加する仕訳例

仕入先から商品100万円を仕入れたが、代金は翌月末となった。

借方 仕入	100	貸方 買掛金	100

▼主な取引例
- 掛による仕入
- 商品購入代金の未払い
- 仕入代金の未払い　等

減少する仕訳例

掛仕入れした商品の代金100万円を当座預金口座から支払った。

借方 買掛金	100	貸方 当座預金	100

▼主な取引例
- 掛の支払いによる引き落とし
- 手形の振り出し
- 買掛金との相殺
- 仕入値引き（仕入）等

Point! ～買掛金と未払金について～

「買掛金」と似た勘定科目の「未払金」は、通常の営業取引以外（固定資産や有価証券の購入など）から発生した債務である点が異なります。

◆ 取引別の仕訳例 ◆

①掛仕入れした場合

- A社から商品50万円を掛仕入れした。

借方 仕入	50	貸方 買掛金	50

- A社から仕入れた商品の一部に欠陥があり、3万円分を返品した。

借方 買掛金	3	貸方 仕入	3

②支払った場合

- A社への買掛金47万円を普通預金口座から支払った。

借方 買掛金	47	貸方 普通預金	47

- B社へ買掛金の支払い代金として、約束手形20万円を振り出した。

借方 買掛金	20	貸方 支払手形	20

③相殺した場合

- C社の買掛金残高が5万円、売掛金残高も5万円だったので、双方で債権債務を相殺した。

借方 買掛金	5	貸方 売掛金	5

④建設業の場合

- 建設工事の原価のうち、材料費50万円、労務費100万円、経費30万円が未払いであった。

借方 未成工事支出金	180	貸方 完成工事未払金	180

建設業では、未払い分は「買掛金」ではなく「完成工事未払金」の勘定科目を使います。

会計処理を行う際の注意点！

◎ 通常の営業の役務の提供による未払金（電気、ガス、水道、外注加工賃等）は「買掛金」に含めることができますが、実務上は、「未払金」などで処理することが多いです。

関連科目 CASE（P40, 41, 44）、売掛金（P68）、未払金（P176）

4-1 流動負債

電子記録債務
でんしきろくさいむ

どんな科目なの？

未払いの新しい形（なんとペーパーレス）の金銭債務のことです。

摘要

- ●債務の発生
- ●発生記録の通知
- ●発生記録の請求
- ●譲渡記録の請求
- ●買掛金との相殺
- ●債務の決済
- ●債務の消滅

電子記録債務とは、債務の発生が電子債権記録機関の記録原簿に電子記録されることを要件とする、金銭債務を処理する勘定科目です。「電子記録債務」は「電子記録債権」に対応する勘定科目です。電子記録債権の仕組みは、取引コストや紛失リスクのある手形や、譲渡が煩雑である売掛債権の抱える問題を克服することが期待されて、新たな決済手段として創設されました。

増加する仕訳例

未払いの仕入代金10万円が発生したことを電子債権記録機関に通知した。

借方 買掛金	10	貸方 電子記録債務	10

▼主な取引例
- ●電子記録債務の発生の請求
- ●電子記録債務の発生の通知　等

減少する仕訳例

電子債権記録機関に発生を記録した債務10万円の支払い期日がきて、普通預金口座から振り込んだ。

借方 電子記録債務	10	貸方 普通預金	10

▼主な取引例
- ●電子記録債務の消滅
- ●電子記録債務の決済
- ●買掛金との相殺　等

◆ 取引別の仕訳例 ◆

①発生した場合

- ●仕入先A社に対する買掛金100万円の回収をでんさいネットで行うため、取引銀行を通じて電子債務の発生記録を請求した。

借方 買掛金	100	貸方 電子記録債務	100

②決済した場合

- でんさいネットに発生記録した電子記録債務100万円の支払い期日が到来して、普通預金口座から振り込んだ。

| 借方 電子記録債務 | 100 | 貸方 普通預金 | 100 |

③譲渡した場合

- 仕入先B社に対する買掛金の支払いをでんさいネットで行うため、電子記録債権100万円のうち50万円について取引銀行を通じて電子記録債権の譲渡記録を請求し、相殺した。

債務者

仕訳なし

債権者

| 借方 買掛金 | 50 | 貸方 電子記録債権 | 50 |

④譲渡した場合

- 電子記録債権100万円のうち、50万円について取引銀行に電子記録債権の譲渡記録を請求し、割引料4万円を差し引かれた残額が当座預金口座に振り込まれた。

債務者

仕訳なし

債権者

| 借方 当座預金 | 46 | 貸方 電子記録債権 | 50 |
| 　　 電子記録債権売却損 | 4 | | |

会計処理を行う際の注意点！

◎債権者側で「電子記録債権」が譲渡されても、債務者側には何ら会計処理は発生しません。

関連科目 売掛金(P68)、買掛金(P170)、電子記録債権(P70)

4-1 流動負債

短期借入金
たんきかりいれきん

どんな科目なの？

会社が金融機関、役員、取引先、関係会社などから借りたお金（決算日の翌日から1年以内に会社が返す約束になっている）のことです。

摘要

- 銀行からの借入
- 役員からの借入
- 個人からの借入
- 親会社からの借入
- 子会社からの借入
- 関係会社からの借入
- 取引先からの借入
- 証書借入金
- 手形借入金
- 運転資金調達
- 長期借入金の振替
- 当座借越

日常

経費 / 資金 / 売上 / 仕入 / その他

短期借入金とは、金融機関、取引先、親会社、関連会社、役員などに対する借入金で、返済期限が決算日の翌日から起算して1年以内に到来するものを処理する勘定科目です。1年を超えて支払いが予定される借入金は、「長期借入金」となります。この基準を、**1年基準(ワン・イヤー・ルール)**といいます。

増加する仕訳例

銀行から1年返済で借入50万円を行い、普通預金口座に入金された。

借方 普通預金	50	貸方 短期借入金	100

▼主な取引例
- 資金の借り入れ
- 長期借入金からの振替え　等

減少する仕訳例

銀行から借り入れた短期の借入金50万円を、期日に利息5万円とともに普通預金口座から振り込んだ。

借方 短期借入金	50	貸方 普通預金	55
支払利息	5		

▼主な取引例
- 借入金の返済
- 長輝借入金への振替え　等

Point!　～利息の有無について～

金融機関からの借入には利息が発生しますが、役員や従業員からの借入であっても同様に利息が発生します。しかし、役員や従業員からの借入に関しては、税法上、特に制限がありませんので、無利息でも構いません。一方、役員などへの貸付は利息を付ける必要があるので注意が必要です。

なお「短期借入金」に関する利息は、営業外費用の区分に「支払利息割引料」の勘定科目で表示されます。

◆ 取引別の仕訳例 ◆

①借り入れた場合

証書借入
- 銀行から短期の資金として200万円の融資を受けた（借入期間は6カ月、利息は後払い）。

| 借方 普通預金 | 200 | 貸方 短期借入金 | 200 |

手形借入
- 銀行から200万円を借り入れ、利息10万円を差し引かれた残額が普通預金口座に入金された。なお、この借入に際し、3ヶ月間の単名手形を担保として差し入れた。

| 借方 普通預金 | 190 | 貸方 短期借入金 | 110 |
| 支払利息 | 10 | | |

- 銀行から借り入れをする際に、銀行を受取人とする手形を借入金の担保として振り出す場合、実質的には借入であるので、手形に関する仕訳をせずに「短期借入金」で処理します。

②長期の借入金を振替えた場合

- 決算時に、長期借入金200万円の返済期間が1年以内になったので、短期借入金に振替えた。

| 借方 長期借入金 | 200 | 貸方 短期借入金 | 200 |

決算時に「長期貸付金」の返済期限が決算日の翌日から数えて1年以内になったら、「短期貸付金」に振替えますが、その金額が少額の場合は振替えを省略してもかまいません。

③当座借り越しの場合

- 期末の当座預金残高が10万円マイナス（貸方残高）であった。当座借越契約を結んでいる。

| 借方 当座預金 | 10 | 貸方 短期借入金 | 10 |

会計処理を行う際の注意点！

◎ 関係会社、役員、従業員からの借入金の金額が、負債と純資産の合計額の5/100を超える場合は、それぞれ「関係会社借入金」、「役員短期借入金」、「従業員短期借入金」の勘定科目を設定して区分表示します。また、注記によることもできます。

関連科目 CASE(P45)、預金(P62)、長期借入金(P206)

4-1 流動負債

未払金
みばらいきん

どんな科目なの？

仕入先との通常の取引以外（商品の購入やサービスの提供の授受など）から発生した、未払いの代金（まだ支払っていない代金）のことです。

摘要

- 消耗品費の未払い
- 事務用品費の未払い
- 外注工賃の未払い
- ガス料金の未払い
- 電気料金の未払い
- 水道料金の未払い
- 経費の未払い
- 固定資産購入代金の未払い
- 配当金の支払決議
- 役員賞与の支払決議
- 有価証券購入代金の未払い
- 給与の未払い
- 役務対価の未払い
- 確定債務

未払金とは、通常の営業取引以外の取引（固定資産の購入または有価証券の購入など）によって発生した債務や、通常の取引（販売費や一般管理費の支出など）によって発生した債務のうち、「買掛金」以外の債務で支払期日が到来しているものを処理する勘定科目です。

増加する仕訳例

有価証券を購入して、その代金10万円を翌月末に支払うこととなった。

| 借方 有価証券 | 10 | 貸方 未払金 | 10 |

▼主な取引例
- 有価証券の購入代金の未払分
- 各種の固定資産の購入代金の未払分
- 確定債務　● 各種の経費の未払分　等

減少する仕訳例

有価証券を購入した未払分10万円を、普通預金口座から支払った。

| 借方 未払金 | 10 | 貸方 普通預金 | 10 |

▼主な取引例
- 未払分の支払い　● 他の勘定科目への振替え　等

Point!　～未払費用と未払金について～

「未払費用」は「未払金」と似た名称の勘定科目ですが、「未払費用」は継続的にサービスの提供を受ける場合で、すでに提供されたサービスに対して、まだその対価の支払いがされていないもので、支払いの期日が到来していないものです。つまり、決算日には債務として未確定なものです。一方、「未払金」は、すでに財貨を購入しており債務が確定していますが、まだ支払いがされてないか、もしくは継続的にサービスの提供を受ける場合で、すでに提供されたサービスに対して、まだ対価の支払いがされていませんが支払いの期日が到来しているものです。

◆ 取引別の仕訳例 ◆

①土地・車両等の固定資産や有価証券を購入して、その代金を支払っていない場合

- 営業用の車両200万円を購入し、代金を翌月末に支払うこととなった。

借方 車両	200	貸方 未払金	200

- 上記の購入代金200万円を、翌月末に小切手を振り出して支払った。

借方 未払金	200	貸方 当座預金	200

②不動産賃貸等の役務の提供を受けたり、金銭を借り入れて、その代金を支払っていない場合(支払期日到来)

- 関連会社からの借入金の利息5万円を、支払期日(9/25)になっても支払っていない。

借方 支払利息	5	貸方 未払金	5

- 上記の利息5万円を、翌月(10/1)に普通預金口座より振り込んだ

借方 未払金	5	貸方 普通預金	5

通常の営業以外の取引によって発生した費用の支払期日が到来していない未払分は、実務的には「未払費用」として処理しますが、支払期日が到来している確定債務は「未払金」を使用します。

会計処理を行う際の注意点！

◎ 特段の事情がなく「未払金」が長期的に未払いの状態にある場合は、税務上、債務免除の認定を受けるおそれがあります。
◎ 未払金の額が負債総額の100分の1を超える場合は、「未払金」の勘定科目を設けて表示し、超えない場合はその他の流動負債に含めます。
◎ 決算日の翌日から1年以内に期日の到来する未払金は、流動負債の中の「その他の流動負債」として表示し、1年を超える場合は、固定負債の区分に表示されます。

関連科目 CASE(P30, 42, 52)、買掛金(P168)、未払費用(P182)

4-1 流動負債
未払消費税
みばらいしょうひぜい

どんな科目なの？
受け取った消費税から支払った消費税を引いた金額のうち、まだ国に納付がすんでいないものです。

摘要

- ●消費税未納付　●仮受消費税と仮払消費税の相殺　●消費税納付
- ●消費税未払い　●確定決算未払計上分

　未払消費税とは、決算で確定した当期分の消費税のうち、消費税の未納付額を処理する勘定科目です。税抜方式を採用していて、仮受消費税と仮払消費税の差額が生じた場合、仮受消費税＞仮払消費税のときに「未払消費税」が、一方、仮受消費税＜仮払消費税のときに「**未収消費税（みしゅうしょうひぜい）**」が計上されます。

増加する仕訳例

決算にあたり、仮払消費税160万円と仮受消費税240万円を相殺した。

借方 仮受消費税	240	貸方 仮払消費税	160
		未払消費税	80

▼主な取引例
- ●仮受消費税と仮払消費税の相殺　●消費税の未払い　等

減少する仕訳例

未払いになっていた消費税80万円を現金で納付した。

借方 未払消費税	80	貸方 現金	80

▼主な取引例
- ●消費税納付　●未払消費税納付　等

◆ 取引別の仕訳例 ◆

①税抜方式の場合

- ●課税仕入：商品（税込価額216万円）を掛で仕入れた。

借方 仕入	200	貸方 買掛金	216
仮払消費税	16		

（左側縦見出し）決算／原価・棚卸／減価償却／貸倒／経過勘定／税金

- 課税売上：商品（税込価額432万円）を掛で販売した。

借方 売掛金	432	貸方 売上	400
		仮受消費税	32

- 決算：決算にあたり、未払消費税16万円を計上した。

借方 仮受消費税	32	貸方 仮払消費税	16
		未払消費税	16

- 申告納付：消費税16万円を普通預金口座から振り込んだ。

借方 未払消費税	16	貸方 普通預金	16

②税込方式の場合

- 課税仕入：商品（税込価額216万円）を掛で仕入れた。

借方 仕入	216	貸方 買掛金	216

- 課税売上：商品（税込価額432万円）を掛で販売した。

借方 売掛金	432	貸方 売上	432

- 決算：決算にあたり、未払消費税16万円を計上した。

仕訳なし（ただし、未払計上もできる）

- 申告納付：消費税16万円を普通預金口座から振り込んだ。

借方 租税公課	16	貸方 普通預金	16

会計処理を行う際の注意点！

◎法人は課税期間の末日の翌日から2ヶ月以内に個人事業主は、翌年3月末までに申告・納付します。

関連科目　仮払消費税（P112）、仮受消費税（P202）、CASE（P49）

4-1 流動負債

未払法人税等
みばらいほうじんぜいとう

どんな科目なの？

決算で確定した当期分の法人税と住民税、事業税のうち、まだ国に納付がすんでいないものです。

摘要

- 法人税未納税額
- 住民税未納税額
- 事業税未納税額
- 市町村民税未納税額
- 都民税未納税額
- 道府県民税未納税額
- 特別区民税未納税額
- 法人税見積納税額
- 見積法人税
- 法人税等納付
- 住民税納付
- 事業税納付

未払法人税等とは、事業年度に発生した法人税等の未納付額を処理する勘定科目です。法人税等は事業年度の終了時に納税義務が発生するため、決算時に当期の納税額を算定しますが、納付期限は決算日から2ヵ月後ですので、未納付額を未払い計上します。

なお、法人税等とは、国税である法人税、地方税である住民税（道府県民税・市町村民税）、事業税です。

増加する仕訳例

決算に際し、赤字であったため、住民税の均等割7万円のみを未払い計上した。

借方 法人税等	7	貸方 未払法人税等	7

▼主な取引例
- 法人税等未納税額
- 法人税未納税額
- 住民税未納税額
- 法人事業税未納税額　等

減少する仕訳例

翌期になって、住民税の均等割7万円を普通預金口座から振り込んだ。

借方 未払法人税等	7	貸方 普通預金	7

▼主な取引例
- 法人税等の納付
- 法人税の納付
- 住民税の納付
- 法人事業税の納付　等

Point!　～予定申告と中間申告について～

事業年度開始日以後6カ月を経過した日から2カ月以内に、税務署長に対し中間申告書を提出し、中間申告書に記載した税額を納付する必要があります。中間申告の方法には、**予定申告**（前期の実績による申告）と**中間申告**（仮決算による申告）があります。なお、予定申告と中間申告のいずれの方法にするのか、遅くとも申告期限の1カ月前（事業年度開始日以後7カ月）までに、その選択をしなければなりません。

◆ 取引別の仕訳例 ◆

①中間納付・予定納付がない場合

● 決算に際し、当期の法人税50万円、住民税10万円、事業税10万円を概算した。

| 借方 法人税等 | 70 | 貸方 未払法人税等 | 70 |

● 上記の未払法人税等を普通預金口座から納付した。

| 借方 未払法人税等 | 70 | 貸方 現金 | 70 |

法人税等は、その事業年度の終了時に納税義務が発生するため、決算時に当期納税額を算出して、「法人税等(法人税・住民税及び事業税)」として費用に計上します。しかし、決算日から2ヶ月後が実際の納付期限ですので、決算日から納付までの期間、未納付分を「未払法人税等」として負債に計上します。

②中間納付・予定納付がある場合

● 決算に際し、当期の法人税50万円、住民税10万円、事業税10万円を概算した。なお、中間申告時に、中間納付額40万円を仮払法人税等として計上している。

| 借方 法人税等 | 70 | 貸方 仮払法人税等 | 40 |
| | | 未払法人税等 | 30 |

● 上記の未払法人税等を普通預金口座から納付した。

| 借方 未払法人税等 | 30 | 貸方 普通預金 | 30 |

1年決算の法人が、中間申告や予定申告で納付した法人税等(法人税、住民税、事業税)を「仮払法人税等」の勘定科目で計上します。実務上、法人税等とは区別して会計処理した方がよいです。
中間納付額を「仮払法人税等」として計上した場合は、当期の負担すべき税額から中間納付額を控除した金額を、「未払法人税等」とします。

会計処理を行う際の注意点！

◎ 「未払法人税等」が負債総額の100分の1を超える金額の場合は、「未払法人税等」の勘定科目を設けて表示し、超えない場合は「その他の流動負債」に含めて表示します。

関連科目 CASE(P48)、仮払法人税等(P114)、法人税等(P332)

4-1 流動負債

未払費用
みばらいひよう

どんな科目なの？

継続的にサービスの提供を受ける契約で、すでに提供されたサービスに対して、まだ支払っていない代金のことです。

摘要

- ●未払支払利息
- ●未払地代
- ●未払賃金
- ●未払賃貸料
- ●未払手数料
- ●未払保険料
- ●未払家賃
- ●未払リース料
- ●未払給与

決算

未払費用とは、一定の契約に従って継続的にサービスの提供を受ける場合、すでに提供されたサービスに対して、いまだ代金の支払いが終わらないもので、支払期日が未到来のものを処理する勘定科目です。「未払費用」は、適正な損益計算を行うため、決算において損益項目を修正するために設けられた**経過勘定**の1つです。

増加する仕訳例

期末に借入金の利息1万円の未払い分を計上した。

借方 支払利息	1	貸方 未払費用	1

▼主な取引例
- ●借入金利息の未払い
- ●地代家賃の未払い
- ●手数料の未払い
- ●賃金給料の未払い　等

減少する仕訳例

翌期首に未払費用1万円の振替処理を行った。

借方 未払費用	1	貸方 支払利息	1

▼主な取引例
- ●未払費用の期首振替　等

Point!　〜「未払金」と「未払費用」について〜

「未払金」は「未払費用」と似た名称の勘定科目ですが、「未払金」はすでに財貨を購入しており、債務が確定しているがまだ支払いがされてないか、もしくは継続的にサービスの提供を受ける場合で、すでに提供されたサービスに対して、まだ対価の支払いがされていないが支払いの期日が到来しているものです。一方、「未払費用」は継続的にサービスの提供を受ける場合で、すでに提供されたサービスに対して、まだその対価の支払いがされていないもので、支払いの期日が到来していないもの（債務として未確定）です。

原価・棚卸

減価償却

貸倒

経過勘定

税金

◆ 取引別の仕訳例 ◆

①期末の時点で借入金に対する利息が未払いの場合

● 金融機関から融資を受け、短期の資金100万円が当座預金口座に入金された。

| 借方 当座預金 | 100 | 貸方 短期借入金 | 100 |

● 期末に、上記の借入金100万円に対する未払利息1万円を計上した。

| 借方 支払利息 | 1 | 貸方 未払費用 | 1 |

時の経過とともに、サービスに対する対価である支払利息はすでに当期の費用として発生していますので、当期の損益計算書に「支払利息」として計上します。あわせて、貸借対照表の負債の部に「未払費用」として計上します。
なお、重要性のない場合は「未払費用」として計上しないで、支払時に費用計上することも認められています

②翌期に振替処理をした場合

● ①の未払いの利息を、翌期首に振替処理した。

| 借方 未払費用 | 1 | 貸方 支払利息 | 1 |

● 支払期日となって利息3万円とともに①の短期借入金を、小切手を振り出して支払った。

| 借方 短期借入金 | 100 | 貸方 当座預金 | 103 |
| 　　　支払利息 | 3 | | |

翌期首に「未払費用」の振替処理をすると、利息の支払いがあった場合に、すでに計上している前期分の費用が差し引かれて、翌期分の費用のみが翌期の損益計算書に「支払利息」として計上されます。決算時に貸方に計上した「未払費用」と、期首に振替処理して借方に計上した「未払費用」が貸借対照表上で相殺されます。

会計処理を行う際の注意点！

◎「未払費用」の額が負債総額の100分の1を超える場合は、「未払費用」の勘定科目を設けて表示し、超えない場合は「その他流動負債」に含めて表示します。
◎ 継続適用を条件に重要性のない場合は、「未払費用」として計上しないで、入金時に収益計上できます。

関連科目 未払金(P176)、支払利息割引料(P304)、CASE(P50, 51, 55)

4-1 流動負債
前受金
まえうけきん

どんな科目なの？
商品や製品などを販売して、引渡し前に顧客から支払ってもらった代金（いわゆる手付金）のことです。

摘要

- 手付金
- 内金
- 前受け金
- 販売代金前受け
- ギフト券販売
- チケット販売
- 商品券販売
- 回数券販売
- 販売代金超過入金
- 一部入金
- 未成工事受入
- 工事代金前受け

発生
設立
資産
金融関連

前受金とは、商品・製品などを販売したりサービスを提供するにあたり、得意先からその代金の一部または全部を納品前に支払ってもらった場合に、その金額を一時的に処理する勘定科目です。

増加する仕訳例

商品の注文を受け、顧客から手付金として現金20万円を受け取った。

借方 現金	20	貸方 前受金	20

▼主な取引例
- 販売代金の前受額
- 受注工事の代価の前受額
- チケット販売
- その他、主たる営業取引における対価の前受額　等

減少する仕訳例

商品200万円を納品し、代金の残り180万円を小切手で受け取った（手付金20万円）。

借方 当座預金	180	貸方 売上	200
前受金	20		

▼主な取引例
- 売上高へ振替
- 売上代金の充当
- 売掛金と相殺　等

その他

Point! 〜「前受収益」と「前受金」について〜
「前受収益」は「前受金」と似た名称の勘定科目ですが、「前受収益」は、継続してサービスの提供を行う場合、まだ提供していないサービスに対して、すでに支払いを受けた時に使うところが違います。

Point! 〜前受金の2つの会計処理方法について〜
「前受金」の会計処理には2つの方法があります。前受金を受け取った際に「前受金」で処理した後、**販売時に「前受金」を振替処理する方法**と、前受金を受け取った際に「売掛金」で処理した後、**決算時に「前受金」に振替処理する方法**です（「取引別の仕訳例」を参照）。

対になる科目	対象		消費税			貸借対照表			
前渡金・前払金 P92	法人	個人	対象外	課税	非課税	資産	流動資産 / 有形固定資産 / 無形固定資産 / 投資その他の資産 / 繰延資産	負債	**流動負債** / 固定負債
								純資産	株主資本 / それ以外

◆ 取引別の仕訳例 ◆

①受け取り時に前受処理する場合

● A商品の代金200万円の一部60万円を手付金として、得意先から現金を渡された。

借方 現金	60	貸方 前受金	60

● 得意先にA商品200万円を納品し、残額140万円を掛とした。

借方 前受金	60	貸方 売上	200
売掛金	140		

売上代金を前受けした時に、その分を「前受金」として計上します。実際の商品の納入時には「売上」の勘定科目と振替え、残額を「売掛金」として計上します。この方法は取引の実体の通りですが、「前受金」が発生する度に仕訳をするため、事務処理が煩雑になります。

②決算時に振替処理する場合

● A商品の代金200万円の一部60万円を手付金として、得意先から現金を渡された。

借方 現金	60	貸方 売掛金	60

● 納品あり：得意先にA商品200万円を納品し、残額140万円を掛とした。

借方 売掛金	200	貸方 売上	200

● 納品なし：得意先にA商品200を未納入のまま決算をむかえた。

借方 売掛金	60	貸方 前受金	60

売上代金の前受けした時に前受した分を、「売掛金」として貸方に計上します。決算時に「売掛金」の貸方残のうち、前受けした該当分に「前受金」を使うだけですので、簡便な方法です。

会計処理を行う際の注意点！

◎ 得意先から商品代金の一部の名目で前受金をもらったとしても、実質的には得意先から資金援助にあたるときは、「前受金」でなく「短期借入金」として処理するほうが好ましいです。
◎ 商品券やギフト券による販売は「前受金」で処理できますが、通常は「商品券」の勘定科目を設けて処理します。

関連科目 前受収益（P188）、売掛金（P68）、短期借入金（P174）、商品券（P186）

4-1 流動負債

しょうひんけん
商品券

どんな科目なの？

自社が発行する商品券やギフト券などのことです。

摘要

- 自社発行商品券の売上
- 自社の商品券の引き受け
- 自社商品券の発行
- 自社ギフトカードの売上
- 自店ギフトカードの引き受け
- 自社ギフトカードの発行

発生

　商品券とは、百貨店、チェーン店、大手スーパー等が販売促進を目的として発行している「自社が発行した商品券」を処理する勘定科目です。なお、自社以外が発行した商品券は、「他店商品券」の勘定科目を使います。

　「商品券」の勘定科目を設定せずに、「前受金」で処理することもあります。

設立
資産
金融関連
その他

増加する仕訳例

自社の商品券1万円を販売して、現金を受け取った。

| 借方 現金 | 1 | 貸方 商品券 | 1 |

▼主な取引例
- 自社商品券の販売
- 自社ギフトカードの販売　等

減少する仕訳例

商品1万円を販売して、自社発行の商品券を受け取った。

| 借方 商品券 | 1 | 貸方 売上 | 1 |

▼主な取引例
- 自社商品券による売上
- 自社ギフトカードによる売上　等

Point!　〜「商品券」と「他店商品券」の違い〜

　「商品券」は、自社が発行した商品券の券面額に相当する商品を引き渡す義務ですので、負債に計上されます。一方「他店商品券」は、百貨店など商品券を発行した会社から後で、その券面額を受け取ることができる権利ですので、資産に計上されます。

◆ 取引別の仕訳例 ◆

①自社発行の商品券を販売した場合

- 自社で発行したギフトカード2万円を販売して、代金を現金で受けとった。

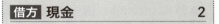

| 借方 現金 | 2 | 貸方 商品券 | 2 |

②自社発行の商品券と他店発行の商品券を受け入れた場合

- 商品3万円を販売し、代金として自社発行の商品券2万円と他店発行の商品券1万円を顧客から受け取った。

 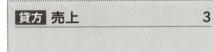

| 借方 商品券 | 2 | 貸方 売上 | 3 |
| 他店商品券 | 1 | | |

③おつりを払った場合

- 商品9万円を販売し、代金として自社発行の商品券10万円を顧客から受け取ったので、おつりは現金で支払った。

| 借方 商品券 | 10 | 貸方 売上 | 9 |
| | | 現金 | 1 |

④自社発行の商品券と他店発行の商品券を交換決済した場合

- 他店発行の商品券1万円と自社発行の商品券1万円を交換して精算した。

| 借方 商品券 | 1 | 貸方 他店商品券 | 1 |

会計処理を行う際の注意点！

◎ 自社発行の商品券は、商品券と引き換えに商品を引き渡す義務が履行されるので、発行時に負債に計上されていた「商品券」と相殺されます。一方、他店の発行した商品券は、後日、発行元において決済されて現金化されます。

関連科目 売上高(P228)、他店商品券(P96)、CASE(P38)

4-1 流動負債

前受収益
まえうけしゅうえき

どんな科目なの？

継続的にサービスの提供を行う契約で、まだ提供していないサービスに対して、先に代金を受け取った代金のことです。

摘要

- 前受けの賃貸料
- 前受けの家賃
- 前受けの地代
- 前受けの受取利息
- 前受けの手数料
- 長期前受収益振替え

前受収益とは、一定の契約に従って継続的にサービスの提供を行う場合、まだ提供していないサービスに対してすでに支払いを受けた対価を処理する勘定科目です。「前受収益」は、適正な損益計算を行うため、決算において損益項目を修正するために設けられた**経過勘定**の1つです。

増加する仕訳例

テナントから月末に、来月分の家賃20万円が普通預金口座に入金された。

借方 普通預金	20	貸方 前受収益	20

▼主な取引例
- 家賃・地代などの前受け
- 受取利息の前受け
- 長期前受収益の振替　等

減少する仕訳例

翌月に前受収益20万円の振替処理を行った。

借方 前受収益	20	貸方 受取家賃	20

▼主な取引例
- 受取家賃への振替
- 売上高への振替
- 受取利息への振替
- 雑収入への振替　等

Point!　～「前受金」と「前受収益」の違い～

　「前受金」は「前受収益」と似た名称の勘定科目ですが、「前受金」は継続的に役務の提供を行う以外の商品を販売するなどした場合に、商品の販売前に代金の一部または全部を受け取った時に使用します。一方、「前受収益」は継続的に役務の提供を行う場合に、いまだサービスの提供をしていないにもかかわらず、支払いを受けた時に使用します。

決算
原価・棚卸
減価償却
貸倒
経過勘定
税金

対になる科目	対象	消費税	貸借対照表

前払費用
P98

対象
法人 / 個人

消費税
対象外 / 課税 / 非課税

貸借対照表
資産：流動資産 / 有形固定資産 / 無形固定資産 / 投資その他の資産 / 繰延資産
負債：**流動負債** / 固定負債
純資産：株主資本 / それ以外

◆ 取引別の仕訳例 ◆

①入金時に負債計上し、月次で収益へ振替える場合

● 1月に自社ビルを賃借し、4ヶ月分の賃借料120万円が普通預金口座に入金された（3月決算）。

借方 普通預金	120	貸方 前受収益	120

● 上記の賃貸料を、月次（1月）で費用に振替処理をした。

借方 前受収益	30	貸方 受取賃貸料	30

②入金時に収益処理し、期末に負債計上する場合

● 1月に自社ビルを賃借し、4ヶ月分の賃借料120万円が普通預金口座に入金された（3月決算）。

借方 普通預金	120	貸方 受取賃貸料	120

● 期末時点で、上記賃貸料のうち1ヶ月が未経過である。

借方 受取賃貸料	30	貸方 前受収益	30

● 翌期首に振替処理を行った。

借方 前受収益	30	貸方 受取賃貸料	30

賃借料を前受けした時点で、まだ経過していない分も含めて既に当期の収益としているので、決算時にまだ経過していない分の収益を当期の損益計算から減算します。あわせて貸借対照表の負債の部に、まだ経過していない分を「前受収益」として計上します。

翌期首に「前受収益」の振替処理をすると、翌期分の賃借料のみが翌期の損益計算書に「受取賃借料」として計上されます。あわせて決算時に計上した「前受費用」と、期首に振替処理して計上した「前受費用」が、貸借対照表上で相殺されます。

会計処理を行う際の注意点！

◎決算日から起算して1年以内に費用となるものは、流動負債の部の「前受収益」に、1年を超えて費用になるものは、固定負債の部の「長期前受収益」として表示します。この基準を、**1年基準（ワン・イヤー・ルール）**と言います。

◎継続適用を条件に、重要性のない場合は「前受収益」としないで、入金時に収益計上できます。

関連科目 前受金（P184）

4-1 流動負債：前受収益

第4章 負債の項目 189

4-1 流動負債

預り金
あずかりきん

どんな科目なの？

従業員などから一時的に預かっているもの（例えば、給与から天引きした源泉所得税や社会保険料）のことです。

摘要

- 源泉所得税控除
- 社会保険料控除
- 住民税控除
- 雇用保険料控除
- 厚生年金保険料控除
- 健康保険料控除
- 社内預金天引
- 社内旅行積立金
- 預り保証金
- 食費控除
- 社宅費預り
- 財形貯蓄預り金
- 身元保証金
- 短期営業保証金預り
- 短期入札保証金預り

預り金とは、役員、従業員、取引先などから一時的に預かっている金銭のうち、後日、本人または第三者に預かっていた金額を返還するという債務を処理する勘定科目です。

増加する仕訳例

顧問税理士の報酬10万円のうち、源泉所得税1万円を差し引いて普通預金口座から支払った。

借方 支払手数料	10	貸方 普通預金	9
		預り金	1

▼主な取引例
- 源泉所得税預り金
- 社会保険料預り金
- 住民税預り金
- 預り保証金
- 役員従業員預り金
- 社内旅行預り金　等

減少する仕訳例

前月分の源泉所得税の預り金1万円を現金で納付した。

借方 預り金	1	貸方 現金	1

▼主な取引例
- 源泉所得税預り金納付
- 社会保険料納付
- 住民税預り金納付
- 健康保険料納付
- 預り保証金返還
- 役員従業員預り金返還　等

Point!　〜「預り金」と「仮受金」と「未決算勘定」の違い〜

「預り金」のように一時的に会計処理するための勘定科目に、「仮受金」や「未決算勘定」があります。「預り金」は金銭等の返還の予定があるのに対して、「仮受金」は返還の予定がない場合に用いるところが違います。

また「未決算勘定」は、現金の受入がなく、かつ相手勘定が不明な場合や金額が未確定な場合に用いるところが違います。

◆ 取引別の仕訳例 ◆

①預った場合

- 9月の給料総額300万円を従業員に支給した。なお、源泉所得税20万円、住民税15万円、社会保険料10万円を差し引いて普通預金口座から振り込んだ。

借方 給与手当	300	貸方 普通預金	255
		預り金（源泉所得税）	20
		預り金（住民税）	15
		預り金（社会保険料）	10

税務署等に納付するために給料などから差し引いて預かるもの（源泉所得税、住民税、社会保険料の預り金）、通常の取引に関連して預かるもの（預り保証金など）、その他（役員や従業員の社内預金、身元保証金など）などは、「預り金」で処理します。

②納付した場合

- 給料日に従業員から預った源泉所得税20万円と住民税15万円を、9月10日に現金で納付した。

借方 預り金（源泉所得税）	20	貸方 現金	35
預り金（住民税）	15		

- 給料日に従業員から預った社会保険料10万円を、9月末日に現金で納付した。

借方 預り金（社会保険料）	10	貸方 現金	10

源泉所得税と住民税の納付期限は、原則として翌月10日です。ただし、給与の支払い人員が常時10人未満の場合、納期の特例として、1月から6月までの分を7月10日までに、7月から12月までの分を翌年1月20日までに、それぞれ納付することもできます。
社会保険料の納付期限は、原則として翌月末日までに、事業主負担分とあわせて納付します。

会計処理を行う際の注意点！

◎ 「預り金」は、貸借対照表上、決算日の翌日から1年以内に返済期限が到来するものは流動負債の部に、1年を超えるものは固定負債の部に表示します。この基準を、**1年基準**と言います。

関連科目 CASE（P28, 29, 33, 50, 51）、給与手当（P240）、支払手数料（P280）

4-1 流動負債

かりうけきん
仮受金

どんな科目なの？

お金は入金されたものの、取引の内容が不明だったり、金額が不確定であった入金のことです。

摘要
- 取引内容不明な入金
- 取引内容不明な口座振込
- 勘定科目不明入金
- 勘定科目未確定な入金
- 最終金額未確定な入金
- 雑収入への振替
- 売掛金への振替
- 前受金への振替
- 他の勘定科目への振替

日常

仮受金とは、現金や小切手等による金銭の受入れをしたが、取引内容がわからず相手勘定科目が不明な場合や、相手勘定科目は判明しているが最終的な金額が確定していない場合に、その入金を一時的に処理しておく勘定科目です。

増加する仕訳例

出張先のスタッフから普通預金口座に内容不明の入金1万円があった。

借方 普通預金	1	貸方 仮受金	1

▼主な取引例
- 原因不明の口座振込入金
- 科目の確定しない入金
- 最終金額の確定しない入金　等

減少する仕訳例

出張先のスタッフから内容不明の入金1万円があったが、内容を確認したところ、新規顧客からの商品の手付金で判明した。

借方 仮受金	1	貸方 前受金	1

▼主な取引例
- 前受金への振替
- 売上高への振替
- 売掛金への振替
- 未収金への振替
- 雑収入への振替
- 他勘定科目への振替　等

経費
資金
売上
仕入
その他

Point! 〜「仮受金」と「預り金」と「未決算勘定」について〜

「仮受金」のような、一時的に会計処理をするための勘定科目に、「預り金」や「未決算勘定」があります。「仮受金」は、将来的に金銭等を返還する予定がないですが、「預り金」は返還する予定があるところが違います。また、「仮受金」は実際に金銭等の受入れがありますが、「未決算勘定」は金銭等の受入れがないところが違います。

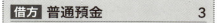

①仮受けした場合

- 取引先から普通預金口座に、内容のわからない入金3万円があった。

借方 普通預金	3	貸方 仮受金	3

②仮受けの原因がわかった場合

- 仮受金に計上した3万円について取引先に問い合わせたところ、取引先に対する売掛金より、当社への買掛金1万円を相殺した後の金額を振り込んだことが判明した。

借方 仮受金	3	貸方 売掛金	4
買掛金	1		

- 仮受金として計上していた49,568円が、売掛金から振込手数料432円を差し引いた入金であることがわかった(単位:円)。

借方 仮受金	49,568	貸方 売掛金	50,000
支払手数料	432		

取引内容や金額が不明な入金を一時的に「仮受金」と計上しますので、取引内容や金額が確定した都度、適切な勘定科目で処理します。

③仮受けの原因がわからない場合

- 内容不明の入金1万円を仮受金に計上していたが、期末になっても内容が判明しなかったので、雑収入に振替えた。

借方 仮受金	1	貸方 雑収入	1

期末に「仮受金」がある場合は、できる限り精算して、適切な勘定科目に振替えます。

会計処理を行う際の注意点!

◎「仮受金」が負債総額の100分の1を超える金額の場合は、「仮受金」の勘定科目を設けて表示し、超えない場合は「その他の流動負債」に含めて表示します。

関連科目 前受金(P184)、預り金(P190)、雑収入(P314)、CASE(P38)

4-1 流動負債

賞与引当金
しょうよひきあてきん

どんな科目なの？

翌期に支給される予定の賞与やボーナスで、当期の期間に相当する金額のことです。

摘要
- 賞与引当金繰入
- 賞与引当金取崩し
- 賞与当期負担分見積額

　賞与やボーナスの多くは、支払う時期や支給する対象者があらかじめ決まっています。そのため、賞与などは一定期間にわたって、期間の経過とともに発生する費用と考えられます。そこで、賞与に係る引当金を計上します。

　賞与引当金とは、翌期に支給される賞与やボーナスのうち、当期に属する部分を見積もり、引当金として処理する貸方の勘定科目です。

増加する仕訳例

決算に際し、当期の負担に属する分50万円を賞与引当金として計上した。

借方 賞与引当金繰入額	50	貸方 賞与引当金	50

▼主な取引例
- 賞与引当金の繰入　賞与引当金の計上　等

減少する仕訳例

過大に見積もって計上していた賞与引当金5万円を戻し入れた。

借方 賞与引当金	5	貸方 賞与引当金戻入益	5

▼主な取引例
- 賞与引当金の取り崩し
- 賞与引当金の戻し入れ
- 賞与引当金の洗い替え
- 賞与の支払い　等

Point!　〜会計上の引当金の扱いについて〜

　賞与引当金制度は、平成10年度の税法改正によって廃止されました。よって税務上は、賞与を支給した時に損金として認められるため、当期の損金となりません。ただし、事業年度末までに支給額が受給者に通知され、その後すみやかに支払われること等の要件を満たせば、「未払費用」として計上して、当期の損金に算入することが可能です。

◆ 取引別の仕訳例 ◆

①計上する場合

- 決算に際し、昨年12月から本年5月分(6月支給)の賞与を1,200万円と見積もった。そこで、当期の負担に属する分を、賞与引当金として計上した(3月決算)。

借方 賞与引当金繰入額	800	貸方 賞与引当金	800

たとえ賞与の支払いが翌期であっても、当期の負担に属する金額は当期の費用として見積もって、引当金として計上します。

賞与引当金繰入額800万円＝賞与見積額1,200万円×(4月／6月)

②支払った場合

- 上記①の後、翌期6月に賞与700万円を源泉所得税等70万円を控除して、普通預金口座から従業員各人の口座に振り込んだ。

借方 賞与引当金	800	貸方 普通預金	630
		預り金	70
		前期損益修正益	100

決算時で計上された「賞与引当金」は、賞与を支給する時に全額が取り崩されます。その取り崩しの際、支給した額が「賞与引当金」より小さい場合は、その差額を「前期損益修正益」として収益に計上します。反対に支給額が「賞与引当金」より大きい場合は、その差額を「賞与」として費用に計上します。

会計処理を行う際の注意点！

◎実務上の処理としては、次のようになります。

【支給額が確定していない場合】
　支給見込額のうち、当期に属する額を「賞与引当金」として処理します。

【支給額が確定している場合】
　支給対象期間に対応して賞与支給額を算定している場合は、「未払費用」として計上します。成功報酬などのように、支給対象期間以外の基準で賞与支給額をで算定している場合は、「未払金」として計上します。

関連科目　賞与(P242)、賞与引当金繰入額(P288)、前期損益修正益(P326)、預り金(P190)

4-1 流動負債
その他の引当金
そのたのひきあてきん

どんな科目なの？
将来発生するであろう費用や損失に備えるために、当期に対応する費用や損失を見積って計上するもののことです。

摘要

- 製品保証等引当金繰入
- 工事補償引当金繰入
- 売上割戻引当金繰入
- 返品調整引当金繰入
- 修繕引当金繰入

- 製品保証等引当金取崩し
- 工事補償引当金取崩し
- 売上割戻引当金取崩し
- 返品調整引当金取崩し
- 修繕引当金取崩し

　引当金とは、将来発生する可能性が高い費用のうち、その発生の原因が当期以前の事象に起因し、かつ金額が合理的に見積り計算できるものを、当期の負担に属すると考えられる費用として見積もって処理する勘定科目です。

　その他の主な引当金の勘定科目には、製品保証等引当金／工事補償引当金、売上割戻引当金、返品調整引当金、修繕引当金／特別修繕引当金、などがあります。

増加する仕訳例

決算に際し、修繕引当金10万円を計上した。

借方 修繕引当金繰入額	100	貸方 修繕引当金	100

▼主な取引例
- 各種引当金の繰入
- 各種引当金の計上　等

減少する仕訳例

修繕をすることになり、修繕引当金10万円を取り崩し、普通預金口座から振り込んだ。

借方 修繕引当金	10	貸方 普通預金	10

▼主な取引例
- 各種引当金の取り崩し
- 各種引当金の戻り入れ
- 各種引当金の洗い替え　等

Point!　〜損金に算入することができない引当金〜

　売上割戻引当金、製品保証等引当金／工事補償引当金、修繕引当金／特別修繕引当金、返品調整引当金は、税務上、原則として損金に算入することはできません。

決算／原価・棚卸／減価償却／貸倒／経過勘定／税金／その他

◆ 取引別の仕訳例 ◆

①製品保証等引当金

製品保証等引当金とは、製品の販売や請負物件の引渡しをした後、一定期間に発生した不良箇所を無償で補修する契約している場合に、翌期以降に発生するであろう保証費用を見積もって引当金として処理する勘定科目です。建設業や造船業等では、「工事補償引当金」の勘定科目を使います。

計上
- 決算に際し、製品保証等引当金 50万円を計上した。

借方 製品保証等引当金繰入額 50	貸方 製品保証引当金 50

取崩し
- 翌期にA製品に対して保証費5万円が発生し、普通預金口座から振り込んだ。

借方 製品保証等引当金 5	貸方 普通預金 5

平成10年度税法改正により、製品保証等引当金制度は廃止されましたので、「製品保証等引当金」は会計上の引当金です。「製品保証等引当金」は、保証期間の長さに応じて、その見積額を流動負債ないし固定負債に区分表示します。

②売上割戻引当金

売上割戻引当金とは、一定期間に多額または多量の取引をした得意先に、リベートを渡す商習慣があって、当期の総売上に対応してリベート額が翌期以降に確定する場合に、リベート額(割戻し高)を見積もって引当金として処理する勘定科目です。

計上
- 決算に際し、売掛金1,000万円の2％にあたる売上割戻引当金を計上した。

借方 売上割戻引当金繰入額 20	貸方 売上割戻引当金 20

取崩し
- 翌期に10万円の売上割戻しが発生した。

借方 売上割戻引当金 10	貸方 売掛金 10

内部的に売上割戻の算定基準が決定している場合で、期末に「未払金」として計上したときは、税務上、継続適用を条件として損金に算入できます。ただし、確定申告提出期限までに、相手先に通知しなければなりません。

③返品調整引当金

　返品調整引当金とは、販売した商品の返品を販売価格で無条件に引き取る契約や慣行があり、販売に対する返品率も高い場合、翌期以降の返品高を見積もり、その商品の利益に相当する額を引当金として処理する勘定科目です。

　計上
● 決算に際し、来期の返品に備えて、引当金20万円を計上した。

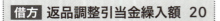

　取崩し
● 上記の売上にかかる商品10万円（利益部分3万円）が翌期に返品された。

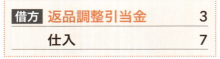

　出版業、出版取次業、医薬品、農薬、化粧品、既製服、レコードなどの製造・卸売業などの業種は、税務上も一定の場合、「返品調整引当金」を認めています。

④修繕引当金／特別修繕引当金

　修繕引当金とは、建物や機械などの固定資産に対して、一定期間ごとに多額の修繕を必要とする事実が発生し、次期以降に修繕する場合に、当期の負担に属する部分をあらかじめ引当金として処理する勘定科目です。

　特別修繕引当金とは、定期的に大規模修繕が必要で、その費用を期間配分することが合理的である場合に、将来に必要となる特別の修繕に備えて、当期の負担に属する部分をあらかじめ引当金として処理する勘定科目です。

　計上
● 決算に際し、修繕引当金100万円を計上した。

借方 修繕当金繰入額	100	貸方 修繕引当金	100

　取崩し
● 翌期に修繕を実施し、修繕引当金100万円を取り崩し、普通預金口座から180万円を支払った。

借方 修繕引当金	100	貸方 普通預金	180
修繕費	80		

　税務上、「修繕引当金」は損金算入が認められていませんが、「特別修繕引当金」は特定船舶の定期修繕に限って、損金算入が認められています。

⑤工事損失引当金

　工事損失引当金等とは、受注工事のうち、将来損失が見込まれる可能性が高く、かつその損失額が合理的に見積もることができる場合に、その損失額をあらかじめ見積って引当金として処理する勘定科目です。

⑥債務保証損失引当金

　債務保証損失引当金とは、債務者の財政状態の悪化等により債務不履行になる可能性があって、保証人が債務保証しても回収不能になる可能性が高く、かつ損失額を合理的に見積もることができる場合に、保証人は当期の負担に属する部分をあらかじめ見積もって引当金として処理する勘定科目です。

⑦ポイント引当金

　ポイント引当金とは、商品を購入した顧客に一定条件で計算されたポイントを与えて、そのポイントに応じてサービスを提供する場合に、将来の費用負担の見込み額をあらかじめ見積って引当金として処理する勘定科目です。

会計処理を行う際の注意点！

◎次の4つ要件を満たせば、会計上では引当金を計上できます。
　① 将来の特定の費用または損失であること
　② その発生が当期以前の事象に起因していること
　③ 将来の費用または損失の発生の可能性が高いこと
　④ その金額を合理的に見積もることができること
　しかし、税務上では取扱いが全く異なるので注意が必要です。

▼引当金の分類、種類、取扱い、表示

	分類		種類	税務上の取扱い	BS上の表示
会計上の引当金	評価性引当金		貸倒引当金	損金算入限度額あり	資産の控除項目
	負債性引当金	債務性引当金	返品調整引当金		負債項目
			賞与引当金、製品保証引当金、工事補償引当金、売上割戻引当金、ポイント引当金	損金不算入	
		非債務性引当金	修繕引当金、特別修繕引当金、債務保証損失引当金		

◎評価性引当金とは、資産の部の特定の資産から控除する形式（マイナス勘定）です。
◎負債性引当金とは、将来の支出する原因が当期以前に発生していて、まだ将来支出額が確定していないため引当金として見積計上する引当金です。負債の部に表示されます。
◎負債性引当金は、法的に債務たる引当金（債務性引当金）と法的に債務とならない引当金（非債務性引当金）に分けられます。
◎負債性引当金は、1年基準によって流動負債の部または固定負債の部に区分表示します。

関連科目 　売上高（P228）、修繕費（P282）

4-1 流動負債

繰延税金負債
くりのべぜいきんふさい

どんな科目なの？

税効果会計の適用により、会計と税務のアンバランスを解消するための負債のことです。

摘要

- 有価証券評価差額の計上　● 税務上の特別償却準備金の計上
- 利益処分方式による減価償却資産の圧縮記帳

決算

　繰延税金負債とは、税効果会計により生じる税効果額を処理する勘定科目です。「繰延税金負債」は、将来の会計期間に対応する法人税等相当額を繰延べることにより生じる負債の項目で、**将来加算一時差異**にかかる法人税等相当額です。

　税効果会計とは、会計上の資産・負債の額と税務上の資産・負債の額に相違や、会計と税務の間における収益と益金、費用と損金の認識時点の違いがある場合、税務における課税所得から計算された法人税等の額を、会計上の利益計算の考え方に調整するために、適切に期間配分するための会計処理です。

原価・棚卸

減価償却

貸倒

経過勘定

税金

増加する仕訳例

決算に際し、将来加算一時差異100万円が認識された。なお、実効税率は40％であった。

| **借方** 法人税等調整額 | 40 | **貸方** 繰延税金負債 | 40 |

▼主な取引例
- 利益処分方式による減価償却資産の圧縮記帳
- 税務上の特別償却準備金の計上　● 有価証券評価差額の計上　等

減少する仕訳例

繰延税金資産40万円と繰延税金負債40万円が発生していたので、相殺した。

| **借方** 繰延税金負債 | 40 | **貸方** 繰延税金資産 | 40 |

▼主な取引例
- 繰延税金資産との相殺　　　　　● 利益処分方式による圧縮記帳を実施した資産の売却
- 税務上の特別償却準備金の取崩し　● 有価証券評価差額の計上　等

Point! ～「繰延税金資産」と「繰延税金負債」の区分表示について～

　「繰延税金資産」と「繰延税金負債」は、税効果会計の適用の対象となった資産や負債の分類によって、区分表示されます。流動資産と流動負債に区分表示された「繰延税金資産」と「繰延税金負債」は、それぞれ相殺して表示します。また、投資その他の資産と固定負債に区分表示された「繰延税金資産」と「繰延税金負債」も、それぞれ相殺して表示します。

対になる科目	対象	消費税	貸借対照表

繰延税金資産
P110

対象：法人 / 個人
消費税：対象外 / 課税 / 非課税

貸借対照表
- 資産：流動資産 / 有形固定資産 / 無形固定資産 / 投資その他の資産 / 繰延資産
- 負債：流動負債 / 固定負債
- 純資産：株主資本 / それ以外

◆ 取引別の仕訳例 ◆

①繰延税金負債を計上する場合

● その他有価証券A社（簿価100万円）の決算日における時価300万円であった。なお、法定実効税率、40％であった。

借方 その他有価証券	200	貸方 繰延税金負債	80
		その他有価証券評価差額	120

企業会計上の資産・負債の金額と、税法の課税所得計算上の資産・負債の金額の差額が、一時差異なります。一時差異のうち、将来にその差異が解消する際に、課税所得を増加させる効果を持つ差異が、将来加算一時差異です。

「会計上の資産＞税務上の資産」または「会計上の負債＜税務上の負債」の場合に、将来加算一時差異が生じます。例えば上記のケースでは、「会計上の資産300＞税務上の資産100」ですので、将来来加算一時差異です。

繰延税金負債の金額は、将来加算一時差異に、支払いが行われると見込まれる期の法定実効税率を乗ずることで計算されます。

　　繰延税金負債80万円＝将来加算一時差異200万円×実効税率40％

「繰延税金負債」は法人税等の後払額に相当するので、法人税等の将来支払額を増額する効果があります。

②繰延税金負債を相殺する場合

● ①のその他有価証券（繰延税金負債80万円を計上）の他、その他の有価証券B社（繰延税金資産120万円を計上）を保有している。そこで、繰延税金資産と繰延税金負債を相殺した。

借方 繰延税金負債	80	貸方 繰延税期資産	80

投資その他資産の「繰延税金資産」と固定負債の「繰延税金負債」は、それぞれ相殺し計上します。

会計処理を行う際の注意点！

◎繰延税金負債の計上については、将来加算一時差異が将来の税金負担額を増加させる効果を持つかどうかを十分に検討して、慎重に決定しなければなりません。

◎当期純利益と法人税等の額を対応させるために、将来加算一時差異にかかる法人税相当額を、「法人税調整額」として損益計算書に計上します。

関連科目 法人税等調整額（P334）、繰延税金資産（P110）

4-1 流動負債：繰延税金負債

第4章　負債の項目 | 201

4-1 流動負債

かりうけしょうひぜい
仮受消費税

どんな科目なの？

商品の販売やサービスの提供にあたって、顧客から受け取った消費税を一時的に処理するもののことです。

摘要

- ●課税売上
- ●仮払消費税
- ●税込み処理修正
- ●税抜き処理
- ●未払消費税
- ●仮払消費税との相殺

仮受消費税とは、課税事業者が税抜方式を採用している場合で、課税売上の度に受け取った消費税の金額を一時的に処理する勘定科目です。

増加する仕訳例

営業用車両（取得価額200万円、減価償却累計額100万円）売却し、代金116万円が普通預金口座に振り込まれた。なお、消費税の処理は税抜方式をとっている。

借方	普通預金	116	貸方	車両	200
	減価償却累計額	100		仮受消費税	16

▼主な取引例
- ●課税取引による売上
- ●仮払消費税との相殺　等

減少する仕訳例

決算に際し、仮払消費税200万円と仮受消費税160万円を相殺した。差額は未収消費税として計上した。

借方	仮受消費税	160	貸方	仮払消費税	200
	未収消費税	40			

▼主な取引例
- ●仮払消費税と相殺
- ●税込方式へ修正　等

Point! 〜税抜方式と税込方式について〜

消費税の会計処理には、税抜方式（売上高や仕入高等の取引の対価に消費税を含めない方式）と、税込方式（売上高や仕入高等の取引の対価に消費税を含める方式）があります。

税抜方式の場合は、期末に「仮払消費税」と「仮受消費税」の差額を「未払消費税（ないし未収消費税）」として計上します。一方、**税込方式**の場合は、申告時に「租税公課」として費用に計上するか、期末に未払い計上します。

事業者はどちらの方式を採用することもできますが、全ての取引に同じ方式を採用することが原則となります。

対になる科目	対象		消費税			貸借対照表			
仮払消費税 P112	法人	個人	対象外	課税	非課税	資産	流動資産	負債	**流動負債**
							有形固定資産		固定負債
							無形固定資産	純資産	株主資本
							投資その他の資産		それ以外
							繰延資産		

◆ 取引別の仕訳例 ◆

①税抜方式の場合

● 課税仕入：商品（税込価額216万円）を掛で仕入れた。

借方 仕入	200	貸方 買掛金	216
仮払消費税	16		

● 課税売上：商品（税込価額432万円）を掛で販売した。

借方 売掛金	432	貸方 売上	400
		仮受消費税	32

● 決算：決算にあたり、未払消費税16万円を計上した。

借方 仮受消費税	32	貸方 仮払消費税	16
		未払消費税	16

②税込方式の場合

● 課税仕入：商品（税込価額216万円）を掛で仕入れた。

借方 仕入	216	貸方 買掛金	216

● 課税売上：商品（税込価額432万円）を掛で販売した。

借方 売掛金	432	貸方 売上	432

● 決算：決算にあたり、未払消費税16万円を計上した。

仕訳なし（ただし、未払計上もできる）

会計処理を行う際の注意点！

◎法人は課税期間の末日の翌日から2ヶ月以内に、個人事業主は翌年3月末までに申告・納付します。

関連科目 仮払消費税（P112）、未払消費税（P178）、CASE（P49）

第4章　負債の項目 | 203

4-2 固定負債

社債
しゃさい

どんな科目なの？

長期に資金を調達するために、将来の一定の期日に一定の金額を償還することを決めた債務のことです。

摘要
- 私募債発行　● 公募債発行　　　　● 社債発行
- 社債証券　● 社債発行差金相当分償却　● 社債償還

発生

設立

資産

金融関連

その他

　社債とは、広く外部から資金を調達することを目的として、将来の一定期日に一定の金額を償還することを約した社債券を発行することにより発生する、金銭債務を処理する勘定科目です。

　社債の発行には、平価発行（額面によって発行）と、割引発行（額面より低い金額で発行）、打歩発行（額面より高い金額で発行）があります。他方、社債の償還には、満期償還（社債の満期日に額面金額で償還）、買入償還（満期日前に市場から時価で買い入れて償還）、抽選償還（券番による抽選で一部の社債の償還）があります。

増加する仕訳例

社債1,000万円を発行し、普通預金口座に預け入れた。

借方 普通預金	1,000	貸方 社債	1,000

▼主な取引例
- 社債の発行　● 私募債の発行　● 公募債の発行　等

減少する仕訳例

社債1,000万円を償還し、利息50万円とともに普通預金口座から支払った。

借方 社債	1,000	貸方 普通預金	1,050
社債利息	50		

▼主な取引例
- 社債の償還　● 私募債の償還　● 公募債の償還　等

Point!　～「社債」と「長期借入金」と「資本金」について～

　「社債」と金融機関からの「長期借入金」は、長期的な資金調達の方法である点は似ていますが、社債券が一般に流通して投資対象となる点などが違います。

　「社債」と株式を発行して資金調達する「資本金」は、証券を発行するという点は似ています、償還期限があるという点などが違います。

◆ 取引別の仕訳例 ◆

①発行した場合

- 4月1日に社債1,000万円を発行し、普通預金口座に払い込まれた。なお、額面による平価発行で、償還期間5年、利息は後払い(利率3%の3月末払い)とした。

| 借方 普通預金 | 1,000 | 貸方 社債 | 1,000 |

券面額と払込金額が異なる場合、事業年度の末日における適正な価格をつけることができます。これまで、その差額は繰延資産の「社債発行差金」として取り扱われてきましたが、社債発行差金に相当する額は、社債金額から直接控除します。
社債を券面額よりも高い価額または低い価額で発行した場合、償却原価法に基づいて算定された価額を貸借対照表価額とする必要があります。**償却原価法**では、券面額と発行価額の差額に相当する金額(社債発行差金)を、毎期一定の方法で償還期限にいたるまで社債の貸借対照表価額に加減していきます。この加減額は、「社債利息」として損益計算書に計上します。

②利払いした場合

- ①の社債を発行した会社が利息を普通預金口座から支払った。

| 借方 社債利息 | 30 | 貸方 普通預金 | 30 |

社債を発行して調達した資金に対する利息は、「社債利息」で処理します。
　社債利息30万円=社債1,000万円×利率3%
ただし、社債の利払日と決算日が一致しない場合は、利払日から決算日までの期間の利息を「未払費用」として計上します。

③償還した場合

- ①の社債を満期償還し、普通預金口座から支払った。

| 借方 社債 | 1,000 | 貸方 普通預金 | 1,000 |

会計処理を行う際の注意点！

◎「社債」の表示区分は、その償還期間によります。1年基準により償還期限が1年を超えるため、固定負債の部に「社債」と表示されていたものであっても、償還期限が決算日後1年以内になったものは、「1年以内償還社債」として流動負債の部に振替えます。

関連科目 社債発行費(P162)、受取利息(P302)

4-2 固定負債
長期借入金
ちょうきかりいれきん

どんな科目なの？

会社が金融機関、役員、取引先、関係会社などから借りているお金（決算日の翌日から1年超えて会社が返す約束になっている）のことです。

摘要

- 銀行からの借入
- 役員からの借入
- 個人からの借入
- 親会社からの借入
- 子会社からの借入
- 関係会社からの借入
- 取引先からの借入
- 証書借入金
- 手形借入金
- 設備資金調達
- 短期借入金の振替
- 借入金返済

日常

長期借入金とは、金融機関、取引先、親会社、関連会社、役員などに対する借入金で、返済期限が決算日の翌日から起算して1年を超えて到来するものを処理する勘定科目です。返済期限が1年以内に到来する借入金は、「短期借入金」となります。この基準を、**1年基準（ワン・イヤー・ルール）**と言います。

経費

資金

増加する仕訳例

銀行から返済期間5年で500万円の融資を受け、普通預金口座に入金された。

借方 普通預金	500	貸方 長期借入金	500

▼主な取引例
- 長期資金の借り入れ
- 短期借入金からの振替え　等

減少する仕訳例

返済期限を到来したので、長期の借入金100万円を普通預金口座から返済した。

借方 長期借入金	100	貸方 普通預金	100

▼主な取引例
- 借入金の返済
- 短期借入金への振替え　等

売上

仕入

その他

Point!　〜色々な「利息の発生」について〜

　金融機関からの借入には利息が発生しますが、役員や従業員からの借入であっても同様に利息が発生します。しかし、役員や従業員からの借入に関しては、税法上、特に制限がありませんので、無利息でも構いません。一方、役員などへの貸付は利息を付ける必要があるので注意が必要です。

　なお「長期借入金」に関する利息は、営業外費用の区分に「支払利息」の勘定科目で表示されます。

対になる科目	対象		消費税			貸借対照表				
長期貸付金 P150	法人	個人	対象外	課税	非課税	資産	流動資産 有形固定資産 無形固定資産 投資その他の資産 繰延資産	**負債**	流動負債 **固定負債**	
								純資産	株主資本 それ以外	

◆ **取引別の仕訳例** ◆

①借り入れた場合

● 設備資金として、銀行から1,000万円の融資（返済期間は5年、利息は後払い）を受けた。

借方 普通預金	1,000	貸方 長期借入金	1,000

②支払った場合

● 銀行から融資を受けた長期の借入金1,000万円のうち200万円を、期日に利息50万円とともに普通預金口座から振り込んだ。

借方 長期借入金	200	貸方 普通預金	250
支払利息	50		

③長期の借入金を振替えた場合

● 決算時に際し、長期の借入金200万円の返済期限が1年以内になったので、短期の借入金に振替えた。

借方 長期借入金	200	貸方 短期借入金	200

● 決算時に確認したところ、分割返済の長期借入金500万円のうち、今後1年以内に返済期限を到来する借入金は100万円であった。

借方 長期借入金	100	貸方 1年以内返済予定長期借入金	100

決算時に「長期借入金」の返済期限が、決算日の翌日から数えて1年以内になったら、「短期借入金」に振替えますが、その金額が少額の場合は振替えを省略してもかまいません。また、分割返済の定めがある場合は、1年以内の分割返済予定額部分は「長期借入金」から、「1年内返済予定長期借入金」か「短期借入金」に振替えます。

会計処理を行う際の注意点！

◎ 関係会社、役員、従業員からの借入金の金額が、負債と純資産の合計額の5/100を超える場合は、それぞれ「関係会社長期借入金」、「役員長期借入金」、「従業員長期借入金」の勘定科目を設定して区分表示します。また、注記によることもできます。

関連科目 CASE（P45）、短期借入金（P174）、支払利息割引料（P304）

第4章 負債の項目 | **207**

4-2 固定負債

退職給付引当金
たいしょくきゅうふひきあてきん

どんな科目なの？

従業員の退職時に支払われる退職給付（退職一時金と退職年金）に備えるための引当金のことです。

摘要

- 役員退職金
- 従業員退職金
- 退職一時金
- 退職慰労金
- 退職金見積額
- 退職金支払
- 退職給付引当金繰入
- 退職給付費用
- 退職金支給取崩し

退職給付引当金とは、将来、従業員が退職する際に支払われる退職給付に備えて、貸借対照表に計上する引当金を処理する勘定科目です。

「退職給付引当金」の対象とする退職給付は、従業員の退職に基づいて企業が直接負担する**退職一時金**と、企業年金制度から給付される**退職年金**などです。

退職給与引当金制度は、平成14年税制改正により廃止されました。そのため原則として、以後4年間（中小法人等は以後10年間）で「退職給与引当金（たいしょくきゅうよひきあてきん）」は取り崩されました。

増加する仕訳例

決算に際し、将来の退職金支給額のうち、当期の負担にあたる100万円を退職付引当金として繰り入れた。

借方 退職給付費用	100	貸方 退職給付引当金	100

▼主な取引例
- 退職給付費用の計上
- 退職給付引当金の繰入　等

減少する仕訳例

従業員の退職に伴い、退職金100万円（退職給付引当金100万円設定済み）を現金にて支払った。

借方 退職給付引当金	100	貸方 現金	100

▼主な取引例
- 退職金の支払い
- 退職給付引当金の取り崩し　等

Point!　～退職給付の会計処理について～

将来の退職給付の支払いは、従業員が毎年勤務した労働の対価として支払われる賃金の後払い的な性格を持つので、勤務した期間に応じて費用化するため、引当金として計上します。将来の退職給付のうち、当期の負担に属する額を当期の費用（退職給付費用）として「退職給付引当金」に繰り入れ、その累積額を「退職給付引当金」として貸借対照表の負債の部に計上していきます。

決算

原価・棚卸

減価償却

貸倒

経過勘定

税金

その他

◆ 取引別の仕訳例 ◆

①計上する場合

- 決算に際し、退職給付費用1,000万円を繰り入れた。

借方 退職給付費用	1,000	貸方 退職給付引当金	1,000

退職給付費用は、原則として次ように計算します。
退職給付費用＝勤務費用＋利息費用－期待運用収益＋過去勤務債務・数理計算上の差異

- 勤務費用：退職給付見込額のうち、当期に発生した認められる額（割引計算）
- 利息費用：期首の退職給付債務に割引率を乗じた額
- 期待運用収益：期首の年金資産に期待運用収益率を乗じた額
- 過去勤務債務／数理計算上の差異：退職給付水準の改定等で発生した退職給付債務の増加・減少額と、年金資産の期待と実際の運用成果の差異など

②支払った場合

- 従業員が退職にあたり、退職金1,500万（退職給付引当金1,000万円設定済み）から源泉所得税等350万円を控除して、普通預金口座から振り込んだ。

借方 退職給付引当金	1,000	貸方 普通預金	1,150
退職金	500	預り金	350

決算時で計上された「退職給付引当金」は、退職金を支給する時に全額が取り崩されます。その取り崩しの際、支給した額が「退職給付引当金」より小さい場合は、その差額を「前期損益修正益」として収益に計上します。反対に支給額が「退職給付引当金」より大きい場合は、その差額を「退職金」として費用に計上します。

会計処理を行う際の注意点！

◎ 各人の必要な退職給付引当金は、退職給付債務から時価で評価した年金資産（企業年金制度に基づいて退職給付のために積み立てられている資産）を差し引いて計算します。
◎ 退職給付債務は、退職時に支払うこと予定されている退職金総額（退職給付見込額）のうち、当期末までに発生したと認められる額を、退職時から現在までの期間（残存勤務期間）および一定の割引率で割引きます。
◎ 従業員300人未満の小規模企業等には、退職一時金制度に関して、継続適用を要件として、期末自己都合要支給額（期末に従業員が退職したと仮定した場合に必要な退職金額）を退職給付債務とする例外的な方法などがあります。

関連科目 退職給付費用（P246）、退職金（P244）

4-2 固定負債

りーすさいむ
リース債務

どんな科目なの？
ファイナンス・リース取引で、リースの借り手側に発生する負債のことです。

摘要
- ●ファイナンス・リース　●複合機リース　●車両リース
- ●機械リース　　　　　　●パソコンリース　●機械リース

発生

リース債務とは、ファイナンス・リース取引によりリースした物件に係る債務を処理する勘定科目です。**ファイナンス・リース取引**とは、顧客が希望する物件をリース会社が購入し、顧客にリースする賃貸借契約の取引です。ファイナンス・リース取引は、原則として中途解約不可で、リース期間中に物件価格や諸経費を含めた全ての代金をリース料として支払います。ファイナンス・リース取引には、借り手に所有権が移転する所有権移転ファイナンス・リース取引と、移転しない所有権移転外ファイナンス取引があります。また、ファイナンス・リース取引以外の取引を、**オペレーティング・リース取引**といいます。

設立

資産

増加する仕訳例

車両をリースした（所有権移転外ファイナンス・リース取引）。リース料総額は360万円であった。

借方 リース資産	360	貸方 リース債務	360

▼主な取引例
- ●リース契約　●ファイナンス・リース　●リース開始　等

金融関連

減少する仕訳例

月額のリース料10万円が普通預金口座から引き落とされた。

借方 リース債務	10	貸方 普通預金	10

▼主な取引例
- ●リース料の支払い　等

その他

◆ 取引別の仕訳例 ◆

①リース契約した場合

- ●機械装置を5年間リースすることになった（所有権移転外ファイナンス・リース取引）。リース料総額は600万円で、うち利息相当額が60万円であった。

210

原則処理:

| 借方 リース資産 | 540 | 貸方 リース債務 | 600 |
| 前払利息 | 60 | | |

簡便処理:

| 借方 リース資産 | 600 | 貸方 リース債務 | 600 |

原則として、リース料総額を資産の取得価額相当額と利息に区分して処理します。ただし、所有権移転外ファイナンス・リース取引の場合は、簡便的な処理も認められています。

② リース料を支払った場合

- 月額のリース料10万円が普通預金口座から引き落とされた。

| 借方 リース債務 | 10 | 貸方 普通預金 | 10 |

③ 決算の場合

- 決算に際し、上記リース資産に対して120万円の減価償却費を計上した。

原則処理:

| 借方 減価償却費 | 108*1 | 貸方 リース資産 | 108 |
| 支払利息 | 12 | 前払利息 | 12 |

簡便処理:

| 借方 減価償却費 | 120*2 | 貸方 リース資産 | 120 |

*1　108万円＝リース資産540万円÷5年　　*2　120万円＝リース資産600万円÷5年

減価償却の計算方法は、リース期間定額法（リース期間を償却期間とする定額法）となります。

会計処理を行う際の注意点！

◎ ファイナンス・リース取引は売買処理されますので、消費税法も同様に売買として、リース物件引渡時にリース料総額に係る消費税を全額仕入控除します。

関連科目　リース資産(P132)、減価償却費(P286)、支払利息割引料(P304)、前払費用(P98)

第 5 章

純資産の項目

5-1 株主資本
　　　資本金
　　　資本剰余金
　　　利益剰余金
　　　自己株式

5-2 その他
　　　その他有価証券評価差額金
　　　新株予約権

5-1 株主資本

資本金
しほんきん

どんな科目なの？

会社を設立した時や増資をした時に、株主から出資してもらった資金のことです。

摘要

- 会社設立
- 新株式申込証拠金の振替
- 新株予約権行使
- 増資
- 無償増資
- 有償増資
- 剰余金の組み入れ
- 欠損補填
- 減資

発生

設立

資本金とは、会社設立や増資の時に、株主となる者から株式会社に対して拠出してもらった資金のうち、会社法で決められた法定資本の額を処理する勘定科目です。「資本金」は、債権者保護の観点から、会社に維持・留保させなければならない最低限の金額です。

会社法では、**最低資本金の額に関する規定が廃止された**ので、1円会社の設立が可能になりました。ただし、配当規制において純資産が300万円未満の場合、資本金の額にかかわらず剰余金があったとしても、債権者保護の観点から株主に配当はできません。

増加する仕訳例

増資に伴い新株を発行し、普通預金口座に払込金1,000万円を預け入れた。なお、払込金の全額を資本金とした。

| 借方 普通預金 | 1,000 | 貸方 資本金 | 1,000 |

▼主な取引例
- 会社設立
- 新株発行
- 増資
- 現物出資　等

減少する仕訳例

欠損を補填するため、資本金100万円を取り崩した。

| 借方 資本金 | 100 | 貸方 剰余金 | 100 |

▼主な取引例
- 欠損金の補填
- 減資　等

資産

金融関連

その他

Point! 〜新株の発行について〜

原則として、株主総会の特別決議によって新株の発行の募集事項が決定されます。募集株式の引受人は、会社が決めた銀行などの払込取扱金融機関において、払込期日または払込期間内に、募集株式の払込金額の全額を払い込む必要があります。

◆ 取引別の仕訳例 ◆

①会社設立の場合

- 会社の設立に際し、発起人より株式払込金に相当する普通預金1,000万円の引渡しを受けた。

| 借方 普通預金 | 1,000 | 貸方 資本金 | 1,000 |

②新株発行を伴う増資の場合

- 増資に際して、普通株1,000株、1株6万円の条件で発行することにした。申込期日(9月15日)となり、銀行へ申込証拠金が入金され、払込期日(9月25日)に普通預金口座に振替えた。

申込期日の翌日(9月16日)

| 借方 別段預金 | 6,000 | 貸方 新株式申込証拠金 | 6,000 |

払込期日(9月25日)

| 借方 新株式申込証拠金 | 6,000 | 貸方 資本金 | 6,000 |
| 借方 普通預金 | 6,000 | 貸方 別段預金 | 6,000 |

新株の払込金額は、払込期日まで「新株式申込証拠金」に計上され、「別段預金」として払込取扱金融機関において管理されます。その後、払込期日に「新株式申込証拠金」を「資本金」に振替え、また、「別段預金」を「普通預金」などの他の勘定科目に振替えます。

③剰余金の資本組入れの場合

- 株主総会において、その他資本剰余金1,000万円を資本金に組み入れる決議がされた。

| 借方 その他資本剰余金 | 1,000 | 貸方 資本金 | 1,000 |

「資本金」は、剰余金から組み入れた(無償増資)場合にも変動します。また、欠損金が生じた場合に、欠損金を補填する目的で減額されることもあります。

会計処理を行う際の注意点！

◎払込金額または給付金額の1/2を超えない額を「資本金」としない、つまり「資本準備金」とすることができます。

関連科目　CASE(P27)、資本剰余金(P216)

第5章　純資産の項目

5-1 株主資本
資本剰余金
しほんじょうよきん

どんな科目なの？
資本を直接変動させる資本取引から生じた剰余金のことです。資本準備金とその他資本剰余金から構成されています。

摘要

- 会社設立
- 株式発行差金
- 企業再編による積立
- 欠損金補填
- 減資による積立
- 自己株式処分
- 資本金組入
- 剰余金の配当による積立
- 新株発行
- 法定準備金
- 新株式申込証拠金の振替
- 新株予約権行使

発生

資本剰余金とは、資本を直接変動させる資本取引によって生じた剰余金を処理する勘定科目です。資本取引には、会社設立や増資の時に株主となる者から株式会社に対して拠出してもらう場合や、自己株式の処分などで処分差益が生じる場合などがあります。「資本剰余金」は、**資本準備金**と「**その他資本剰余金**（資本準備金以外の資本剰余金）」の2つに区分されます。

設立

増加する仕訳例

増資するため新株を発行し、出資者から普通預金口座に2,000万円の払い込みを受けた。なお、払込金額の2分の1を資本金とした。

借方 普通預金	2,000	貸方 資本金	1,000
		資本準備金	1,000

▼主な取引例
- 会社設立
- 新株発行
- 増資
- 企業再編による積立　等

減少する仕訳例

資本準備金の一部200万円を資本金に組入れた。

借方 資本準備金	200	貸方 資本金	200

▼主な取引例
- 資本金の組入れ
- 減資
- 欠損金補填　等

資産　**金融関連**　**その他**

Point! ～「資本準備金」と「その他資本剰余金」について～

「資本準備金」は、会社法第445条の規定により積み立てなければならない法定準備金です。増資時などに払い込まれた資金のうち、「資本金」としなかった金額や、企業再編に伴って生じる差額などからなります。

「その他資本剰余金」は、「資本準備金」以外の資本剰余金を表します。自己株式の処分した場合の差額や、減資よる差額などからなります。

◆ 取引別の仕訳例 ◆

①会社設立の場合

- 会社の設立に際し、発起人より普通預金口座に株式払込金に相当する1,000万円の払い込みを受けた。なお、払込金額の2分の1を資本金とした。

借方 普通預金	1,000	貸方 資本金	500
		資本準備金	500

②新株発行を伴う増資の場合

- 増資に際して、普通株1,000株、1株6万円の条件で発行することにした。申込期日(9月15日)となり、銀行から申込証拠金の入金の連絡があり、払込期日(9月25日)に普通預金口座に振替えた。なお、払込金額の2分の1を資本金とした。

申込期日の翌日(9月16日)

借方 別段預金	6,000	貸方 新株式申込証拠金	6,000

払込期日(9月25日)

借方 新株式申込証拠金	6,000	貸方 資本金	3000
		資本準備金	3,000

借方 普通預金	6,000	貸方 別段預金	6,000

③資本準備金の取り崩しの場合

- 債権者保護の手続きを経て、資本準備金1,000万円を取崩し法的手続きを完了した。

借方 資本準備金	1,000	貸方 その他資本剰余金	1,000

会計処理を行う際の注意点！

◎払込金額または給付金額の1/2を超えない額を、「資本金」として計上しないことができます。「資本金」としなかった額は、「資本準備金」として計上する必要があります。

関連科目　CASE(P27)、資本金(P214)

5-1 株主資本

りえきじょうよきん
利益剰余金

どんな科目なの？

損益を変動させる損益取引によって生じる剰余金のことです。利益準備金とその他利益剰余金から構成されています。

摘要

- 当期純利益計上
- 配当金
- 利益準備金振替
- 企業再編による積立
- 欠損補填
- 資本金組入
- 剰余金配当
- 任意積立金
- 積立金
- 別途積立金
- 配当平均積立金
- 圧縮積立金

発生

利益剰余金とは、損益を変動させる損益取引よって生じた損益のうち、会社内部に蓄積された金額を処理する勘定科目です。損益取引とは、収益や費用を発生させる日々の取引です。決算において、最終的に利益もしくは損失が確定して、間接的に純資産が増減します。「利益剰余金」は、「**利益準備金**」と「**その他利益剰余金**（利益準備金以外の利益剰余金）」の2つに区分されます。

設立

資産

金融関連

増加する仕訳例

株主総会の普通決議後、その他利益剰余金1,000万円を、資本金800万円と利益準備金200万円に振り替えた。

借方 その他利益剰余金	1,000	貸方 資本金	800
		利益準備金	200

▼主な取引例
- 剰余金の配当に伴う積立
- 当期純利益の計上
- 企業再編による積立　等

その他

減少する仕訳例

株主総会において、利益準備金100万円による剰余金の補填が決議された。

借方 利益準備金	100	貸方 その他利益剰余金	100

▼主な取引例
- 欠損金補填
- 剰余金配当
- 積立金の取り崩し　等

Point! ～「利益準備金」と「その他利益剰余金」について～

「利益準備金」は、会社法第445条の規定により積み立てなければならない法定準備金です。剰余金の配当に伴う積立額や、剰余金の減少による積立額などからなります。

「その他利益剰余金」は、「利益準備金」以外の利益剰余金で、繰越利益剰余金（当期純利益が生じた場合に計上される額）や、任意積立金（会社が独自の判断に基づいて積み立てる額）からなります。「任意積立金」には、使用する目的を限定しない「別途積立金」の他、使用する目的を毎期の配当を平均的に行うことに限定した「配当平均積立金」、税法上の特例を利用するための「圧縮積立金」などがあります。

◆ 取引別の仕訳例 ◆

①配当に伴う積立の場合

● 株主に1,000万円を配当することになり、その10％の100万円を利益準備金として積み立てた。

借方 その他の利益剰余金	1,000	貸方 未払金	1,000
その他の利益剰余金	100	利益準備金	100

会社法上、配当をする場合、配当した剰余金の額の10分の1を「利益準備金」として積立てる必要があります。その上限額は、「利益準備金」と「資本準備金」の合計額が、「資本金」の4分の1に達するまでとされています。

②積立金の積立・取崩の場合

● 株主総会において、配当平均積立金1,000万円を積立てることが決議された。

借方 その他利益剰余金	1,000	貸方 配当平均積立金	1,000

● 株主総会おいて、配当平均積立金1,000万円が取り崩されることが決議された。

借方 配当平均積立金	1,000	貸方 配当平均積立金取崩	1,000
借方 配当平均積立金取崩	1,000	貸方 その他利益剰余金	1,000

「その他利益剰余金」のうち、株主総会または取締役会の決議で設定される各種の「任意積立金」は、その内容を表す勘定科目名で表示します。

③利益準備金の取り崩しの場合

● 株主総会決議において、繰越利益剰余金△1,000万円を利益準備金で補填する決議がされた。

借方 利益準備金	1,000	貸方 その他利益剰余金	1,000

会計処理を行う際の注意点！

◎ 企業会計では、資本と利益を明確に区分することとされています。そのため剰余金を、「資本剰余金（資本金などを増減させる資本取引から生じた剰余金）」と「利益剰余金（損益を変動させる損益取引から生じた剰余金）」に区別しています。

関連科目 資本金（P214）、資本剰余金（P216）

5-1 株主資本：利益剰余金

第5章 純資産の項目

5-1 株主資本

自己株式
じこかぶしき

どんな科目なの？

自社が発行した株式のうち、自社自らが取得した株式のことです。自社の株式を自社で取得したので、純資産の部のマイナス勘定となります。

摘要

- 自己株式の取得
- 自己株式の消却
- 自己株式の処分
- 自己株式の譲渡
- 新株予約権
- ストックオプション
- 取得条項付株式
- 単位未満株式
- 付随費用

発生

設立／資産／金融関連／その他

　自己株式とは、自社が発行した株式を自社自らが取得した場合の株式を処理する勘定科目です。自己株式はいったん発行した自社株を買い戻して、そのまま保有しているので、金庫株とも呼ばれています。「自己株式」自体は、何ら他社の株式と変わりがなく、どちらも有価証券です。しかし、自社の株式を自らが取得することは、実質的に資本の払い戻しの性質を持ちます。よって、資産の部に資産として計上せずに、純資産の部の株主資本の控除項目（資産のマイナス勘定）として表示します。

増加する仕訳例

自己株式 100 株を 100 万円で取得し、普通預金口座から代金を支払った。

借方 自己株式	100	貸方 普通預金	100

▼主な取引例
- 自己株式の取得
- 取得条項付株式の取得
- 単位未満株式の買取　等

減少する仕訳例

保有していた自己株式 100 万円を譲渡し、普通預金口座に代金が入金された。

借方 普通預金	100	貸方 自己株式	100

▼主な取引例
- 自社の株式の譲渡
- 自社の株式の処分
- 自社の株式の消却　等

Point!　〜自己株式の取得が可能なケースについて〜

　旧商法では、原則的として自己株式の取得はできませんでした。しかし会社法では、株主総会の決議で取得する株式数などの一定の事項を決定しておけば、分割可能額の範囲内で、株主との合意による自己株式の取得が可能になりました。それ以外にも、取得条項付株式において条件が成立して取得する場合、単位未満株式の買取請求に応じる場合、合併後消滅する会社からその会社の株式を承継する場合なども、自己株式を取得できます

220

◆ 取引別の仕訳例 ◆

①自己株式の取得の場合

- 株主総会において自己株式1,000株を2,000万円で取得することを決議し、代金を普通預金口座から支払った。

借方 自己株式	2,000	貸方 普通預金	2,000

②自己株式の処分の場合

- 保有する自己株式のうち500株(1,000万円)を1,200万円で処分することになり、代金が普通預金口座に入金された。

借方 普通預金	1,200	貸方 自己株式	1,000
		自己株式処分差益	200

「自己株式処分差損(益)」は、会計年度単位で相殺します。その後、「自己株式処分差益」の場合は「その他資本剰余金」に計上し、「自己株式処分差損」の場合は「その他資本剰余金」から減額(減額しきれない場合は「その他利益剰余金」から減額)します。

③自己株式の消却の場合

- 株主総会決議において、利益による株式の消却のために自己株式を取得する決議がなされた。株式1,000株を1,000万円で取得し、代金を普通預金口座から支払った。その後、取締役会決議において、自己株式を消却した。

借方 自己株式	1,000	貸方 普通預金	1,000
借方 その他資本剰余金	1,000	貸方 自己株式	1,000

会社法では、「自己株式」は期間や数量等の制限がなく保有することが可能になりました。
その後、株式の消却にあたり、「自己株式」を減少させ、同額を「その他資本剰余金」を減少させます。もし控除しきれなかった場合は、「その他利益剰余金」を減少させます。

会計処理を行う際の注意点！

◎貸借対照表上、会社が保有する「自己株式」は、純資産の部の株主資本の区分の末尾に「自己株式」として一括控除の形(マイナス勘定)で表示します。

関連科目 資本剰余金(P216)、利益剰余金(P218)、新株予約権(P224)

5-2 その他

その他有価証券評価差額金

そのたゆうかしょうけんひょうかさがくきん

どんな科目なの？

業務提携などの目的で保有している持合株式などの「その他有価証券」を、期末に時価評価した時の相手勘定科目です。

摘要　●その他有価証券の評価益　●その他有価証券の評価損

その他有価証券差額金とは、「その他有価証券」を期末に時価評価した場合に出てくる相手方の勘定科目です。「金融商品に関する会計基準」によると有価証券は、①売買目的有価証券、②満期保有目的の債権、③子会社株式及び関連会社株式、④その他有価証券に分類されます。

増加する仕訳例

その他有価証券を期末に時価で評価したところ、評価益100万円が発生していた。なお、実効税率は40％とする。

借方 その他有価証券	100	貸方 その他有価証券評価差額金	60
		繰延税金負債	40

▼主な取引例
● その他有価証券の評価益　● その他有価証券評価差額の洗替え　等

減少する仕訳例

その他有価証券を期末に時価で評価したところ、評価損100万円が発生していた。なお、実効税率は40％とする。

借方 その他有価証券評価差額金	60	貸方 その他有価証券	100
繰延税金資産	40		

▼主な取引例
● その他有価証券の評価損　● その他有価証券評価差額の洗替え等

Point!　〜「その他有価証券評価差額金」の2つの会計処理〜

その他有価証券評価差額金の会計処理には、次の2つの方法があります。

● 全部純資産直入法（ぜんぶじゅんしさんちょくにゅうほう）
時価と取得原価との評価差額を、「その他有価証券評価差額金」として純資産の部に計上する方法

● 部分純資産直入法（ぶぶんじゅんしさんちょくにゅうほう）
評価益の場合は、評価差額を「その他有価証券評価差額金」として純資産の部に計上し、評価損の場合は、評価差額を「その他有価証券評価損」として当期の損失として計上する方法

◆ 取引別の仕訳例 ◆

①評価益の場合

● その他有価証券3,000万円を期末に時価で評価したところ、評価益500万円が発生していた。なお、実効税率は40％とする。(以下、同様とする)

借方 その他有価証券 500	貸方 その他有価証券評価差額金 300
	繰延税金負債 200

純資産の部に計上される評価差額には、税効果会計が適用されます。

②評価損の場合

● その他有価証券3,000万円を期末に時価で評価したところ、評価損500万円が発生していた。

全部資本直入法

借方 その他有価証券評価差額金 300	貸方 その他有価証券 500
繰延税金資産 200	

部分資本直入法

借方 その他有価証券評価損 500	貸方 その他有価証券 500
繰延税金資産 200	法人税等調整額 200

③洗替えの場合

● 前期末の「①評価益の場合」を、期首に洗替処理を行った。

借方 その他有価証券評価差額金 300	貸方 その他有価証券 500
繰延税金負債 200	

会計処理を行う際の注意点！

◎ 「その他有価証券評価差額金」の会計処理は、原則として、全部純資産直入法を適用します。ただし、継続適用を条件として部分純資産直入法によることも可能です。

関連科目 投資有価証券(P146)、繰延税金資産(P110)、繰延税金負債(P200)

5-2 その他

しんかぶよやくけん

新株予約権

どんな科目なの?

株式会社に対して、決められた期間に決められた価額で権利行使することにより、その会社の株式を取得することができる権利のことです。

摘要

- 新株予約権発行
- 新株予約権権利行使
- 新株予約権失効
- ストックオプション
- 新株発行
- 自己株式移転

新株予約権とは、あらかじめ定められた期間に定められた価額で、株式会社に対して新株予約権者が権利行使した場合に、その会社の株式を取得できる権利を処理する勘定科目です。株式の取得方法には、新株を発行する、または自己株式を移転するなどの方法があります。

発生

設立

資産

金融関連

その他

増加する仕訳例

ストック・オプション制度を導入し、当社の役員に新株予約権200万円を付与した。

借方 株式報酬費用	200	貸方 新株予約権	200

▼主な取引例
- 新株予約権の発行　等

減少する仕訳例

新株予約権100万円の権利が行使しされ、普通預金口座に100万円が払い込まれた。なお、権利行使された金額の全額を資本金に振替えた。

借方 新株予約権	100	貸方 資本金	200
普通預金	100		

▼主な取引例
- 新株予約権の権利行使
- 新株予約権の失効　等

Point!　～発行と権利行使について～

新株予約権の発行による払込金額を、純資産の部に「新株予約権」として計上します。その後、権利が行使された時に、新株予約権の発行による払込金額と新株予約権の行使による払込金額は、「資本金」に振替えます。ただし、払込金額の1/2を超えない額を「資本金」として計上せず、「資本準備金」とすることができます。

Point!　～ストック・オプション制度とはなにか～

ストック・オプション制度とは、あらかじめ定められた価格で会社の株式を取得することができる権利を会社が役員等に対して付与した後、役員等は株価が将来に上昇した時点で権利行使を行い、株式を取得して売却することで、株価上昇分の報酬が得られる制度です。

◆ 取引別の仕訳例 ◆

①発行時の場合

- 新株予約権3,000万円を発行し、普通預金口座に振り込まれた。

借方 普通預金	3,000	貸方 新株予約権	3,000

②権利行使時の場合

- 新株発行：新株予約権3,000万円のうち1,000万円が行使され、普通預金口座に2,000万円が振り込まれた。なお、行使された金額の2分の1を資本金とした。

借方 新株予約権	1,000	貸方 資本金	1,500
普通預金	2,000	資本準備金	1,500

- 自己株式移転：新株予約権2,000万円のうち1,000万円が行使され、普通預金口座に2,000万円が振り込まれた。なお、会社は自己株式4,000万円を保有していた。

借方 新株予約権	1,000	貸方 自己株式	4,000
普通預金	2,000		
自己株式処分差損	1,000		

自己株式移転の場合、処分の場合と同様に「自己株式処分差損(益)」処理します。つまり、「自己株式処分差益」の場合は「その他資本剰余金」に計上し、「自己株式処分差損」の場合は、「その他資本剰余金」から減額(減額しきれない場合は「その他利益剰余金」から減額)します。

③失効（行使期限到来）の場合

- 新株予約権のうち1,000万円について、期限が到来しても権利が行使されずに失効した。

借方 新株予約権	1,000	貸方 新株予約権戻入益	1,000

権利失効の場合、期限の到来した期の特別利益として「新株予約権戻入益」で処理されます。

会計処理を行う際の注意点！

◎ストック・オプション制度における「株式報酬費用」の勘定科目は、損益計算上、人件費の一部として計上されます。

関連科目 資本金(P214)、資本剰余金(P216)、自己株式(P220)

第 6 章

営業損益の項目

6-1 売上
　　売上高

6-2 売上原価
　　仕入高

6-3 販売費及び一般管理費
　　販売促進費
　　荷造発送費
　　外注費
　　役員報酬
　　給与手当
　　賞与
　　退職金
　　退職給付費用
　　法定福利費
　　福利厚生費
　　会議費
　　交際費
　　広告宣伝費
　　旅費交通費
　　通勤費
　　賃借料
　　地代家賃
　　水道光熱費
　　通信費
　　消耗品費
　　事務用品費
　　新聞図書費
　　車両費
　　支払保険料
　　支払手数料
　　修繕費
　　租税公課
　　減価償却費
　　貸倒引当金繰入額
　　貸倒損失
　　寄付金
　　諸会費
　　教育研修費
　　雑費

6-1 売上
うりあげだか
売上高

どんな科目なの？
会社の営業活動（商品・製品の販売、サービスの提供、請負など）から得られる収益のことです。

摘要
- 売上
- 掛け売上
- 商品売上
- 製品売上
- 請負サービス
- 加工賃収入
- 建設工事
- 完成工事
- サービス料収入
- 不動産賃借収入
- 顧問収入
- 仲介手数料
- 売上戻り
- 売上割戻し
- 売上値引き
- クレジット売上
- 予約販売
- 割賦販売
- 受託販売
- 営業収益
- 積送品販売
- 試用品販売
- 委託品販売
- 延払条件付販売

日常

経費

資金

売上

仕入

その他

　売上高とは、会社の主たる営業活動により得られた代金の純額を処理する勘定科目です。「売上高」には、会社の業務内容に応じて、商品・製品の販売によるものの他、役務（サービス）の提供、請負などから得られた収益があります。

　仕訳をする際は、「売上」の勘定科目を一般的に使用します。ただし、損益計算上は「売上高」で表示します。なお、サービス業などの役務の提供は「営業収益」や「営業収入」、建設業などでは「完成工事高（かんせいこうじだか）」といった勘定科目を用いることもあります。

増加する仕訳例
商品10万円を販売し、代金は現金で受け取った。

借方 現金	10	貸方 売上	10

▼主な取引例
- 商品／製品などの売上
- サービスの収入
- 請負の収入
- 建設工事高　等

減少する仕訳例
商品1万円を掛売りしたが、品違いのため返品された。

借方 売上	1	貸方 売掛金	1

▼主な取引例
- 品違いによる返品（売上返品）
- 売上値引き
- 売上割戻し　等

Point!　〜「売上高」を計上するタイミングについて〜
　「売上高」を計上するタイミングは、物品を出荷した時（**出荷基準**）、物品を相手方に引き渡した時（**納品基準**）、相手方が物品の内容等を確認した時（**検収基準**）などです。どのタイミングで計上するかは会社の任意ですが、継続的に適用しなければなりません。

◆ 取引別の仕訳例 ◆

　商品売買の会計処理の方法には、**三分法**、**総記法**、**分記法**などがあります。ここでは、よく使われる三分法の仕訳例を記載します。なお、総記法、分記法は、本書P81を参照してください。

①三分法の場合（三分法は、取引内容に応じて「仕入」「売上」「繰越商品」の3つの勘定科目を使って処理する方法です）

決算時に売上原価を算出するため、前期末在庫と当期末在庫の洗替処理が行われます。
販売業の場合、売上原価は次のように計算されます。

　売上原価240 ＝ 期首商品棚卸高0＋当期商品仕入高400－期末商品棚卸高160

会計処理を行う際の注意点！

◎「**売上戻り**（売上品の品質上の欠陥、損傷、品違いなどの理由で返品された額）」、「**売上値引**（売上品の数量不足、品質不良などにより売上代金より控除した額）」、「**売上割戻し**（多額・多量の売上に対する売上代金の割戻し額、いわゆるリベート）」の場合は、「売上高」から直接控除します。

◎「**売上割引**」の場合は、通常よりも早期に代金の回収を行ったことによる金融費用と考えられます。よって、「売上高」から直接控除せず、営業外費用（「売上割引」）として計上します。

関連科目　CASE(P38, 39)、商品(P80)、売上割引(P318)

6-2 売上原価

仕入高
しいれだか

どんな科目なの？

販売目的の物品を購入するために支出した金額のことです。購入に必要な付随費用も含みます。

摘要

- 商品仕入
- 仕入
- 商品仕入関連費用
- 仕入関連費用
- 引取運賃
- 付随費用
- 購入手数料
- 運送料
- 関税
- 仕入戻し
- 仕入値引き
- 仕入割戻し
- 原価
- 売上原価
- 商品

日常

経費

資金

売上

仕入

その他

　仕入高とは、販売目的のための物品を購入するために支出した代金の純額を処理する勘定科目です。原則として、「仕入高」の取得価額には、仕入れに伴う引取運賃や購入手数料、関税などの購入に関連する付随費用も含まれます。

　仕訳をする際は、「仕入」の勘定科目を一般的には使用します。ただし、損益計算書上は「仕入高」もしくは「仕入」勘定で原価を算定し、「売上原価（うりあげげんか）」で表示します。

増加する仕訳例

商品100万円を仕入れた。購入手数料1万円と合わせて、代金は普通預金口座から振り込んだ。

借方 仕入	101	貸方 普通預金	101

▼主な取引例
- 商品／製品などの仕入
- 仕入れに伴う付随費用
- 売上原価へ振替　等

減少する仕訳例

商品1万円を掛で仕入れたが、品違いのため返品した。

借方 買掛金	1	貸方 仕入	1

▼主な取引例
- 仕入値引き
- 仕入割戻し（リベート）
- 売上原価へ振替
- 品違いによる返品
- 品違いによる仕入返品　等

Point! 〜「仕入高」を計上するタイミングについて〜

　「仕入高」を計上するタイミングは、物品を入荷した時（着荷基準）、入荷した物品の内容を確認した時（検収基準）です。どのタイミングで計上するかは会社の任意ですが、継続的に適用しなくてはなりません。

230

◆ 取引別の仕訳例 ◆

　商品売買の会計処理の方法には、三分法、総記法、分記法などがあります。ここでは、よく使われる三分法の仕訳例を記載します。なお、総記法、分記法は、本書P81を参照してください。

①三分法の場合（三分法は、取引内容に応じて「仕入」「売上」「繰越商品」の3つの勘定科目を使って処理する方法です）

- 仕入：商品400万円を掛で仕入れた。

借方 仕入	400	貸方 買掛金	400

- 売上：商品360万円（原価240万円）を掛で販売した。

借方 売掛金	360	貸方 売上	360

- 決算：期首商品棚卸高は0円、期末商品棚卸高は160万円で決算処理を行った。

借方 仕入	0	貸方 繰越商品	0
借方 繰越商品	160	貸方 仕入	160

決算時に売上原価を算出するため、前期末在庫と当期末在庫の洗替処理を行います。
販売業の場合、売上原価は次のように計算されます。

　売上原価240　＝　期首商品棚卸高0＋当期商品仕入高400－期末商品棚卸高160

会計処理を行う際の注意点！

◎「仕入戻し（仕入品の品質上の欠陥、損傷、品違いなどの理由で返品した額）」、「仕入値引（仕入品の数量不足、品質不良などにより仕入代金より控除される額）」、「仕入割戻し（多額・多量の仕入に対する仕入代金の割戻し額、いわゆるリベート）の場合は、「仕入高」から直接控除します。

- 掛で仕入れた商品の一部の品質が劣化していたので、1万円の値引きをしてもらった。

借方 買掛金	1	貸方 仕入	1

◎「仕入割引」の場合は、通常よりも早期に代金の支払いを行ったことによる金融収益と考えられます。よって、「仕入高」から直接控除せず、営業外収益（「仕入割引」）として計上します。

関連科目　商品(P80)、仕入割引(P318)、CASE(P40, 41, 54)

6-2 売上原価：仕入高

6-3 販売費及び一般管理費

販売促進費
はんばいそくしんひ

どんな科目なの？

売上の増加や販売の促進を図るために支出した経費（チラシ代や展示会の費用、代理店などに支払う販売手数料など）のことです。

摘要

- 販売促進費用
- チラシ代
- キャンペーン費用
- 売上奨励金
- 紹介料
- 抽選付販売費用

- 展示会費用
- パンフレット代
- コンパニオン費用
- 販売奨励金
- 情報提供料
- 景品付販売費用

- 見本市出展費用
- カタログ代
- サンプル費用
- 販売手数料
- 金品引換券付販売費用
- 少額景品

販売促進費とは、売上増加や販売促進のために支出する様々な費用を処理する勘定科目です。「販売促進費」の勘定科目を使わないで、「販売奨励金（はんばいしょうれいきん）」や「販売手数料（はんばいてすうりょう）」という別の勘定科目で計上している会社もあります。

増加する仕訳例

商品説明会のコンパニオン費用10万円を、派遣会社に普通預金口座から支払った。

借方 販売促進費	10	貸方 普通預金	10

▼主な取引例
- コンパニオン費用の支払い
- 販売手数料の支払い
- 展示会費用の支払い　等

減少する仕訳例

特約店の旅行招待の代金10万円を販売促進費で処理していたが、交際費に該当することがわかった。

借方 交際費	10	貸方 販売促進費	10

▼主な取引例
- 他勘定への振替
- 取消や修正　等

Point!　～間違いやすい勘定科目について～

外部の専門家（弁護士、公認会計士、税理士など）に支払う報酬は、直接的に販売を促進するための支出ではありませんので「支払手数料」を使用します。また、一定の期間に多額・多量の販売をした得意先に、売上代金の一部を免除した（リベート）場合は、「売上割戻し」を使用します。なお、「売上割戻し」は売上高から直接控除されます。

◆ 取引別の仕訳例 ◆

①一般的な取引の場合(1)

- 販売促進のために、特定地域の得意先に販売奨励金10万円を小切手で支払った。

借方 販売促進費	10	貸方 当座預金	10

販売促進費を広義に捉えると、販売を促進するために支出する経費の総称を指します。しかし、一般的には狭義に捉えて、広義の販売促進から「広告宣伝費」「交際費」を除いた経費と考えます。例えば、販売店援助、パンフレット、陳列、見本配布、展示会等に支出した経費です。

②一般的な取引の場合(2)

- 新商品のサンプル品1万円を現金で購入した。

借方 販売促進費	1	貸方 現金	1

不特定多数の者にサンプル品を提供するための支出は、「交際費」にはあたりません。

③注意を要する場合

- ある地域の特約店を旅行に招待し、新製品の説明会を現地で実施した。このための費用として500万円を小切手で支払ったが、費用の50％は交際費に該当する。

借方 販売促進費	250	貸方 当座預金	500
交際費	250		

地域を特定した取引先を、実質的に販売促進のために旅行に招待する場合は、「販売促進費(販売奨励金)」として処理します。ただし、名目的には販売促進のための旅行であっても、実質的には接待旅行のような場合には、ほとんどが「交際費」にあたりますので、注意が必要です。

会計処理を行う際の注意点！

◎「販売促進費」は税務調査で指摘を受けやすい勘定科目です。「販売促進費」は「交際費」と区別がつきにくく、税務上の交際費にあたるかどうかが焦点となります。指摘を受けないように、支出の目的に応じて処理しておくことが大切です。

◎情報提供を仕事としない者に対して情報提供料など支払った場合、一定の要件(あらかじめ締結された契約に基づくことなど)を満たせば、「交際費」としないで、販売手数料にあたるとして「販売促進費」で処理できます。

関連科目 CASE(P30)、交際費(P254)、広告宣伝費(P256)、支払手数料(P280)

6-3 販売費及び一般管理費

荷造発送費
にづくりはっそうひ

どんな科目なの？

商品や製品を出荷するときに、梱包や発送にかかる支出（段ボール箱、荷造用ひも、ガムテープ、宅急便代、小包料金など）のことです。

摘要

●梱包費用	●包装材費用	●梱包材代	●テープ代
●エアクッション	●発泡スチロール	●ガムテープ代	●段ボール箱
●輸出関係手数料	●航空貨物運賃	●船舶運賃	●コンテナ代
●宅急便	●トラック便運賃	●バイク便代	●小包料金
●発送運賃	●着払運賃	●EMS	●国際郵便

日常 → 経費

荷造発送費とは、顧客からの依頼により商品を納品する時に発生する荷造の費用（商品を梱包して荷造りするための資材の購入費用）や、発送の費用（何らかの輸送手段を使って発送するための運賃）を処理する勘定科目です。「荷造発送費」の勘定科目を使わないで、「荷造運送費（にづくりうんそうひ）」「荷造運賃（にづくりうんちん）」といった別の勘定科目で計上している会社もあります。

増加する仕訳例

得意先へ商品を売り上げ、商品の発送費用として宅急便代1万円を現金で支払った。

借方 荷造発送費	1	貸方 現金	1

▼主な取引例
●荷造りのための費用　●運送のための費用　等

減少する仕訳例

商品を仕入れた際の付随費用1万円を、誤って荷造発送費で処理していた。

借方 仕入	1	貸方 荷造発送費	1

▼主な取引例
●貯蔵品への振替　●他勘定への振替　●取消や修正　等

Point! ～おおむね3％以内～

販売や商品の出荷時に発生する運賃等の付随費用は、「荷造発送費」となります。一方で、購入や製造等に関する棚卸資産の取得に必要な運賃等の付随費用は、原則として、棚卸資産の取得価額にとなります。ただし、買入事務、検収、整理等の費用、販売所等から別の販売所等に移管した運賃、荷造費用等の付随費用で、購入金額のおおむね3％以内の場合には、棚卸資産の取得価額とはせずに、「荷造発送費」として販売費及び一般管理費に計上できます。

資金 / 売上 / 仕入 / その他

◆ 取引別の仕訳例 ◆

①一般的な取引の場合

- 新製品を得意先に発送し、運送会社から送料1万円の請求書を受け取った。

借方 荷造発送費	1	貸方 未払金	1

梱包のための費用と発送のための費用を区分して、「荷造費」と「発送費」という勘定科目を設定している会社もあります。通常は、両者をあわせて「荷造発送費」とすることが多いです。商品や製品でなく、書類などの通信の手段である場合は、「通信費」として処理します。

②貯蔵品として計上する場合

- 荷造り用の段ボール箱とガムテープを購入し、代金として現金3万円を支払った。

借方 荷造発送費	3	貸方 現金	3

- 決算時:決算に際し、未使用の荷造り用の段ボール箱とガムテープ1万円を、貯蔵品として資産に計上した。

借方 貯蔵品	1	貸方 荷造発送費	1

梱包のための資材は、「貯蔵品」として計上すべきです。ただし、購入した時に継続して費用に計上している場合は、損金に算入できます。

③その他

- 得意先に商品を販売した時に、運送代金として現金1万円を支払った。しかし後日、得意先が運送代を負担してくれることになった。

借方 荷造発送費	1	貸方 現金	1
借方 立替金	1	貸方 荷造発送費	1

会計処理を行う際の注意点！

◎消費税法上、「荷造発送費」は課税仕入れとなります。また、運賃等が商品等の棚卸資産の取得価額になる場合も課税仕入れとなります。なお、国内で発生する運送のための費用は課税対象ですが、海外への輸送は課税対象ではないので注意が必要です。

関連科目 貯蔵品(P90)

6-3 販売費及び一般管理費

外注費
がいちゅうひ

どんな科目なの？

社内の一部の業務（給与計算、事務処理、警備、清掃など）を、外部に委託した際にかかる費用のことです。

摘要

- 委託費用
- アウトソーシング費用
- 業務委託費用
- 外注の費用
- 業務請負費用
- 原稿料
- 写真の報酬
- デザイン料
- 調査外注費用
- 給与計算外注
- イラスト代
- 人材派遣

日常

外注費とは、外部の業者や個人事業者に業務請負契約などを結んで、会社の業務の一部を業務委託またはアウトソーシングした場合に発生する費用を処理する勘定科目です。例えば、社内の給与計算や事務処理を外部の計算センターに委託する場合、清掃をする清掃業者に依頼した場合、警備を警備会社に依頼した場合などです。

経費

増加する仕訳例

新商品のカタログのデザインを制作会社に依頼し、デザイン費用5万円を普通預金口座から振り込んだ。

借方 外注費	5	貸方 普通預金	5

▼主な取引例
- アウトソーシングの費用
- 業務委託の費用
- 請負の費用　等

資金

減少する仕訳例

部品の加工を依頼した費用5万円を、誤って外注費で処理していた。

借方 外注加工費	5	貸方 外注費	5

▼主な取引例
- 他勘定への振替
- 取消や修正　等

売上

仕入

その他

Point! 〜勘定科目の使い分けについて〜

どの業務を外部業者に委託するかで勘定科目を使い分けると、それぞれの内容が管理しやすくなります。

事務処理などの一般管理業務を外部に委託した場合の費用は「外注費」ですが、同じ一般管理業務でも弁護士、税理士などへの報酬は「支払手数料」で処理します。

製造や工事を外部の業者へ委託した場合の費用は、「外注加工費」や「外注工賃」として製造原価を構成します。また、販売や営業を特約店などに委託した場合の費用は、「販売手数料」として販売費及び一般管理費に計上します。

◆ 取引別の仕訳例 ◆

①法人への外注の場合

- 毎月の給与計算業務を外部の計算センターに委託し、その代金5万円を普通預金口座から振り込んだ。

| 借方 外注費 | 5 | 貸方 普通預金 | 5 |

- 人材派遣会社に人材派遣の費用として、5万円を小切手で支払った。

| 借方 外注費 | 5 | 貸方 当座預金 | 5 |

人材派遣会社に支払う費用は、「外注費」で処理しても、別途「人材派遣料」の勘定科目を設けてもかまいません。

②個人への外注の場合

- 個人事業主に雑誌に掲載する写真撮影を依頼し、その代金100,000円を現金で支払った。なお、報酬の10.21％を源泉徴収した（単位：円）。

| 借方 外注費 | 100,000 | 貸方 現金 | 89,790 |
| | | 預り金 | 10,210 |

個人事業主に外注した場合、原則として、支払った報酬・料金等から10.21％の所得税及び復興特別所得税を源泉徴収しなければなりません。ただし、同一人物に対して一度に支払われる金額が100万円を超える場合、その超過部分は20.42％の源泉徴収をします。

源泉徴収が必要となる報酬・料金等には、次のようなものがあります。
- 原稿の報酬（原稿料、演劇・演芸の台本の報酬、書籍等の編集料など）
- 写真の報酬（雑誌、広告、その他印刷物などに掲載するための写真の報酬、料金）
- イラストの報酬（新聞、雑誌などに掲載するイラストの料金）
- デザインの報酬（工業デザイン、グラフィックデザイン、インテリアデザインなど）

会計処理を行う際の注意点！

◎ 個人事業主に対して謝金、取材費、調査費、車代などの名目で支払う場合がありますが、実態が原稿の報酬などと同じ場合は、名目にかかわらず全て源泉徴収の対象になります。
◎ 旅費や宿泊費などの支払いも、報酬・料金等に含まれます。ただし、通常に必要な範囲の金額は含めなくてもかまいません。

関連科目 販売手数料（P232）、支払手数料（P280）、CASE（P36）

6-3 販売費及び一般管理費

役員報酬
やくいんほうしゅう

どんな科目なの?

会社の社長や役員に対して、職務執行の対価として定期的に支払われる報酬のことです。

摘要

- 社長への報酬
- 取締役への報酬
- 監査役への報酬
- 顧問報酬
- 役員への報酬
- 相談役への報酬
- 会長への報酬
- 非常勤役員への報酬
- 使用人兼務役員への役員報酬
- 渡し切り交際費
- 定期同額給与
- 事前確定届出給与

役員報酬とは、会社の取締役、監査役などの役員に対して、経営の職務執行の対価として一定の支給基準によって規則的に支給される報酬を処理する勘定科目です。「役員報酬」は株主総会の承認を得た限度内で、所定の手続きを経て適法に支給される必要があります。名義のいかんを問わず、金銭の収受の他、現物給付なども「役員報酬」に該当します。

増加する仕訳例

非常勤取締役に報酬10万円を、源泉徴収税等1万円を控除して現金にて支給している。

借方 役員報酬	10	貸方 現金	9
		預り金	1

▼主な取引例
- 取締役や監査の報酬
- 顧問、会長、相談役の報酬
- 渡し切り交際費 等

減少する仕訳例

業績が悪化したため、先月の役員報酬の10%に該当する5万円を減額処理することにした。

借方 未収入金	5	貸方 役員報酬	5

▼主な取引例
- 役員報酬減額
- 取消や修正 等

Point! ～損金算入できる役員報酬～

定期同額給与(報酬の支給の形態があらかじめ定められている報酬)、事前確定届出給与(税務署への届出で支給時期や金額があらかじめ定められている報酬)、利益連動給与(有価証券報告書等により給与の算定方法があらかじめ定められている報酬)の3つの場合に、役員に対する報酬(給与)は損金に算入できます。

◆ 取引別の仕訳例 ◆

①役員への支給の場合

● 専務取締役に対して、役員報酬100万円を普通預金口座から振り込んだ。なお、源泉徴収税等20万円を控除した。

借方 役員報酬	100	貸方 普通預金	80
		預り金	20

従業員の給与と同様に、「役員報酬」に対しても、源泉徴収税、社会保険料等を控除します。ただし、役員は雇用保険には加入することができませんので、雇用保険料の控除はありません。

②使用人兼務役員の場合

● 取締役工場長(使用人兼務役員)に対して、給料60万円と役員報酬10万円を普通預金口座から振り込んだ。なお、源泉徴収税等15万円を控除した。

借方 役員報酬	10	貸方 普通預金	55
給与手当	60	預り金	15

使用人兼務役員とは、役員のうち工場長、部長のように使用人としての職制上の地位を持ち、常時、使用人としての職務についている者をいいます。使用人兼務役員については、その給与の一部を、使用人としての役務の対価として支給しているものとして、「役員報酬」としないことができます。つまり、使用人兼務役員の場合、使用人としての「給与手当」と「役員報酬」とを区分して会計処理します。

会計処理を行う際の注意点！

◎業務の対価として不相当に高額と考えられる報酬は、税法上、損金にできません。不相当に高額がどうかは、形式基準と実質基準によって判定します。なお、形式基準と実質基準の双方にあたる場合は、いずれか多いほうの金額とします。

> 形式基準：定款の規定または株主総会等の決議によって、役員報酬の支給限度額を超える報酬を支給した場合、その超える分の額。
> 実質基準：役員の職務内容、法人の収益および使用人に対する給与の支給状況、同業種・類似規模法人の支給状況等に照らし合わせて、不相当に高額と認められ場合、その高額部分。

◎税法上、臨時支給や株主総会決議等を経ていない役員報酬の増額は、「役員賞与」とみなされ、全額を損金に算入することができません。

関連科目 賞与(P242)、給与手当(P240)、預り金(P190)、CASE(P29)

第6章 営業損益の項目 | 239

6-3 販売費及び一般管理費

給与手当
きゅうよてあて

どんな科目なの？

従業員が働いたことに対する対価として支払われる、会社員の給料のことです。給料のほか、時間外手当などの各種手当の合計額となります。

摘要

- 給料
- 給与
- 各種手当
- 役職手当
- 残業手当
- 時間外手当
- 住宅手当
- 出張手当
- 家族手当
- 通勤手当
- 資格手当
- 従業員給与
- 出向者給与
- 使用人兼務役員の使用人分給与
- 現物支給

日常

給料手当とは、雇用契約に基づく労働の対価で、営業や一般事務などとして働く従業員に対して支払われる給料、賃金および役職手当、家族手当、住宅手当、時間外手当などの各種手当の総額を処理する勘定科目です。「給与手当」には、使用人兼務役員の対する使用人分の給与も含まれます。

経費

増加する仕訳例

従業員の今月分給与30万円を、普通預金口座より振り込んだ。なお、源泉徴収税等5万円を控除した。

借方 給与手当	30	貸方 普通預金	25
		預り金	5

▼主な取引例
- 従業員の給料
- 従業員対する各種手当　等

減少する仕訳例

未払い分の給与の一部、1万円を減額することとした。

借方 未払金	1	貸方 給与手当	1

▼主な取引例
- 給与減額
- 取消や修正　等

Point!　〜仕事の内容などによって異なる〜

営業や一般事務として働く従業員に支払われる給料は、「給与手当」として販売費及び一般管理費に計上されます。しかし、工場などで働く従業員に支払われる給料は製造原価に該当しますので、別途「賃金」などの勘定科目を設けて処理します。また、アルバイトやパートなどに対して支払われる給料は、雇用形態が異なるため「雑給」として区分表示することが多いです。

◆ 取引別の仕訳例 ◆

①一般的な取引の場合

- 営業職の従業員に対して、今月分の給与43万円と出張手当2万円をあわせて、普通預金口座から振り込んだ。なお、源泉徴収税等10万円を控除した。

借方 給与手当	45	貸方 普通預金	35
		預り金	10

給料以外に支給される各種の手当もあわせて、「給与手当」として計上します。給料を支給するときは、源泉徴収税、社会保険料、住民税等を控除します。

②出向者の給与の場合

- 関連会社に社員を出向させることとなった。その出向先の給与水準との格差5万円を補填するため、出向先の関連会社に普通預金口座から振り込んだ。

借方 給与手当	5	貸方 普通預金	5

出向した社員の給料は、本来、出向先で負担すべきものです。しかし、出向元と出向者の間に雇用契約が依然として存在しています。そこで、これまで通りの給与水準を保証する義務が出向元にもありますので、格差を補填します。

③決算時の処理の場合

- 当社の給料の支払いは20日締めの25日払いで、支払い時に給与手当として処理している。決算に際し、21日から末日までの給料20万円を未払費用に計上した。

借方 給与手当	20	貸方 未払費用	20

決算に際しては、給料の支払い時に「給与手当」として費用に計上していたとしても、「給与手当」の締切日以後から末日までに対応する「給与手当」を算定して、「未払費用」として処理します。

会計処理を行う際の注意点！

◎役員以外の一般従業員の給料に関しては、税法上、なんら規制がないため、計上した金額の全てが損金となります。ただし、役員の親族である使用人の給与に関しては、業務の対価として不相当に高額と考えられる給料のうち、その高額な部分は損金に算入できません。

関連科目 未払金(P176)、未払費用(P182)、CASE(P28, 29, 50, 55)

第6章 営業損益の項目　241

6-3 販売費及び一般管理費

賞与
しょうよ

どんな科目なの？

夏期、冬期、期末などに従業員に対して支給される臨時の給与のこと、つまりボーナスです。

摘要

- ●ボーナス
- ●賞与
- ●特別賞与
- ●決算賞与
- ●年末手当
- ●従業員賞与
- ●奨励金
- ●販売奨励金
- ●事前確定届出給与
- ●使用人兼務役員賞与（使用人部分）

賞与とは、会社の役員や従業員に対して、毎月の給与以外に臨時的に支給される金額を処理する勘定科目です。役員賞与は、取締役や監査役への職務執行の対価です。一方、使用人賞与は、夏期・冬期・決算時に支給される臨時の給与です。「賞与」には、使用人兼務役員の対する使用人分の賞与も含まれます。

増加する仕訳例

従業員に対して、夏のボーナス40万円を普通預金口座から振り込んだ。なお、源泉所得税等9万円を控除した。

借方 賞与	40	貸方 普通預金	31
		預り金	9

▼主な取引例
- ●賞与の支払い
- ●従業員のボーナス　等

減少する仕訳例

役員への報酬80万円を賞与として計上していたので、役員報酬へ振替えた。

借方 役員報酬	80	貸方 賞与	80

▼主な取引例
- ●他勘定への振替
- ●取消や修正　等

Point!　～報酬・給与と賞与の違い～

「役員報酬」や「給与手当」は定期的に支給されるものです。定期的とは、規則的に反復または継続的に支給されていることです。一方、「賞与」は業績が向上したときなど、臨時的に支給されるものです。

Point!　～役員賞与と従業員賞与～

役員に対する賞与は、税務上、事前確定届出給与の届出をし、その通りに支給すれば損金となりますが、それ以外は損金とはなりません。一方、従業員に対する賞与は、支給した時に損金となります。

◆ 取引別の仕訳例 ◆

①賞与を支払った（賞与引当金の計上なし）場合

- 従業員に対して、夏期のボーナスとして50万円を普通預金口座から振り込んだ。なお、源泉徴収税等15万円を控除した。

借方 賞与	50	貸方 普通預金	35
		預り金	15

「賞与」に対しても、源泉所得税や社会保険料等を控除します。

②賞与の支払った（賞与引当金の計上あり）場合

- 計上：決算に際し、昨年12月から本年5月分（6月支給）の賞与の見積額1,200万円に基づいて、当期の賞与引当金を設定した（3月決算）。

借方 賞与引当金繰入額	800	貸方 賞与引当金	800

＊賞与引当金繰入額800万円＝賞与見積額1,200万円×（4月／6月）

- 支払い：上記の後、翌期6月1,300万円を賞与として普通預金口座から従業員各人の口座に振込払いをした。なお、源泉所得税等150万円を控除した。

借方 賞与引当金	800	貸方 普通預金	1,150
賞与	500	預り金	150

決算に際し引き当てられた「賞与引当金」を、賞与の支給い時に全額取り崩します。その際、支給額が「賞与引当金」より大きい場合、その差額を「賞与」として費用計上します。逆に、支給額が「賞与引当金」より小さい場合、その差額を「前期損益修正益」として特別利益に計上します。

会計処理を行う際の注意点！

◎賞与引当金制度は、平成10年度の税法改正によって廃止されました。よって税務上は、賞与を支給した時に損金として認められるため、当期の損金となりません。ただし、事業年度末までに支給額が受給者に通知され、その後すみやかに支払われること等の要件を満たせば、「未払費用」として計上して、当期の損金に算入することが可能です。

関連科目 賞与引当金（P194）、給与手当（P240）、預り金（P190）

第6章 営業損益の項目

6-3 販売費及び一般管理費

退職金
たいしょくきん

どんな科目なの？

役員や従業員が退職した際に支払われる、退職一時金や退職年金のことです。

摘要
- 退職金
- 従業員退職金
- 退職年金
- 適格退職年金
- 役員退職慰労金
- 退職一時金

退職金とは、役員や従業員の過去の勤務の対価として、退職を理由に支払われるすべての給与を処理する勘定科目です。「退職金」には、退職時に一括して支払われる**退職一時金**と、退職後の一定期間にわたって支払われる**退職年金**があります。

増加する仕訳例

従業員の退職に伴い、退職金200万円を普通預金口座から支払った。なお、源泉所得税等3万円を控除した。

借方 退職金	200	貸方 普通預金	197
		預り金	3

▼主な取引例
- 従業員の退職金
- 役員の退職金　等

減少する仕訳例

前期末に退職給付引当金で計上していた分を、退職金50万円と相殺した。

借方 退職給付引当金	50	貸方 退職金	50

▼主な取引例
- 退職給付引当金との相殺
- 他勘定への振替え　等

Point!　～源泉徴収の方法～

退職金は、次の方法で源泉徴収します。

- 「退職所得の受給に関する申告書」の提出を受けている場合
  （退職金の支給額 − 退職所得控除額）× 1/2 × 所得税率

- 「退職所得の受給に関する申告書」の提出を受けていない場合
  退職金の支給額 × 20％

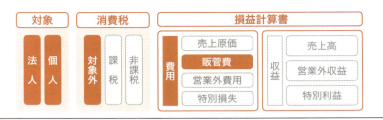

◆ 取引別の仕訳例 ◆

①退職給付引当金を計上していない場合

- 従業員に、退職金300万円を普通預金口座から支払った。源泉所得税等5万円を差し引いた。

借方		貸方	
退職金	300	普通預金	295
		預り金	5

従業員に対する「退職金」は、退職した日の属する事業年度の損金に計上します。

②退職給付引当金を計上している場合

- 定年退職した従業員に対して、退職金300万円を普通預金口座から振り込んだ。源泉所得税等5万円を差し引いた。なお、この従業員には退職給付引当金200万円が設定されている。

借方		貸方	
退職金	100	普通預金	295
退職給付引当金	200	預り金	5

退職金の支払い時に「退職給付引当金」を取り崩し、不足額を「退職金」で処理します。「退職給引当金」は、毎期、その事業年度に発生した「退職給付費用」を計上していきます。

③役員の退職金の場合

- 退職した役員に対して、役員退職金2,400万円を支払うことが株主総会で決議された。なお、支払い方法は3回分割払いとして、直ちに1回分800万円が普通預金口座から振り込まれた。

借方		貸方	
役員退職金	2,400	普通預金	800
		未払金	1,600

「役員退職金」は、税法上、株主総会の決議等により具体的にその額が確定した日の属する事業年度の損金となります。

会計処理を行う際の注意点！

◎ 退職金として処理したとしても、会社の業務に従事した期間、退職の事情、同種・類似規模の会社の役員に対する退職給与の支給状況等に照らし、過大と認められる部分の金額は、損金の額に算入することはできません。

関連科目 退職給付引当金（P208）、未払金（P176）

6-3 販売費及び一般管理費

たいしょくきゅうふひよう
退職給付費用

どんな科目なの？

従業員が退職する時に支払われる退職給付（退職一時金や企業年金）に備えるための引当金のうち、当期に発生した分のことです。

摘要

- 退職給付引当金繰入
- 退職給付費用
- 退職金見積額
- 従業員退職給付引当金繰入額
- 役員退職給付引当金繰入額
- 退職金予定額
- 退職金要支給額

決算

退職給付費用とは、将来、従業員が退職する際に支払われる退職給付に備える引当金のうち、当期に負担すべき金額を見積もって計上する見積額（繰入額）を処理する勘定科目です。「退職給付費用」として計上していく退職給付には、**退職一時金**（従業員の退職に基づいて企業が直接負担するもの）や、**退職年金**（企業年金制度から給付されるもの）があります。

「退職給付費用」でなく、「退職給付引当金繰入額」の勘定科目を使うこともあります。

増加する仕訳例

決算に際し、将来の退職金支給額のうち、当期の負担にあたる50万円を退職給付引当金として繰り入れた。

| **借方** 退職給付費用 | 50 | **貸方** 退職給付引当金 | 50 |

▼主な取引例
- 退職給付引当金の繰入
- 退職給付費用の計上　等

減少する仕訳例

決算に際し、退職給付費用のうち10万円分を修正することとなった。

| **借方** 退職給付引当金 | 10 | **貸方** 退職給付費用 | 10 |

▼主な取引例
- 他勘定への振替え
- 取消や修正　等

Point! 〜退職給付会計基準〜

将来の退職給付の支払いは、従業員が毎年勤務した労働の対価として支払われる賃金の後払い的な性格を持ちます。そこで、従業員が勤務した期間に応じて費用化するため、引当金に計上します。

「退職給付会計基準」では、将来の退職給付のうち、当期の負担に属する額を「退職給付費用」として当期の費用に計上し、あわせて「退職給付引当金」を計上します。貸借対照表上、「退職給付引当金」の累積額が負債の部に計上されます。

サイドバー（縦書き）: 原価・棚卸 / 減価償却 / 貸倒 / 経過勘定 / 税金 / その他

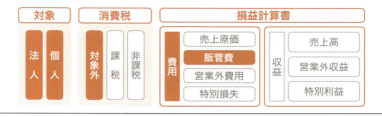

◆ 取引別の仕訳例 ◆

①退職給付費用を繰り入れた場合

- 決算に際し、将来、従業員に支払われる退職金のうち、当期の負担分を1,000万円と見積り退職給付費用として計上した。

借方 退職給付費用	1,000	貸方 退職給付引当金	1,000

退職給付費用は、次の式で算定します。
退職給付費用＝勤務費用＋利息費用－期待運用収益＋過去勤務債務・数理計算上の差異

- 勤務費用：退職給付見込額のうち、当期に発生した認められる額（割引計算）
- 利息費用：期首の退職給付債務に割引率を乗じた額
- 期待運用収益：期首の年金資産に期待運用収益率を乗じた額
- 過去勤務債務・数理計算上の差異：退職給付水準の改定等で発生した退職給付債務の増加・減少額と、年金資産の期待と実際の運用成果の差異など

②退職した場合

- 従業員の退職（退職給付引当金1,000万円計上）にあたり、退職金1,200万から源泉所得税等20万円を控除して、普通預金口座から従業員の口座に振り込んだ。

借方 退職給付引当金	1,000	貸方 普通預金	1,180
退職金	200	預り金	20

会計処理を行う際の注意点！

◎各人の必要な退職給付債務は、退職した時に支払いが予定されている退職金総額（退職給付見込額）のうち、当期末までに発生したと認められる額を、退職時から現在までの期間（残存勤務期間）、一定の割引率に基づいて割引計算します。なお、「退職給付引当金」は、退職給付債務から年金資産（時価）を控除した金額です。

◎退職一時金制度に関して、小規模企業（従業員300人未満）等については継続適用を要件として、期末自己都合要支給額（期末に従業員が退職したと仮定した場合に必要な退職金額）を退職給付債務とする方法などが例外的に認められています。

関連科目 退職給付引当金（P208）、退職金（P244）

6-3 販売費及び一般管理費

ほうていふくりひ
法定福利費

どんな科目なの？

雇用保険、労災保険、健康保険や厚生年金などの法定保険料のうち、会社や個人事業主の負担する部分のことです。

摘要

- 法定保険料（事業主負担分）
- 雇用保険料（事業主負担分）
- 児童手当拠出金
- 健康保険料（事業主負担分）
- 介護保険料
- 労働保険料（事業主負担分）
- 労災保険料
- 社会保険料（事業主負担分）
- 厚生年金保険料（事業主負担分）
- 身体障害者雇用納付金

法定福利費とは、従業員の福利厚生のために支出する費用のうち、法律（労働基準法、健康保険法、厚生年金保険法等）に基づいて支払われる費用を処理する勘定科目です。事業主や会社が負担分する保険料には、社会保険料（健康保険料、介護保険料、厚生年金保険料）と労働保険料（雇用保険料、労災保険料、児童手当拠出金）があります。

増加する仕訳例

会社負担分の社会保険料5万円とあわせて、従業員負担分5万円が普通預金口座から引き落とされた。

借方	法定福利費	5	貸方	普通預金	10
	預り金	5			

▼主な取引例
- 社会保険料（健康保険、厚生年金など）の納付
- 労働保険（雇用保険、労災保険など）の納付　等

減少する仕訳例

社会保険料2万円（従業員負担分）の納付時に、法定福利費で処理したため預り金と修正した。

借方	預り金	2	貸方	法定福利費	2

▼主な取引例
- 他勘定への振替
- 取消や修正　等

Point!　～事業主と個人の負担～

法定保険料の会社・事業主と従業員の負担割合は、保険の種類によって違います。

社会保険である健康保険料や厚生年金保険料は、事業主と従業員が折半して保険料を負担します。また、労働保険である雇用保険料は、会社と従業員が一定割合で負担しますが、労災保険料は会社が全額負担します。

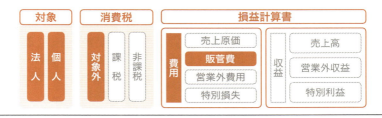

◆ 取引別の仕訳例 ◆

①社会保険の場合

- 従業員に本人負担分の社会保険料4万円を差し引いて、給料40万円を普通預金口座から振り込んだ。その後、月末に社会保険料が普通預金口座から引き落とされた。

保険料の徴収時

借方	給料手当	40	貸方	普通預金	36
				預り金（本人負担分）	4

保険料の納付時

借方	法定福利費（会社負担分）	4	貸方	普通預金	8
	預り金（本人負担分）	4			

健康保険料や厚生年金保険料は、前月分の保険料を当月分の給料から差し引きます。その後、月末に会社負担分と本人負担分をあわせて納付します。

②雇用保険の場合

- 概算保険料の納付時：労働保険の概算保険料60万円を普通預金口座から振り込んだ。なお、本人負担分は20万円である。

借方	法定福利費（会社負担分）	40	貸方	普通預金	60
	立替金（本人負担分）	20			

- 保険料の徴収時：従業員の労働保険料1万円を差し引いて、給料40万円を普通預金口座から振り込んだ。

借方	給与手当	40	貸方	普通預金	39
				立替金（本人負担分）	1

雇用保険料と労災保険料は、どちらも毎年5月に概算額を一括して納付します。納付時に、会社負担分を「法定福利費」、従業員負担分を「立替金」に計上します。その後、毎月の給料支払い時に、「立替金」を取り崩していきます。

関連科目 預り金（P190）、立替金（P94）、CASE（P51）

6-3 販売費及び一般管理費

福利厚生費
ふくりこうせいひ

どんな科目なの？

従業員の働く環境（医療・健康、厚生施設、親睦・慰安、冠婚葬祭等）を整備するために支出する費用のことです。

摘要

- 医療関係費用
- 健康診断費用
- 予防接種費用
- 常備医薬品
- 厚生施設関係費用
- 社員寮費用
- 親睦活動関係費用
- 慰安旅行費用
- サークル活動補助金
- 運動会費用
- 社員旅行費
- 新年会／忘年会費
- 慶弔見舞金
- 香典（社内）
- 見舞金（社内）
- 結婚祝い（社内）
- 出産祝い（社内）
- 制服費
- お茶代（社内）
- クリーニング代
- 共済制度掛金
- 教育訓練費用
- 研修費
- 資格取得費用
- 食事支給
- 残業食事代
- 人間ドック

福利厚生費とは、医療・健康、衛生、厚生施設、生活、親睦・慰安、冠婚葬祭など、従業員の労働環境を整備するために支出する費用を処理する勘定科目です。

増加する仕訳例

従業員が結婚することになり、慶弔金規程に基づき結婚祝い1万円を現金で支払った。

借方 福利厚生費	1	貸方 現金	1

▼主な取引例
- 厚生施設関係の費用
- 親睦活動関係の費用
- 慶弔関係の費用
- 消耗品関係の費用　等

減少する仕訳例

顧客への見舞金1万円を福利厚生費で処理していたので、交際費に振り替えた。

借方 交際費	1	貸方 福利厚生費	1

▼主な取引例
- 他勘定への振替
- 取消や修正　等

Point!　〜福利厚生費の範囲〜

通常、法定保険料（社会保険料や労働保険料）の会社負担分は「法定福利費」の勘定科目で処理します。しかし、「法定福利費」を設けない場合は、法定保険料の会社負担分も「福利厚生費」で処理してかまいません。

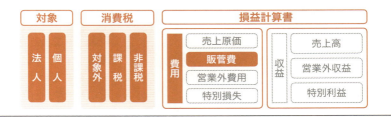

◆ 取引別の仕訳例 ◆

①一般的な取引の場合

- 50歳以上の従業員の定期健康診断を実施し、その費用10万円を普通預金口座から振り込んだ。

借方 福利厚生費	10	貸方 普通預金	10

従業員全員が対象でなくても、一定年齢以上は誰でも健康診断を受診できる場合には「福利厚生費」で処理できます。

②注意が必要な場合

- 会社全体で忘年会を開催し、その費用30万円を現金で支払った。あわせて、忘年会の後、得意先を含めて数名の社員が参加した2次会費用5万円を現金で支払った。

借方 福利厚生費	30	貸方 現金	35
交際費	5		

社員全員が対象でなく、特定の一部の社員が支払うべき金額を会社が負担した場合は、「給料手当」とみなされます。また、社外の人に対する支出だと、「交際費」としてみなされるので注意が必要です。

- 社員海外旅行（4泊5日）を企画し、全社員の60％が参加した。この旅行費用の総額100万円を普通預金口座から振り込んだ。

借方 福利厚生費	100	貸方 普通預金	100

社員に対する慰安旅行の費用を会社が負担した場合は、原則として「福利厚生費」で処理します。また税法上、海外旅行であっても、4泊5日以内で役員や従業員の参加割合が50％以上であれば、「福利厚生費」として処理できます。

会計処理を行う際の注意点！

◎ 会社が従業員の労働環境を整備するために支出した費用であっても、全ての支出が「福利厚生費」として処理されるわけではありません。特定の個人に対する一定の限度額を超えた支出は、現物給与として従業員個人の所得税課税の問題が生じるおそれもあります。

◎ 税務調査で「給与手当」や「交際費」と指摘されないように、各種の規程を作成し、継続して適用していく必要があります。

関連科目 法定福利費(P248)、交際費(P254)、給与手当(P240)、CASE(P33, 34)

6-3 販売費及び一般管理費

会議費
かいぎひ

どんな科目なの？

業務を行っていくために必要な商談、打ち合わせ、会議にかかる費用のことです。社内・社外を問いません。

摘要

- 会議関連費用
- 商談関連費用
- 打ち合わせ費用
- 製品説明会費用
- 取引先打合せ費用
- 会議通知費用
- 会議会場使用料
- 会議資料代
- 会場設置費用
- 会議用茶菓子代
- 会議飲食代
- 会議用弁当代
- プロジェクター使用料
- OA機器使用料
- レンタル会議室代

会議費とは、事業活動の推進上に必要な各種の会議のために支出する費用を処理する勘定科目です。例えば、「会議費」には、会議に必要な会場代、茶菓子代、資料代、機器代などの他、社内外での商談、打ち合わせなどの支出も含まれます。

増加する仕訳例

営業会議を行うため、会議室をレンタルし、その料金2万円を現金で支払った。

借方 会議費	2	貸方 現金	2

▼主な取引例
- 会議の資料代
- 会議会場の使用料
- 会議の際の茶菓子代
- 打ち合わせの飲食代
- 商談の飲食代
- 説明会費用　等

減少する仕訳例

取引先との会食代2万円を会議費で計上していたが、交際費にあたることが判明した。

借方 交際費	2	貸方 会議費	2

▼主な取引例
- 他勘定への振替
- 取消や修正　等

Point!　～「会議費」と「交際費」のどちらに該当する？～

実務上、「会議費」と「交際費」のどちらに該当するかが問題となります。「会議費」として処理するためには、出席者は社内の人でも社外の人でもかまいませんが、その内容が会議としての実体を備えていること、その費用が常識程度のものでなければなりません。

◆ 取引別の仕訳例 ◆

①一般的な取引の場合

- 会議用資料の作成代とOA機器使用料として、あわせて現金2万円を支払った。

| 借方 会議費 | 2 | 貸方 現金 | 2 |

- 得意先とレストランで商談をした。その際、飲食代1万円(3名分)を現金で支払った。

| 借方 会議費 | 1 | 貸方 現金 | 1 |

1人5,000円以下の飲食代であれば、「交際費」ではなく「会議費」として処理できます(平成18年度税制改正)。ただし、一定の記載(飲食等のあった年月日、飲食店名、金額、人数など)のある書面を保管しておかなければなりません。

社内や一般的に会議を開催する場所で会議が行われ、その場所で提供される昼食程度の飲食代については、1人5,000円超であっても通常の費用として認められるものであれば、「会議費」として処理できます。しかし、それ以外の場合は「交際費」等として扱われます。

②遠隔地での会議等の場合

- 新製品の販売会議を開催した。会場使用料40万円、遠方から出席した取引先の交通費、宿泊費、飲食代等10万円を普通預金口座から振り込んだ。

| 借方 会議費 | 50 | 貸方 普通預金 | 50 |

- 販売会議が終了した後、特定の一部の取引先を接待し、飲食代5万円を現金で支払った。

| 借方 交際費 | 5 | 貸方 現金 | 5 |

取引先を旅行や観劇などに招待して、その際に会議を開催した場合、実体は接待であるような場合は、「交際費」等としてあつかわれます。「会議費」として処理するには、あくまで会議としての実体を備えている必要があります。

会計処理を行う際の注意点！

◎「会議費」は、税務調査で「交際費」と指摘されやすいので注意が必要です。日常から領収書にメモをしたり、議事録や会議規程などの書類を作成しておくことが重要です。

関連科目 交際費(P254)

6-3 販売費及び一般管理費

交際費
こうさいひ

どんな科目なの？

飲食、送迎、土産、お歳暮、お祝いなど、得意先や取引先に対して接待や交際のために支払った費用のことです。

摘要

- 飲食代（接待）
- 手土産代
- 宴会費用（取引先）
- お歳暮費用
- お中元費用
- 観劇招待（取引先）
- 結婚祝い（取引先）
- 香典（取引先）
- 餞別代（取引先）
- 見舞金（取引先）
- 謝礼金
- 親睦旅行（取引先）
- 創立記念招待費用
- 接待用送迎交通費
- 車代
- ゴルフ会員権名義書換料
- ゴルフプレー費用
- ゴルフコンペ代
- 贈答用ビール券
- 開店祝い
- プレゼント代
- ライオンズクラブ会費
- レジャークラブ会費
- ロータリークラブ会費

日常　経費　資金　売上　仕入　その他

交際費とは、事業に関係ある者（得意先、仕入先、取引先など）に対して、営業していく上で必要な接待、交際、慰安、贈答などの行為のために支出した費用を処理する勘定科目です。「接待交際費」の勘定科目を用いることもあります。

増加する仕訳例

得意先をレストランで接待して、会食代3万円を現金で支払った。

借方 交際費	3	貸方 現金	3

▼主な取引例
- 各種交際のための支払い
- 各種接待のための支払い　等

減少する仕訳例

社内の会議の際の弁当代1万円を交際費で処理していたので、会議費に修正した。

借方 会議費	1	貸方 交際費	1

▼主な取引例
- 他勘定への振替
- 取消や修正　等

Point!　～「交際費」税務上の扱いについて～

「交際費」は営業をしていく上で必要な接待などの支出ですので、販売費及び一般管理費に表示されます。しかし税務上、一定の限度額を超える「交際費」を損金に算入することが認められていません。よって、実務上は税法に即した処理をします。

◆ 取引別の仕訳例 ◆

①一般的な取引の場合

- 得意先を接待した。飲食代5万円と送迎用タクシー代1万円を現金で支払った。

借方 交際費	6	貸方 現金	6

- 取引先へのお歳暮として、ギフトセット2万円をクレジットカードで支払った。

借方 交際費	2	貸方 未払金	2

クレジットカードを使用した場合、まだ代金を支払っていないため、「未払金」として貸方計上します。銀行口座から代金が引き落とされたときに、「未払金」を借方計上して相殺します。

- 取引先と飲食店で商談をして食事代1万円、その後の懇親会の飲食代3万円を現金で支払った。

実質的には、取引先などへの接待である場合、たとえ他の勘定科目で処理しても、税務調査でその実態や目的に応じて「交際費」として指摘されるおそれがあります。税務上、損金算入できるかどうかがポイントになります。そこで、特に損金に算入できる「会議費」、「役員報酬」、「給与手当」、「福利厚生費」などの勘定科目と間違えて処理しないよう注意してください。

会計処理を行う際の注意点！

◎ 個人事業者の場合、「交際費」の全額が損金としてなります。しかし、法人の場合、損金算入できる額は法人の期末の資本等の額によって異なります。
資本等の額が1億円超………なし（全額が損金不算入）
資本等の額が1億円以下……支出額が600万円以下の場合は、支出額の90％
　　　　　　　　　　　　　支出額が600万円超の場合は、540万円（600万円×90％）

◎ 1人5,000円以下の飲食代であれば、「交際費」ではなく「会議費」として処理できます（平成18年度税制改正）。ただし、一定の記載（飲食等のあった年月日、飲食店名、金額、人数など）のある書面を保管しておかなければなりません。
社内や一般的に会議を開催する場所で会議が行われ、その場所で提供される昼食程度の飲食代については、1人5,000円超であっても、通常の費用として認められるものであれば、「会議費」として処理できます。しかし、それ以外の場合は「交際費」等として扱われます。

関連科目　会議費（P252）、役員報酬（P238）、給与手当（P240）、福利厚生費（P250）、寄付金（P292）

6-3 販売費及び一般管理費

こうこくせんでんひ
広告宣伝費

どんな科目なの？

会社のイメージアップや売上の増加を図るために、不特定多数の人たちに対して支出した費用のことです。

摘要

- 雑誌広告掲載料
- インターネットサイト広告掲載料
- テレビ広告放送料
- 中吊広告費用
- ラジオ広告放送料
- 新聞広告掲載料
- ダイレクトメール費用
- キャンペーン費用
- 横断幕作成費
- ビラ印刷配布費用
- PR費用
- カタログ制作費
- ポスター制作費
- 広告用写真代
- 見本品提供
- 試供品
- パンフレット代
- カレンダー（社名）
- うちわ（社名）
- タオル（社名）
- 福引券印刷費用
- 看板（少額）
- 展示会出品費用
- 求人広告費用
- 決算公告費用
- IR費用

日常
経費
資金
売上
仕入
その他

　広告宣伝費とは、不特定多数の者に対する宣伝効果を意図して、会社のイメージアップや商品の告知などに支出した費用を処理する勘定科目です。

増加する仕訳例

新聞広告の掲載料10万円を普通預金口座から振り込んだ。

借方 広告宣伝費	10	貸方 普通預金	10

▼主な取引例
- 雑誌などの広告掲載料の支払い
- テレビなどの放送料の支払い
- パンフレットや会社案内などの費用
- 試供品や見本品などの頒布の費用　等

減少する仕訳例

広告用看板の設置費用60万円を広告宣伝費で処理していたが、構築物にあたることがわかった。

借方 構築物	60	貸方 広告宣伝費	60

▼主な取引例
- 他勘定への振替
- 取消や修正　等

Point! 〜広告以外にも！〜

　「広告宣伝費」は、商品の広告の費用の他、採用のための求人広告、決算書開示のための決算公告などの費用も該当します。

256

◆ 取引別の仕訳例 ◆

①一般的な取引の場合

- DM用の写真撮影費用と製作のための代金として、30万円を普通預金口座から振り込んだ。

| 借方 広告宣伝費 | 30 | 貸方 普通預金 | 30 |

②資産に計上する場合

- 新商品用の広告看板を設置し、その代金30万円を小切手で支払った。

| 借方 構築物 | 30 | 貸方 当座預金 | 30 |

広告用の看板などを設置した場合、その取得価額が10万円以上のものは、「構築物」として資産に計上します。10万円未満のものは、「広告宣伝費」として費用に計上できます。

③長期の場合

- 広告塔を借り、1年分の広告掲載料120万円を6月末に普通預金口座から振り込んだ。なお、当社は3月決算である。

| 借方 広告宣伝費 | 120 | 貸方 普通預金 | 120 |

決算時

| 借方 前払費用 | 30 | 貸方 広告宣伝費 | 30 |

広告塔などを長期に借りた場合、決算時に未経過分を「前払費用」に計上します。ただし、税法上、支払日から1年以内の「前払費用」については、継続適用を条件に一括して損金に計上できます。

■ 会計処理を行う際の注意点！

◎ ホームページの制作費は、原則として「広告宣伝費」で処理します。ただし、オンラインショッピング機能などのプログラムが組み込まれている場合は、「ソフトウェア」として資産に計上します。

関連科目 構築物（P120）、貯蔵品（P90）、前払費用（P98）、CASE（P32）

6-3 販売費及び一般管理費

旅費交通費
りょひこうつうひ

どんな科目なの?

役員や従業員が業務上で利用した電車、バス、タクシーなどの実費のことです。出張に際に支出した費用も含まれます。

摘要

- 電車賃
- バス代
- タクシー代
- 回数券
- ガソリン代
- パーキング料金
- 有料駐車料金
- 有料道路料金
- 高速道路料金
- 転勤旅費
- 赴任旅費
- 帰郷旅費
- 空港使用料
- 航空料金(出張)
- 宿泊費(出張)
- 食事代(出張)
- 滞在費(出張)
- 定期券代
- パスポート交付手数料
- Suicaチャージ
- PASMOチャージ

旅費交通費とは、役員や従業員が出張や近距離の移動の際に支出した費用を処理する勘定科目です。旅費とは、役員や従業員が業務上の理由で遠方に出張した場合に、自社の旅費規程に従って支給される金額です。交通費とは、一般に業務上の理由で近距離を移動するために使った電車、バス、タクシー等の実費です。

増加する仕訳例

地方出張から戻った社員に対して、旅費規程に従って出張手当として3万円を現金で支払った。

借方 旅費交通費	3	貸方 現金	3

▼主な取引例
- 国内遠隔地への出張のための費用の支払い
- 海外出張のための費用の支払い
- 近隣の目的地への電車、バス等の実費の支払い　等

減少する仕訳例

タクシー代1万円を旅費交通費で処理していたが、得意先への交際費であることがわかった。

借方 交際費	1	貸方 旅費交通費	1

▼主な取引例
- 他勘定への振替
- 取消や修正　等

Point! ～「旅費交通費」の範囲について～

「旅費交通費」は、業務上必要と認められるものに限られます。税務上、給与所得でなく「旅費交通費」にあたるかは、その支出額が、同業種・同規模の会社と比較して相当のものであること、また、支給される役員・従業員等に対して適正なバランスの基準であることから判定します。

◆ 取引別の仕訳例 ◆

①後払い精算の場合

- 従業員が得意先回りのため地方出張した際の、往復の新幹線代3万円を現金で支払った。

借方 旅費交通費	3	貸方 現金	3

②仮払い精算の場合

- 従業員が得意先回りのため地方出張するので、現金10万円を仮払いした。

借方 仮払金	10	貸方 現金	10

- 出張後、出張旅費(交際費3万円、旅費5万円)が精算され、現金2万円が返却された。

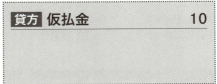

出張旅費の精算方法には、社内の旅費規程に基づく精算と、実際の領収書に基づいて精算する実費精算があります。

- 役員の海外出張に際して、出張旅費を仮払金として現金50万円を支給した。帰国後、精算となり、出張旅費のうち10万円は観光旅行に使用したものであった。

借方 仮払金	50	貸方 現金	50

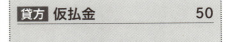

税務上、個人的な観光に関するものは「旅費交通費」にあたらず、「役員報酬」となります。

> **会計処理を行う際の注意点！**
> ◎国内出張の費用は課税仕入れですが、海外出張の費用は消費税の課税対象にはなりません。

関連科目 役員報酬(P238)、給与手当(P240)、交際費(P254)、CASE(P30, 31, 37)

6-3 販売費及び一般管理費

通勤費
つうきんひ

どんな科目なの？

役員や従業員が会社へ通勤するために支出した費用のことです。

摘要

- 通勤費用
- 電車賃
- バス代
- 回数券
- 地下鉄運賃
- 乗車券
- 通勤定期券代
- バス回数券代
- ガソリン代
- 高速道路料金
- 有料道路料金
- 通勤手当

通勤費とは、役員や従業員が自宅から会社へ通勤するために支出した費用を処理する勘定科目です。例えば、電車、バスなどの通勤定期代や回数券代や、自動車やバイクなどで通勤する人への現金支給などです。

増加する仕訳例

従業員の通勤のための定期代1万円を現金で支払った。

借方 通勤費	1	貸方 現金	1

▼主な取引例
- 通勤定期代の支払い
- 有料道路代の支払い
- 通勤費規程による現金の支給　等

減少する仕訳例

通勤費に計上していた通勤手当の一部が非課税限度額を1万円超えていたので、給与手当に振替えた。

借方 給与手当	1	貸方 通勤費	1

▼主な取引例
- 他勘定への振替
- 取消や修正　等

Point! 〜「通勤費」と「旅費交通費」について〜

「通勤費」は、役員や従業員が会社に通勤するための費用です。一方、「旅費交通費」は、出張にかかった費用や業務上の移動にかかった費用です。なお、通勤のための費用を通勤手当として「給料手当」で処理をしたり、「通勤費」の勘定科目を設定しないで「旅費交通費」で処理をしている会社もあります。

Point! 〜通勤費には限度額がある〜

従業員の所得税の計算上、会社から従業員へ支給される通勤の費用は、一定限度額までは非課税となります。ただし、限度額を超えた場合、その金額は、従業員の給与とみなされて課税対象となります。

◆ 取引別の仕訳例 ◆

①一般的な取引の場合

- 自動車通勤している従業員に対して、事前に現金2万円をガソリン代として支払った。

借方 仮払金	2	貸方 現金	2

- ガソリン代を精算した結果、現金1万円が返却された。

借方 通勤費	1	貸方 仮払金	2
現金	1		

- 従業員に電車通勤のための定期代(月額)として、11万円を現金で支払った。

借方 通勤費	10	貸方 現金	11
給与手当	1		

会計処理を行う際の注意点！

◎通勤費の1ヶ月あたりの非課税限度額は、次の表のとおりです。

通勤方法		非課税限度額
①電車、バスまたは有料道路を利用		合理的な運賃等の額(最高10万円)
②自動車や自転車などを利用	片道2km未満	全額課税
	片道2km以上10km未満	4,100円
	片道10km以上15km未満	6,500円
	片道15km以上25km未満	11,300円
	片道25km以上35km未満	16,100円
	片道35km以上45km未満	20,900円
	片道45km以上	24,500円
③電車、バスまたは有料道路のほか、自動車や自転車なども利用		合理的な運賃等の額と②の合計額(最高10万円)

関連科目　役員報酬(P238)、給与手当(P240)、旅費交通費(P258)

第6章　営業損益の項目

6-3 販売費及び一般管理費

ちんしゃくりょう

賃借料

どんな科目なの？

不動産（土地や建物など）や動産（工作機械、コンピュータなど）をレンタルした場合に支出した費用のことです。

摘要

- ●リース料金
- ●レンタル料金
- ●土地使用料
- ●建物使用料
- ●家賃
- ●会議室使用料
- ●OA機器賃借料
- ●機械賃借料
- ●工作機械賃借料
- ●コピー機賃借料
- ●コンピュータ賃借料
- ●パソコン賃借料
- ●複写機リース料
- ●レンタカー料金
- ●貸し金庫料
- ●観葉植物レンタル代
- ●什器レンタル料
- ●イベント機材レンタル代
- ●販売スペース使用料
- ●絵画レンタル料
- ●制服レンタル代

賃借料とは、土地や建物などの不動産や、工作機械、コンピュータ、OA機器などの動産を賃借した場合に、その所有者に支払う賃料を処理する勘定科目です。

増加する仕訳例

新商品の展示会用にプロジェクターを1週間レンタルする契約を結び、レンタル料1万円を普通預金口座から振り込んだ。

借方 賃借料	1	貸方 普通預金	1

▼主な取引例
- ●機械の賃借料
- ●事務機器のリース料
- ●レンタル代
- ●会議室使用料　等

減少する仕訳例

決算に際し、当期に支払済みの機械のリース料のうち、翌期分1万円を繰延べた。

借方 前払費用	1	貸方 賃借料	1

▼主な取引例
- ●他勘定への振替
- ●取消や修正
- ●未経過のリース料の繰延　等

Point!　～「地代家賃」と「リース料」について～

土地や建物などの不動産の賃借料は「賃借料」ではなく、別途「地代家賃」の勘定科目で処理することも多くあります。また、OA機器などのリースには「リース料」などの勘定科目を設定することもあります。

◆ 取引別の仕訳例 ◆

①支出時に費用処理し、決算時に資産計上する場合

- 7月に工作機械を1年間借りる契約を結んだ。1年分の賃料60万円を普通預金口座から振り込んだ。

| 借方 賃借料 | 60 | 貸方 普通預金 | 60 |

- 決算期（3月末）に際し、今期に支払った賃料のうち来期の未経過分を繰延べた。

| 借方 前払費用 | 15 | 貸方 賃借料 | 15 |

来期以降に対応する未経過の賃借料は、支出時に費用処理して、期末に「前払費用」に振替えます。また、支出時に「前払費用」に計上して、月毎に「賃借料」に振替える処理もあります。

| 支出時： | 借方 前払費用 | 60 | 貸方 普通預金 | 60 |
| 月末毎： | 借方 賃借料 | 5 | 貸方 前払費用 | 5 |

②リース取引（オペレーティング・リース）の場合

- コンピュータを3年リースで賃借する契約を結んだ。1年目のリース料30万円を普通預金口座から振り込んだ。

| 借方 賃借料 | 30 | 貸方 普通預金 | 30 |

リース取引には、ファイナンス・リースとオペレーティング・リースがあります。ファイナンス・リースとは、リース期間の途中で契約が解除できない取引です。一方、オペレーティング・リースとは、ファイナンス・リース以外のリース取引です。

会計処理を行う際の注意点！

◎ ファイナンス・リースのうち、資産の取得とみなされた取引は、通常の売買取引に準じて「リース資産」と「リース債務」を計上します。なお、リース資産については減価償却します。
◎ ファイナンス・リースのうち、資産の取得とみなされない取引とオペレーティング・リースは、リース料を「賃借料」として費用処理します。

関連科目 地代家賃(P264)、前払費用(P98)、リース資産(P132)、リース債務(P210)

6-3 販売費及び一般管理費

ちだいやちん
地代家賃

どんな科目なの？

建物や土地などを借りて使用している場合に、賃貸人に支払う賃料のことです。

摘要

- 店舗家賃
- 事務所家賃
- 倉庫賃借料
- 工場用地賃借料
- 借室料
- 借地料
- 社宅家賃
- 賃貸家賃
- 道路専有料
- 家賃支払い
- 不動産賃借料
- オフィス家賃
- レンタルスペース家賃
- ウィークリーマンション
- トランクルーム
- 月極駐車場料金
- 駐車場賃借料
- 車庫代

地代家賃とは、土地や建物などの不動産を賃借して使用している時に、その不動産の所有者に支払う賃料を処理する勘定科目です。

増加する仕訳例

事務所の家賃10万円を普通預金口座から振り込んだ。

借方 地代家賃	10	貸方 普通預金	10

▼主な取引例
- 事務所の家賃の支払い
- 土地や建物の賃借料　等

減少する仕訳例

決算に際し、今期に支払った翌期分の家賃10万円を繰延べた。

借方 前払費用	10	貸方 地代家賃	10

▼主な取引例
- 未経過の地代家賃の繰延
- 他勘定への振替
- 取消や修正　等

Point!　〜不動産に関する支出の色々な勘定科目〜

不動産に関する支出はその内容に応じて、適切な勘定科目で使用します。土地の権利金や仲介手数料は「借地権」、地代は「地代家賃」として処理します。また、建物の保証金や資金は「差入保証金」、仲介手数料は「支払手数料」、礼金や更新料は「長期前払費用」、家賃は「地代家賃」として処理します。

◆ 取引別の仕訳例 ◆

①支出時に費用処理し、決算時に資産計上する場合

● 7月に社宅用住宅の家賃1年分60万円を、普通預金口座から振り込んだ。

| 借方 地代家賃 | 60 | 貸方 普通預金 | 60 |

● 決算（3月末）に際し、今期に支払った家賃のうち来期の未経過分を繰延べた。

| 借方 前払費用 | 15 | 貸方 地代家賃 | 15 |

来期以降に対応する未経過の地代家賃は、支出時に費用処理し、期末に「前払費用」に振替えます。また、支出時に「前払費用」に計上し、月毎に「地代家賃」に振替える処理もあります。

②契約した場合

● 店舗を賃借する契約を結んだ。1か月分の家賃50万円と権利金100万円、また、敷金と仲介手数料を各1ヶ月分、あわせて普通預金口座から振り込んだ。

借方 地代家賃	50	貸方 普通預金	250
差入保証金（敷金）	50		
長期前払費用（権利金）	100		
支払手数料	50		

解約や引渡し時に返還されない権利金などは「長期前払費用（税務上の繰延資産）」として、原則、一定の償却期間内に償却して費用化します。

会計処理を行う際の注意点！

◎個人事業者は、店舗兼住宅などの支出を、事業に使用する分を「地代家賃」、家事に使用する分を「事業主貸」として按分できます。その按分率は、妥当な割合を個人事業者自身で算定します。

関連科目 差入保証金（P154）、借地権（P140）、長期前払費用（P152）、事業主貸（P338）

6-3 販売費及び一般管理費

水道光熱費
すいどうこうねつひ

どんな科目なの？

本社、事務所、店舗などで使用した水道、ガス、電気などの料金のことです。

摘要

- 水道料金
- 下水道料金
- ガス料金
- プロパンガス料金
- 電気料
- 冷房費
- 暖房費
- 灯油代
- 冷暖房用軽油代
- 冷暖房用重油代
- 光熱水費
- 光熱費

水道光熱費とは、製造部門以外の部門で消費される水道、ガス、電気などの使用料を処理する勘定科目です。「水道光熱費」には、ガスや電気の使用料の他、電気料冷暖房用の燃料としての重油などあります。

増加する仕訳例

事務所の水道代1万円が普通預金口座から引き落とされた。

借方 水道光熱費	1	貸方 普通預金	1

▼主な取引例
- 水道料の支払い
- ガス料の支払い
- 電気料の支払い　等

減少する仕訳例

期首に計上されていた水道光熱費1万円は、前期末に未払金として計上したものだったので、振替処理を行った。

借方 未払金	1	貸方 水道光熱費	1

▼主な取引例
- 他勘定への振替
- 取消や修正　等

Point!　〜「水道光熱費」は部門によって異なる〜

本社や事務所などの製造部門以外で、水道、ガス、電気など消費された場合には、「水道光熱費」として販売費及び一般管理費に表示されます。一方、製造部門で消費された場合には、「水道光熱費」は原価計算の費目別計算の手続きに基づいて、製造経費などとして製造原価に配分されます。

◆ 取引別の仕訳例 ◆

①請求時に計上する場合

- 店舗の電気の使用料5万円の請求書(翌月末引き落とし)を受け取った。

| 借方 水道光熱費 | 5 | 貸方 未払費用 | 5 |

- 店舗の電気の使用料5万円が、翌月末に普通預金口座から引き落とされた。

| 借方 未払費用 | 5 | 貸方 普通預金 | 5 |

②支払日で計上する場合

- 先月に請求された店舗の使用料5万円が、今月末に普通預金口座から引きと落とされた。

| 借方 水道光熱費 | 5 | 貸方 普通預金 | 5 |

水道、ガス、電気などの使用料は、メーターを測定して請求された月に使用した料金を計上します。ただし、毎期同じ程度の額であれば、支出した金額をその月の費用として処理することもできます。
ビル等を賃借している場合には、共益費として負担した金額を「水道光熱費」として処理します。ただし、他の清掃費などの負担金と区分ができない場合には、「共益費」もしくは「地代家賃」などで処理します。

③個人事業者の場合

- 事務所兼自宅の水道光熱費8万円が、普通預金口座から引き落とされた。ただし、事務所50%、自宅50%の按分率としている。

| 借方 水道光熱費 | 4 | 貸方 普通預金 | 8 |
| 事業主貸 | 4 | | |

会計処理を行う際の注意点！

◎個人事業者は、店舗兼住宅などの支出を、事業に使用する分を「水道光熱費」、家事に使用する分を「事業主貸」として按分できます。その按分率は、妥当な割合を個人事業者自身で算定します。

関連科目 貯蔵品(P90)、未払費用(P182)、事業主貸(P338)

6-3 販売費及び一般管理費

通信費
つうしんひ

どんな科目なの？

電話料、郵便切手、インターネット利用料など、通信のために支出した費用のことです。

摘要

- 通話料金
- 携帯電話料金
- 電話料金
- ファクシミリ代
- テレホンカード購入代金
- 公衆電話代
- 電報料金
- 郵便料金
- 郵便切手代
- 切手代
- ハガキ代
- 書留料金
- 航空郵便料
- 速達料金
- 郵便別納郵便
- 宅急便（書類）
- 国際宅急便（書類）
- 小包料金（書類）
- ゆうパック料金
- 内容証明料金
- バイク便代（書類）
- 郵送料
- インターネット料金
- プロバイダー料金
- コンピュータ専用回線使用料
- インターネット関連費用

通信費とは、取引先や従業員同士間で連絡をとる場合などに使用する、各種通信手段（電話、ファクス、電報、郵便、インターネット接続料など）の使用料などの費用を処理する勘定科目です。

増加する仕訳例

インターネットの接続料1万円が普通預金口座から引き落とされた。

借方 通信費	1	貸方 普通預金	1

▼主な取引例
- インターネット料金の支払い
- 電話料、電報料の支払い
- 切手、ハガキの購入代金
- 書類送付料金の支払い　等

減少する仕訳例

収入印紙1万円の購入代金を通信費に計上していたので、振替処理を行った。

借方 租税公課	1	貸方 通信費	1

▼主な取引例
- 他勘定への振替
- 取消や修正　等

Point!　～電子マネー機能のある携帯電話の使用料について～

電子マネー機能のある携帯電話の使用料は、その利用内容を確認し、全てを「通信費」とせずに、「消耗品費」「旅費交通費」など利用内容に適した勘定科目で処理します。

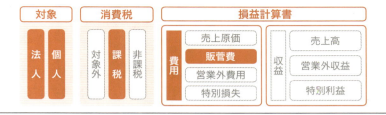

◆ 取引別の仕訳例 ◆

①一般的な取引の場合

- 展示会の案内用にハガキと切手を購入し、代金1万円を現金で支払った。

決算に際して、切手などの未使用分は「貯蔵品」として資産計上することが原則的な処理です。ただし、金額が少なく、1年以内に消費される予定のものであれば、「通信費」として費用計上してもかまいません。

- 携帯電話料金1万円が普通預金口座から引き落とされた。

電話料金やインターネット料金などの通信のために支出した金額は、請求書の日付または銀行の引き落としの日付のどちらかで継続的に費用計上します。ただし、請求書の日付で処理した場合は、発生主義の観点から、一旦「未払金」に計上します。

②類似した取引の場合

- 歳末感謝祭のダイレクトメールを発送し、その郵便料金5万円を普通預金口座から振り込んだ。

本来、郵便料金は「通信費」ですが、郵便料金を支出した目的から「広告宣伝費」の勘定科目を使用したほうが好ましいです。

- 収入印紙を購入して、代金1万円を現金で支払った。

収入印紙は、印紙税の納付のために購入するので、「租税公課」の勘定科目を使用します。

会計処理を行う際の注意点！

◎国内の電話料などは課税仕入れですが、国際電話料などは消費税の課税対象にはなりません。

関連科目 貯蔵品(P90)、未払金(P176)、消耗品費(P270)、広告宣伝費(P256)

6-3 販売費及び一般管理費

消耗品費
（しょうもうひんひ）

どんな科目なの？

使っているうちに消耗していく事務用品や、少額の工具備品などに対する支出のことです。

摘要

- 事務用机購入
- 事務用品購入
- のし袋
- フィルム代
- 作業用手袋代
- 電球代
- 電池代
- トイレットペーパー代
- インク代
- トナー代
- 蛍光灯代
- コーヒー代
- 消耗品購入
- スリッパ代
- 石鹸代
- 洗剤代
- 自転車購入
- 椅子代
- 書棚購入
- 台車購入
- ホワイトボード購入
- ロッカー購入
- キャビネット代
- 工具
- 時計
- USBメモリー代
- 携帯電話機

日常 経費 資金 売上 仕入 その他

消耗品費とは、事業用に使用することで消耗や磨耗したりする事務用消耗品や消耗工具器具備品などの購入費用を処理する勘定科目です。「消耗品費」の勘定科目の他に、別途「事務用品費」の勘定科目を設定している場合は、事務用以外の消耗品を「消耗品費」に計上するようにします。

増加する仕訳例

会議用にホワイトボード5万円で購入し、普通預金口座から振り込んだ。

借方 消耗品費	5	貸方 普通預金	5

▼主な取引例
- 事務用消耗品の購入
- 消耗工具・器具備品の購入 等

減少する仕訳例

応接セット35万円を購入した際に消耗品費として処理したが、工具器具備品に振り替えた。

借方 工具器具備品	35	貸方 消耗品費	35

▼主な取引例
- 他勘定への振替
- 取消や修正
- 貯蔵品への振替 等

Point! ～「貯蔵品」と「消耗品費」について～

消耗品を購入した時に「貯蔵品」として資産計上し、その使用の度に「消耗品費」として費用に振替える処理が理論的です。ただし、処理が煩雑になることや金額の重要性から低いことなどを理由に、実務上、購入した時に「消耗品費」として費用計上することが多いです。

◆ 取引別の仕訳例 ◆

①一般的な取引の場合

● 複合機のトナー代1万円を現金で支払った。

● 作業場所を掃除するための掃除機1万円を現金で購入した。

②資産計上する場合

● 購入：LEDライト3万円を現金で購入した。

● 決算：棚卸しをして、LEDライト1万円分が未使用であることがわかり、資産計上した。

期末

| 借方 貯蔵品 | 1 | 貸方 消耗品費 | 1 |

翌期首

| 借方 消耗品費 | 1 | 貸方 貯蔵品 | 1 |

購入した時に費用計上した「消耗品費」で、期末時点で未使用の場合、「貯蔵品」として資産計上するのが原則です。ただし、重要性に乏しいものは資産計上しなくてもかまいません。税法上も消耗品は、毎期ほぼ一定の量を取得し経常的に消費する場合、「貯蔵品」として資産計上せずに、購入した年度の費用に計上できます。

会計処理を行う際の注意点！

◎「消耗品費」と「工具器具備品」の異なる点は、その取得価額が10万円未満のものか、または耐用年数が1年未満のものかにあります。取得価額が10万円未満であったり、耐用年数が1年未満であったりすれば、「消耗品費」として費用に計上できます。ただし、応接セットのように、椅子と机のセットとして機能するものは、イスと机を1セットとして、10万円未満かどうかが判定の基準となります。

関連科目 貯蔵品（P90）、未払金（P176）、事務用品費（P272）、工具器具備品（P126）

6-3 販売費及び一般管理費

事務用品費
じむようひんひ

どんな科目なの？

事務作業で使用する文房具（筆記用具、帳票・伝票、OA機器関連用紙、記憶媒体など）に支払った金額のことです。

摘要

- 事務用品
- クリアファイル代
- 印鑑代
- 封筒代
- 伝票代
- 報告書用紙代
- 領収書用紙代
- ファクシミリ用紙
- CD―R代

- 鉛筆代
- バインダー代
- 給料袋代
- 名刺代
- 小切手帳代
- 請求書用紙代
- 印刷費用
- コンピュータ用紙代
- USBメモリー代

- ボールペン代
- ゴム印代
- 便箋代
- 帳票用紙代
- 手形帳代
- 納品書用紙代
- コピー用紙代
- インクカートリッジ代
- トナー代

日常 → 経費

資金 ／ 売上 ／ 仕入 ／ その他

事務用品費とは、事務作業の際に使用する文房具一般（筆記用具、伝票類、用紙類、OA機器関連、電子記録媒体、印刷物等）の費用を処理する勘定科目です。「事務用消耗品費」ともいいます。なお、「事務用品費」という勘定科目を設けず、「消耗品費」として処理してもかまいません。

増加する仕訳例

文房具店でUSBメモリーとLANケーブルを購入して、代金1万円を現金で支払った。

借方 事務用品費	1	貸方 現金	1

▼主な取引例
- 事務用品の購入
- 印刷物の費用の支払い
- 名刺代　等

減少する仕訳例

事務用品費で処理していた収入印紙1万円を、租税公課に振り替えた。

借方 租税効果	1	貸方 事務用品費	1

▼主な取引例
- 他勘定への振替
- 取消や修正
- 貯蔵品への振替　等

Point!　〜「貯蔵品」と「事務用品費」について〜

　事務用品を購入した時に「貯蔵品」として資産計上し、その使用の度に「事務用品費」として費用に振替える処理が理論的です。ただし、処理が煩雑になることや金額の重要性から低いことなどを理由に、実務上、購入した時に「事務用品費」として費用計上することが多いです。

◆ 取引別の仕訳例 ◆

①一般的な取引の場合

- 社名入りの封筒を作成し、代金5万円を普通預金口座から振り込んだ。

- 複合機のトナー1万円をクレジットカードで購入した。

事務作業で使用するものでないもの（石鹸、洗剤など）は、「消耗品費」に計上します。

②期末に資産計上する場合

- 購入：A4サイズのコピー用紙3万円をまとめて購入し現金で支払った。

- 決算：棚卸しをして、コピー用紙1万円分が未使用であることがわかり、資産計上した。

購入した時に費用計上した「事務用品費」で、期末時点で未使用の場合、「貯蔵品」として資産計上するのが原則です。ただし、重要性に乏しいものは資産計上しなくてもかまいません。税法上も事務用品は、毎期ほぼ一定の量を取得し経常的に消費する場合、「貯蔵品」として資産計上せずに、購入した年度の費用に計上できます。

会計処理を行う際の注意点！

- ◎「事務用品費」は、事務作業で使用する筆記用具、伝票、コピー用紙などで、金額も大きくなく短期間で消費してしまうようなものです。取得価額が10万円以上で、1年を超えて使用するものは「工具器具備品」で処理します。
- ◎「消耗品費」との区別は、用途が事務用かそれ以外かです。社内規程があれば、それに従います。

関連科目 貯蔵品（P90）、消耗品費（P270）、未払金（P176）

6-3 販売費及び一般管理費

しんぶんとしょひ
新聞図書費

どんな科目なの？

書籍や雑誌などの購入代金、また新聞、雑誌や業界紙の定期購読料などのことです。

摘要

● 図書購入代	● 実用書購入代	● 書籍購入代
● 雑誌購入代	● 統計資料購入代	● 地図購入代
● 専門誌購入代	● 参考図書購入代	● マンガ購入代
● 官報購入代	● 新聞購読料	● 定期刊行物購読料
● 業界紙購入代	● 情報誌購入代	● 年間購読料
● データベース利用料	● レンタルDVD	● レンタルCD代
● メールマガジン購入料	● 有料サイト会員費	● 情報サイト会費

日常 → 経費 | 資金 | 売上 | 仕入 | その他

新聞図書費とは、業務を遂行する上で必要な情報収集や、研究調査などのために購入する書籍や雑誌等の代金、また新聞、雑誌や業界紙等の定期購読料などを処理する勘定科目です。「図書印刷費」等の勘定科目を使用することもあります。

増加する仕訳例

市場動向を把握するために業界紙を購読している。その購読料1万円が普通預金の口座から引き落とされた。

借方 新聞図書費	1	貸方 普通預金	1

▼主な取引例
● 新聞や業界紙の購読料 　● 書籍や雑誌の購入代金　等

減少する仕訳例

新聞図書費で処理していた図書券1万円は、ギフト用だったので振り替えた。

借方 交際費	1	貸方 新聞図書費	1

▼主な取引例
● 他勘定への振替 　● 取消や修正　等

Point! 〜百貨事典や美術全集を購入した場合〜

会社が百貨事典や美術全集を購入した場合、「新聞図書費」として費用計上せずに、「備品」などとして固定資産に計上します。固定資産なので、減価償却資産に該当します。ただし、税法上、取得価額10万円未満の少額減価償却資産である場合には、その資産を事業に使用した事業年度の損金に算入できます。

◆ 取引別の仕訳例 ◆

①一般的な取引の場合

● 情報収集のため、業界向けの雑誌と情報誌を購入し、代金1万円を現金で支払った。

借方 新聞図書費	1	貸方 現金	1

調査目的で購入した書籍代は、「調査費」や「研究開発費」で処理する場合もあります。従業員用に雑誌等を購入している場合は、「福利厚生費」としても処理できます。ただし、特定の個人用の場合は、「役員報酬」や「給与手当」等になることもあります。

②クレジット決済の場合

● インターネット上のデータベースから、業務で使用する情報をダウンロードした。利用料1万円をクレジットカードで支払った。

借方 新聞図書費	1	貸方 未払金	1

クレジットカード使用した場合、まだ代金を支払っていませんので、「未払金」として貸方計上します。銀行口座から代金が引き落とされたときに「未払金」を借方計上し、相殺します。

③年間購読の場合

● 1月から業界雑誌を定期購読することとなった。購読料1年分の12万円を普通預金口座から振り込んだ。なお、当社は3月決算である。

借方 新聞図書費	12	貸方 普通預金	12

決算に際し、まだ提供されていない業界雑誌の購読料は来期の費用にあたります。そこで、来期分(9ヶ月分)の9万円は「前払費用」に振替えます。

借方 前払費用	9	貸方 新聞図書費	9

税法上、1年以内に費用化される「前払費用」について、継続的に支払った事業年度の損金としている場合、損金の額に算入できます。

◎書籍や雑誌の購入代金が少額の場合は、「雑費」でも処理できます。

関連科目 前払費用(P98)、未払金(P176)、雑費(P298)

6-3 販売費及び一般管理費

車両費

しゃりょうひ

どんな科目なの？

業務用の車両運搬具を使用するため、また維持管理するために必要な燃料代や車検等の費用のことです。

摘要

- ●ガソリン代
- ●オイル代
- ●オイル交換
- ●軽油代（車両）
- ●重油代（車両）
- ●タイヤ購入費用
- ●自動車購入費用
- ●車検費用
- ●車庫証明費用
- ●車両修理費用
- ●車両整備費用
- ●車両定期点検費用
- ●通行料
- ●パンク修理代
- ●ETC

車両費とは、業務用の車両運搬具に使用するのに必要なガソリン等の燃料代や、維持管理に必要な車検等の費用を処理する勘定科目です。「車両関係費」や「車両維持費」といった勘定科目を設けることもあります。

増加する仕訳例

営業用車両を車検に出し、代金10万円を普通預金口座から振り込んだ。

借方 車両費	10	貸方 普通預金	10

▼主な取引例
- ●車両の維持費用の支払い
- ●車両の燃料代の支払い　等

減少する仕訳例

商品を搬送するため乗用車の荷台を改造した。営業用車両として価値が高まるため、「車両費」として計上していた60万円を「車両運搬具」へ振替えた。

借方 車両運搬具	60	貸方 車両費	60

▼主な取引例
- ●他勘定への振替
- ●取消や修正
- ●車両運搬具への振替　等

Point! 〜「車両費」以外での処理方法について〜

「車両費」の勘定科目を設定しないで、車両修理費用等は「修繕費」、自動車取得税等は「租税公課」、自動車保険等は「支払保険料」、ガソリン代は「旅費交通費」、オイル代等は「消耗品費」の勘定科目を使って処理することもできます。

◆ 取引別の仕訳例 ◆

①一般的な取引の場合

● 配送用トラックのガソリン代1万円をクレジットカードで支払った。

借方 車両費	1	貸方 未払金	1

工場関係の車両に関する「車両費」は、製造経費等として製造原価を構成します。

②資産計上する場合

● 購入：車両用の燃料100万円をまとめて購入し、普通預金口座から振り込んだ。

借方 車両費	100	貸方 普通預金	100

● 決算：棚卸しをして、自社の貯蔵タンクに未使用の燃料50万円分があったので、資産計上した。

期末

借方 貯蔵品	50	貸方 車両費	50

翌期首

借方 車両費	50	貸方 貯蔵品	50

自社の貯蔵タンクなどに残っている未使用の燃料は、期末に「貯蔵品」として資産計上します。

③業務用車両をプライベートで使用した場合

● 個人事業主が自分の自動車を事業用としても使用している。決算に際し、経費として計上したガソリン代10万円のうち、プライベートで使用した4万円を控除した。

借方 事業主貸	4	貸方 車両費	4

個人で使用する分は「事業主貸」、法人の場合は「立替金」で処理後に「立替金」を精算します。

会計処理を行う際の注意点！

◎個人事業主が自分の自動車を個人用と業務用に使用している場合、「走行距離の割合」や「使用時間の割合」などの合理的基準によって按分します。

関連科目 車両運搬具（P124）、貯蔵品（P90）、消耗品費（P270）、立替金（P94）、事業主貸（P338）

6-3 販売費及び一般管理費

支払保険料
しはらいほけんりょう

どんな科目なの？

火災保険やその他の損害保険など、保険契約に基づき保険会社に対して支払う保険料のことです。

摘要

- 火災保険料
- 自動車任意保険料
- 傷害保険料
- 交通障害保険料
- 盗難保険料
- 養老保険料
- 労働者災害補償保険料

- PL保険料
- 自賠責保険料
- 総合保険料
- 建物共済保険料
- 輸出海上保険料
- 生命保険料
- 経営セーフティ共済

- 運送保険料
- 損害賠償責任保険料
- 損害保険料
- 動産総合保険料
- 輸入海上保険料
- 旅行保険料
- 中小企業退職金共済

日常

経費

資金

売上

仕入

その他

　支払保険料とは、会社の事業運営上で発生する不慮の事故等による会社財産の損害にあらかじめ備えておくため、保険契約に基づき保険会社に対して支払う保険料を処理する勘定科目です。会社や事業主が契約者かつ保険受取人となる掛け捨ての火災保険、運送保険などの各種の損害保険、非貯蓄の掛捨て型の生命保険などがあります。

増加する仕訳例

店舗及び事務所の火災保険に加入した。保険料2年分の12万円を普通預金口座から振り込んだ。

借方 支払保険料	12	貸方 普通預金	12

▼主な取引例
- 火災保険料の支払い
- 生命保険料の支払い
- 損害保険料の支払い　等

減少する仕訳例

決算に際し、今期支払った保険料のうち、翌期分6万円を前払費用に振替えた。

借方 前払費用	6	貸方 支払保険料	6

▼主な取引例
- 前払費用への振替
- 他勘定への振替
- 取消や修正　等

Point!　〜翌期以降の保険料〜

　1年を超える保険期間の保険料を一括で支払った場合、翌期以降の保険料は「前払費用」や「長期前払費用」として資産計上します。ただし、支払日から1年以内の保険料であれば、継続適用を条件に損金にできます。

◆ 取引別の仕訳例 ◆

①短期の損害保険の場合

- 1月に工場の火災保険に加入した。1年分保険料24万円を普通預金口座から振り込んだ。なお、当社は3月決算である。

| 借方 | 支払保険料 | 24 | 貸方 | 普通預金 | 24 |

短期の損害保険は、今期に支払った保険料のうち、期末に来期に対応する未経過分を「前払費用」に計上します。ただし、税法上、1年以内に費用化される「前払費用」について、継続的に支払った事業年度の損金としている場合は損金の額に算入できます。

②長期の損害保険の場合

- 自社の店舗に対して、保険金額1,500万円、保険期間3年間の損害保険契約を結んだ。今年分の保険料25万円を普通預金口座から振り込んだ。なお、保険金500万円あたりの積立保険料は5万円である。

| 借方 | 保険積立金 | 15 | 貸方 | 普通預金 | 25 |
| | 支払保険料 | 10 | | | |

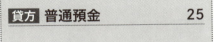
* 保険積立金15万円＝保険金額1,500万円×（5万円÷500万円）

長期損害保険（保険期間3年以上、かつ保険期間満了後に満期返戻金の支払いがあるもの）では、支払った保険料のうち、積立保険料に相当する金額を「保険積立金」として資産計上します。

③定期保険の場合

- 従業員に対して、掛捨て型の定期保険（会社が受取人、満期保険金なし）の保険料5万円を普通預金口座から振り込んだ

| 借方 | 支払保険料 | 5 | 貸方 | 普通預金 | 5 |

掛け捨て型の定期保険（会社が受取人、満期保険金なし）は、「支払保険料」として処理します。ただし、役員等のみを被保険者とする場合には、「役員報酬」等として処理します。

会計処理を行う際の注意点！

◎貯蓄型の養老保険は、保険金の受取人が誰かによって保険料の取扱いが異なりますので、注意が必要です。

関連科目 前払費用（P98）、役員報酬（P238）、給与手当（P240）、CASE（P46）

6-3 販売費及び一般管理費

しはらいてすうりょう
支払手数料

どんな科目なの?

金融機関等に支払う振込や送金等の手数料や、業務を依頼した外部の専門家に支払う報酬などのことです。

摘要

- 送金手数料
- 振込手数料
- 事務取扱手数料
- 預金振替手数料
- 取立手数料
- 登録手数料
- 斡旋費用
- 仲介手数料
- 弁護士報酬
- 弁理士報酬
- 公認会計士報酬
- 監査報酬
- 税理士決算報酬
- 税理士顧問料
- 社会保険労務士報酬
- 司法書士報酬
- 不動産鑑定士報酬
- 鑑定費用
- 経営コンサルタント報酬
- 市場調査委託料
- ロイヤリティ
- 警備料
- 清掃料
- 加盟店手数料

支払手数料とは、金融機関等に支払う振込や送金等の手数料の他、業務を依頼した弁護士、公認会計士、税理士、コンサルタント等の外部の専門家や業者に支払う報酬を処理する勘定科目です。

増加する仕訳例

清掃業者に店舗と事務所の清掃を依頼し、清掃料として1万円が普通預金口座から引き落とされた。

借方 支払手数料	1	貸方 普通預金	1

▼主な取引例
- 外部業者への手数料
- 外部専門家への報酬
- 金融機関への振込手数料　等

減少する仕訳例

決算に際し、支払手数料に計上していた、マーケットリサーチ会社に支払った翌期分の業務委託料5万円を前払金に振替えた。

借方 前払金	5	貸方 支払手数料	5

▼主な取引例
- 他勘定への振替
- 取消や修正　等

Point!　～手数料の処理の仕方について～

金融機関等に支払う手数料でも、借入利息は資金調達のための金融コストなので「支払利息割引料」で処理します。金融機関以外の外部の業者に支払う場合、販売代理店等への手数料は販売業務によるものなので「販売手数料」、また事務処理業務などを外部の業者にアウトソーシングした場合の手数料は一般管理活動によるものなので、「外注費」で処理したほうが好ましいです。

◆ 取引別の仕訳例 ◆

①一般的な取引の場合

● 仕入先へ銀行振込みをし、普通預金口座から振込手数料424円が引き落とされた（単位：円）。

借方 支払手数料	424	貸方 普通預金	424

②源泉徴収が必要な場合①

● 顧問税理士に顧問料50万円を、源泉所得税の控除後、普通預金口座から振り込んだ（単位：円）。

借方 支払手数料	50,000	貸方 普通預金	44,895
		預り金	5,105

＊源泉徴収税5,105円＝顧問料50,000円×10.21％

弁護士、公認会計士などの外部の専門家（司法書士、土地家屋調査士、海事代理士を除く）に支払う場合、原則として、支払った顧問料、業務委託報酬等から10.21％の所得税及び復興特別所得税を源泉徴収しなければなりません。ただし、同一人物に対して一度に支払われる金額が100万円を超える場合、その超過部分は20.42％の源泉徴収をします。

③源泉徴収が必要な場合②

● 設立登記が完了したので、司法書士に報酬50,000円を、源泉所得税の控除後に普通預金口座から振り込んだ（単位：円）。

借方 支払手数料	50,000	貸方 普通預金	45,916
		預り金	4,084

＊源泉徴収税4,084円＝（支払い金額50,000円－10,000円）×10.21％

司法書士、土地家屋調査士、海事代理士に支払う場合、原則として1回の支払い金額から1万円を差し引いた残額に、10.21％の（所得税及び復興特別所得税）を乗じた金額を源泉徴収しなければなりません。

会計処理を行う際の注意点！

◎原則として、報酬から源泉徴収した額を、支払い月の翌月10日までに税務署に納付します。

関連科目 預り金（P190）、支払利息割引料（P304）、CASE（P33, 36, 43, 44）

6-3 販売費及び一般管理費

修繕費
しゅうぜんひ

どんな科目なの？

建物や機械装置など、有形固定資産の維持管理をするための修理代のことです。

摘要

- 維持管理費用
- メンテナンス料
- 定期点検費用
- 設備移転費用
- 床張替え費用
- 車検費用
- OA機器保守費用

- 原状回復費用
- オーバーホール費用
- 保守費用
- 解体費
- 壁塗り替え費用
- 地盛費用
- コピー機修理費用

- 修理代
- 部品取替え費用
- 備品修繕費
- 点検整備費
- LAN設備移設工事
- 電話移設工事費
- パソコン修理代

修繕費とは、会社が保有する建物や機械装置などの有形固定資産が損傷したり、時の経過により使用価値が減少した場合、原状回復や維持管理するための修理・保守・メンテナンス等の支出を処理する勘定科目です。

増加する仕訳例

複合機の定期メンテナンス料1万円を普通預金口座から振り込んだ。

借方 修繕費	1	貸方 普通預金	1

▼主な取引例
- メンテナンス費用
- 維持管理費用
- 故障修理費用
- 部品取替え費用　等

減少する仕訳例

決算に際し、建物改修工事の代金200万円を修繕費で処理していたが、資本的支出であったので振替えた。

借方 建物	200	貸方 修繕費	200

▼主な取引例
- 他勘定への振替
- 取消や修正　等

Point!　～「修繕費」として費用計上しないケース～

有形固定資産を修理、改良等したことで、資産の価値が高まったり、資産の耐久性を増すことになると認められる場合、修理、改良等の支出であっても資産の増加とみなし、「修繕費」として費用計上せずに**資本的支出**として資産計上されます。

◆ 取引別の仕訳例 ◆

①通常の修繕の場合

- 工場の機械の定期点検で部品交換等を行い、代金5万円を普通預金口座から振り込んだ。

借方 修繕費	5	貸方 普通預金	5

有形固定資産を修理、改良した際に、「修繕費」と資本的支出(資産価値の増加)を区分することは簡単ではありません。そこで税法上は、次のような場合には「修繕費」として費用計上できるとしています。
- 20万円未満の少額支出である場合
- 概ね3年以内の周期で行われる場合
- 明らかに資本的支出でない場合で、60万円未満の支出、または前期末の取得原価の概ね10%以下の支出

②資本的支出の場合

- 事務所の改良工事を実施した。工事費用800万円を普通預金口座から支払った。この改良工事で、事務所の耐用年数が次のように増加した。
「取得時の使用可能耐用年数:15年」「現在までの経過年数:9年」「支出後の使用可能耐用年数:10年」

借方 建物	320	貸方 普通預金	800
修繕費	480		

＊資本的支出320万円 = 800万円 ×｛10年 −(15年 − 9年)｝÷ 10年

修理、改良したことで資産の耐用年数が延長する場合、その部分を資産の増加とみなし、資本的支出として固定資産の取得原価とします。その額は期間に応じて減価償却します。

会計処理を行う際の注意点！

◎資産の使用可能期間を延長させる場合、資本的支出は下記のように算定します。

資本的支出 =
支出金額 ×｛支出後の使用可能耐用年数 −(取得時の使用可能耐用年数 − 現在までの経過年数)｝
÷ 支出後の使用可能耐用年数

関連科目 建物(P116)、減価償却費(P286)

6-3 販売費及び一般管理費

そぜいこうか
租税公課

どんな科目なの？

租税（国税や地方税など）と、公課（国や地方公共団体から課せられる租税以外の金銭負担）のことです。

摘要

- ●固定資産税
- ●事業所税
- ●事業税
- ●印紙税
- ●登録免許税
- ●道路占有料
- ●特別地方消費税
- ●特別土地保有税
- ●外国税
- ●自動車税
- ●地価税
- ●源泉税
- ●延滞税
- ●加算税
- ●利子税
- ●都市計画税
- ●不動産取得税
- ●収入印紙代
- ●印鑑証明
- ●住民票発行手数料
- ●罰金
- ●科料
- ●過料
- ●交通反則金
- ●パスポート交付手数料
- ●ビザ取得費用
- ●駐車違反

日常
経費
資金
売上
仕入
その他

　租税公課とは、国税や地方税などの租税と、国や地方公共団体から課せられる租税以外の金銭負担である公課を処理する勘定科目です。租税には消費税、固定資産税、自動車税、不動産取得税、登録免許税、印紙税、事業税などが、公課には印鑑証明書や住民票の発行手数料などがあります。

増加する仕訳例

社用車の今年度分の自動車税5万円を現金で納付した。

| 借方 租税公課 | 5 | 貸方 現金 | 5 |

▼主な取引例
- ●自動車税や固定資産税等の支払い
- ●印紙税や登録免許税等の支払い　等

減少する仕訳例

決算に際し、個人事業の所得税と住民税を租税公課5万円で処理していたので振替えた。

| 借方 事業主貸 | 5 | 貸方 租税公課 | 5 |

▼主な取引例
- ●他勘定への振替
- ●取消や修正　等

Point!　～延滞税や加算税などの扱いについて～

　延滞税や加算税など懲罰的な性格を有するものであっても、会計上、「租税公課」は費用として計上されます。しかし、税法上は損金に算入することはできません。

◆ 取引別の仕訳例 ◆

①公課（収入印紙など）の場合

- 収入印紙1万円分を購入して、現金を支払った。

| 借方 租税公課 | 1 | 貸方 現金 | 1 |

収入印紙も切手も郵便局等で購入しますが、収入印紙は通信のために使用するものではないので、「通信費」でなく「租税公課」で処理します。期末に多額の収入印紙を保管している場合は、「貯蔵品」として資産に振替えます。

②租税（固定資産税や消費税など）の場合

- 所有する土地と建物について、固定資産税の納税通知書が届き、現金50万円を納付した。

| 借方 租税公課 | 50 | 貸方 現金 | 50 |

- 決算に際し、消費税100万円が確定した。なお、当社は税込み経理で処理している。

決算時

| 借方 租税公課 | 100 | 貸方 未払消費税 | 100 |

納付時

| 借方 未払消費税 | 100 | 貸方 現金 | 100 |

税込み経理を行っている場合、決算時に確定した消費税を「租税公課」として処理します。また、決算時には消費税の処理はせず、納付時に「租税公課」として処理してもかまいません。

会計処理を行う際の注意点！

◎ **申告納税方式**の税金（事業税や事業所税など）は、申告書の提出日に計上し、その事業年度の損金とします。一方、**賦課課税方式**の税金（固定資産税や都市計画税など）は、賦課決定のあった日に計上します。ただし、納期が分割している場合は、納期ごとに計上できます。
◎ 法人の場合、法人税、住民税、事業税は「租税公課」ではなく、「法人税、住民税及び事業税」として税引前当期純利益の次に表示します。
◎ 個人事業者の場合、所得税及び住民税は「事業主貸」、事業税は「租税公課」で処理します。

関連科目　未払消費税（P178）、法人税等（P332）、CASE（P34, 48, 49, 52）

6-3 販売費及び一般管理費

げんかしょうきゃくひ
減価償却費

どんな科目なの？

建物や備品などの固定資産の取得原価を、使用する期間に応じて配分して費用化するしたものです。

摘要

- 固定資産減価償却
- 有形固定資産償却
- 減価償却超過額修正
- 減価償却不足額修正
- 建物減価償却
- 構築物減価償却
- 機械装置減価償却
- 車両減価償却
- 工具器具備品減価償却

決算
原価・棚卸
減価償却
貸倒
経過勘定
税金

減価償却費とは、保有している固定資産の取得原価を、使用する期間に応じて配分することにより、その期間の収益に対応する費用として計上した額を処理する勘定科目です。

減価償却とは、合理的に決定された一定の方法に従って、毎期、規則的に有形固定資産の原価を適正に配分する手続きです。「減価償却費」は、決算時の減価償却の手続きによって、毎期の費用配分額を計上する勘定科目です。

増加する仕訳例

決算に際し、個人事業主が保有する車両の減価償却（直接法）の手続きを実施し、減価償却費30万円を計上した。

借方 減価償却費	30	貸方 車両運搬具	30

▼主な取引例
- 固定資産の減価償却　等

減少する仕訳例

決算に際し、車両の減価償却費30万円を計上していたが、プライベートでの使用割合が40％と判明し、修正をすることとなった。

借方 事業主貸	12	貸方 減価償却費	12

▼主な取引例
- 事業主貸への振替
- 他勘定への振替
- 取消や修正　等

Point! ～減価償却費の2つの仕訳方法について～

減価償却費の仕訳の方法には、**直接法**（減価償却額を直接有形固定資産から控除する方法）と**間接法**（「減価償却累計額」の勘定科目を使って間接的に控除する方法）があります。

◆ 取引別の仕訳例 ◆

①通常の処理の場合

- 決算に際し、倉庫（取得原価1,000万円）の減価償却費として50万円を計上した。

間接法

| 借方 減価償却費 | 50 | 貸方 減価償却累計額 | 50 |

直接法

| 借方 減価償却費 | 50 | 貸方 建物 | 50 |

減価償却の計算方法には、毎期均等額の減価償却費を計上する**定額法**、毎期期首未償却残高に一定率を乗じた減価償却費を計上する**定率法**、毎期一定額を算術級数的に逓減した減価償却費を計上する**級数法**、毎期生産高の度合いに比例した減価償却費を計上する**生産高比例法**などがあります。

どの減価償却の計算方法は使用するかは、継続適用を条件として会社の任意です。ただし、平成10年4月1日以降に取得された「建物」については、定額法しか使えません。また、無形固定資産についても定額法のみです。

②事業年度の途中で取得した資産の場合

- 12月1日に店舗用の建物を3,000万円で購入した。3月の決算時に減価償却費を計上（間接法）した。なお、年間の減価償却費は300万円とする。

間接法

| 借方 減価償却費 | 100 | 貸方 減価償却累計額 | 100 |

＊今期の減価償却費100万円＝年間の減価償却費300万円×（4ヶ月÷12ヶ月）

事業年度の途中で固定資産を取得した場合、決算時に減価償却の手続きを実施し、事業に使用した月数で按分した額が、その期の「減価償却費」となります。

会計処理を行う際の注意点！

◎間接法を用いた場合、「減価償却累計額」を償却する資産の各勘定科目名から控除する方法と、償却する資産に対する「減価償却累計額」の合計額を一括して控除する方法があります。
◎個人事業主は決められた減価償却の方法で、毎年、「減価償却費」を算定しなければなりません。一方、法人に関しては減価償却をするかしないかは任意となっています。

関連科目 減価償却累計額（P134）、CASE（P53）

6-3 販売費及び一般管理費

貸倒引当金繰入額
かしだおれひきあてきんくりいれがく

どんな科目なの？

取引先の倒産などで、売掛金、貸付金などの金銭債権が回収できなくなった場合に備えて、引当金として見越計上しておくものです。

摘要

- 貸倒引当金の計上
- 回収不能見込額
- 期末債権回収不能見込額
- 受取手形回収不能見込額
- 未収入金回収不能見込額
- 先日付小切手回収不能見込額
- 貸倒引当金の繰入
- 債権回収不能見込額
- 売掛金回収不能見込額
- 貸付金回収不能見込額
- 立替金回収不能見込額
- 損害賠償金取立不能見込額

貸倒引当金繰入額とは、取引先等の倒産などによって、売掛金等の売上債権や貸付金等の金銭債権が回収できなくなる場合に備えて、決算時に債権の評価を行い、回収不能見込額を費用として繰り入れる処理をする勘定科目です。

増加する仕訳例

得意先に対する売掛金に貸倒引当金３万円を計上した。

借方 貸倒引当金繰入額	3	貸方 貸倒引当金	3

▼主な取引例
- 貸倒引当金の計上 ● 回収不能見込額 ● 取立不能見込額　等

減少する仕訳例

今期末に貸倒引当金を１万円と設定した（差額処理した）。なお、前期末に貸倒引当金３万円を計上している。

借方 貸倒引当金	2	貸方 前期損益修正益	2

▼主な取引例
- 貸倒引当金の戻り入れ ● 取消や修正　等

Point! ～「貸倒引当金」の対象とする金銭債権について～

　税法上、「貸倒引当金」の対象とする金銭債権は「受取手形」、「売掛金」、「未収入金」、「貸付金」、「立替金」などです。他方、「前払金」、「仮払金」、「借地権」、「保証金」などは対象となりません。

◆ 取引別の仕訳例 ◆

①洗替処理の場合

- 前期末に計上した貸倒引当金20万円を戻し入れ、今期末に売掛金に対して貸倒引当金30万円を計上した(洗替処理した)

借方 貸倒引当金	20	貸方 貸倒引当金戻入益	20
借方 貸倒引当金繰入額	30	貸方 貸倒引当金	30

「貸倒引当金」の会計処理には、洗替処理、差額処理があります。**洗替処理**とは、前期末に計上した分を「貸倒引当金戻入益」として戻し入れ、今期末に計上する分を「貸倒引当金繰入額」として繰り入れる方法です。

②差額処理の場合

- 前期末に売掛金に対して貸倒引当金20万円を計上したが、今期末には貸倒引当金30万円と設定した(差額処理した)。

借方 貸倒引当金繰入額	10	貸方 貸倒引当金	10

差額処理とは、前期末に計上した分と今期末に計上する分の差額を補充する方法です。

会計処理を行う際の注意点！

◎税法上、貸倒引当金の繰入限度額を金銭債権ごとに定めています。個別評価金銭債権にあたる場合は、取引先の個別的な事情に応じて「貸倒引当金繰入額」を計上します。一方、一括評価金銭債権にあたる場合は、個別評価金銭債権以外の債権(一般債権)に関しては過去の貸倒実績率に基づいて、「貸倒引当金繰入額」を算定します。

◎中小企業(資本金1億円以下)の貸倒引当金の繰入限度額については、次の法定繰入率と過去の貸倒実績率のいずれか多い繰入率を選択できます。

▼法定繰入率

卸・小売業(10/1,000)	割賦小売業(13/1,000)	製造業(8/1,000)
金融保険業(3/1,000)	その他の事業(6/1,000)	

◎税法上、貸倒引当金の制度は、中小法人等と銀行、保険会社、その他これに類似する法人等に限り認められるものとされています。

関連科目 貸倒引当金(P108)、CASE(P53)

6-3 販売費及び一般管理費

貸倒損失
かしだおれそんしつ

どんな科目なの？

取引先の倒産などで、売掛金、貸付金などの金銭債権が回収できなくなった場合の損失額のことです。

摘要

- 売上債権貸倒
- 金銭債権全額回収不能
- 債権放棄
- 手形債権貸倒
- 破産企業への債権
- 民事再生法による債権
- 回収に経済性の乏しい債権
- 会社更生法による債権
- 更生開始企業の債権
- 書面による債務免除額
- 倒産企業の債権
- 弁済後1年以上経過した債権
- 債権回収不能額
- 回収不能債権額
- 債権切捨て
- 長期滞留債権
- 取引停止企業の債権

貸倒損失とは、取引先等の倒産などによって、売掛金等の売上債権や貸付金等の金銭債権の回収可能性がほとんどないと認められた場合に、損失額を処理する勘定科目です。

貸倒とは、取引先が倒産して売掛金などの債権が回収できなくなってしまうことです。貸倒が発生すると、回収不能になった債権に対して設定していた「貸倒引当金」を超えた部分を、「貸倒損失」として処理します。

増加する仕訳例

民事再生法の再生計画の認可が決定し、売掛金50万円の50％が切り捨てられることになった。

借方 貸倒損失	25	貸方 貸付金	25

▼主な取引例
- 債権回収不能額　● 取立不能額　● 債権切捨て　● 債権放棄　等

減少する仕訳例

前年度に貸倒損失処理していた売掛金50万円のうち、1万円が普通預金口座に振り込まれた。

借方 普通預金	1	貸方 償却債権取立益	1

▼主な取引例
- 取消や修正　等

Point! 〜「貸倒損失」の区分表示について〜

損益計算書上、「貸倒損失」は、売掛金などの通常の営業債権の場合には販売費及び一般管理費に、それ以外の場合には営業外費用または特別損失に分けて表示します。

◆ 取引別の仕訳例 ◆

①法的な手続きで債権の全部または一部が消滅した場合

- 得意先A社が倒産し、債権者集会の協議によって、貸付金100万円の70％が切り捨てられることが決定された。

| 借方 貸倒損失 | 70 | 貸方 貸付金 | 70 |

法的な手続きにより債権の全部または一部が消滅する場合は、次のようなケースです。
- 会社更生法の更生計画の認可の決定があった場合、その切捨てられることとなった額
- 民事再生法の再生計画の認可の決定があった場合、その切捨てられることとなった額
- 会社法の特別生産の協定の認可または整理計画の決定があった場合、その切捨てられることとなった額
- 債権者集会の協議決定により切り捨てられることとなった額
- 公正な第三者の斡旋による当事者間の協議による契約で切り捨てられることとなった額
- 債務者の債務超過が相当期間継続し、弁済不能と認められる場合、書面により明らかにされた債務免除額

②債権の全額が回収不能な場合

- 債務超過が続いている取引先に対して、売掛金50万円の債務免除通知書を内容証明で送付した。

| 借方 貸倒損失 | 50 | 貸方 売掛金 | 50 |

債務者の資産状態、支払能力等から勘案して、債権の全額が回収できないことが明らかになった場合、法的手続きによらなくても、その明らかになった事業年度に「貸倒損失」として処理が可能です。債務者が、破産、強制執行、整理、死亡、行方不明、債務超過、天災事故、経済事情の急変等の事情が生じて債権の回収の見込みがない時が、債権の全額が回収できないことが明らかになった場合です。

会計処理を行う際の注意点！

◎金銭債権の一部でも回収が見込まれるときには、貸倒は認められません。ただし、売上債権に関しては、以下のようなケースでは、備忘価額1円を控除した残額を「貸倒損失」として損金処理できます。
(1) 取引を停止して以後1年を経過した場合
(2) 同一地域にある売上債権の総額が、その取立費用(旅費など)より小さいにもかかわらず、支払い督促をしても支払いがない場合

関連科目 貸倒引当金(P108)

6-3 販売費及び一般管理費

寄付金
きふきん

どんな科目なの？

金銭や物品を贈与したり、サービスを無償で提供したりしますが、見返りを期待しないで行う支出のことです。

摘要

●国や地方公共団体への寄付	●特定寄付金	●指定寄付金
●特定公益法人への寄付	●日本赤十字社への寄付	●赤い羽根共同募金
●認定NPO法人への寄付	●政治団体拠出金	●企業等への寄付
●神社への祭礼寄付	●寺院への祭礼寄付	●教会への祭礼寄付
●学校への寄付	●研究機関への寄付	●社会事業団への寄付
●後援会への寄付	●町内会への寄付	●共同募金
●義援金	●低廉譲渡	●無償供与

日常
経費
資金
売上
仕入
その他

寄付金とは、事業の遂行とは直接的に関係のないものに対して、相手からの反対給付を求めない金銭や物品の提供をした場合に、その支出額を処理する勘定科目です。

増加する仕訳例

日本赤十字社に災害義援金1万円を現金にて寄付した。

借方 寄付金	1	貸方 現金	1

▼主な取引例
●各種団体への寄付　●低廉譲渡　●無償供与　等

減少する仕訳例

寄付金として計上していた1万円が、交際費にあたるとして交際費に振替えることになった。

借方 交際費	1	貸方 寄付金	1

▼主な取引例
●他勘定への振替　●取消や修正　等

Point!　～「寄付金」として処理するケース～

　金銭や物品の贈与やサービスの無償提供がなされた場合、寄付金、見舞金などの名称にかかわらず、「寄付金」として処理します。ただし、事業に直接的、間接的に関係している相手方に対する支出は、「交際費」などで処理します。
　また、税法上、著しく低い金額で資産の譲渡などをした場合、実質的に贈与と認められる金額は「寄付金」として処理されます。

◆ 取引別の仕訳例 ◆

①現預金による譲渡の場合

- 県に図書館建設のための費用の一部を寄付することとして、500万円を普通預金口座から振り込んだ。

借方 寄付金	500	貸方 普通預金	500

税法上、国、地方公共団体に対する寄付金や公益法人等に対する寄付金(指定寄付金)は、その全額が損金に算入できます。ただし、特定公益増進法人やその他の寄付金に関しては、損金算入に限度額があります。

②現預金以外の譲渡の場合

- 道路の拡張に伴い、道路に隣接している遊休地(簿価4,000万円、時価6,000万円)を寄贈した。

借方 寄付金	6,000	貸方 土地	4,000
		固定資産売却益	2,000

- 子会社の再建を図るため、会社の保有する土地(簿価4,000万円、時価6,000万円)を簿価にて譲渡した。その金額が普通預金に振り込まれた。

借方 普通預金	4,000	貸方 土地	4,000
寄付金	2,000	固定資産売却益	2,000

譲渡した対価が時価に比べて低い場合、時価6,000万円と簿価4,000万円との差額は、当社においては「寄付金」と「売却益」を、子会社においては「受贈益」を計上することになります。

会計処理を行う際の注意点！

◎ 損益計算書上、「寄付金」は、一般的には販売費及び一般管理費に表示しますが、事業とは関係しない支出のため、営業外費用に表示することもあります。
◎ 個人事業者の場合、国や地方公共団体、特定の公共法人などに寄附をした場合は確定申告を行うことで、所得税及び復興特別所得税が還付されるケースがあります。ただし、経費とはなりませんので、「事業主貸」として処理します。

関連科目　交際費(P254)、事業主貸(P338)、CASE(P34)

6-3 販売費及び一般管理費

諸会費
しょかいひ

どんな科目なの？

業務に関連した同業者団体や、地域社会など各種の団体に対する会費（入会金や年会費など）のことです。

摘要

- 同業者団体会費
- 商工組合会費
- 商工会議所会費
- 商店連合会会費
- 法人会会費
- 納税協会会費
- 協同組合費
- 協力会会費
- 組合費
- 工業会会費
- 定例会費
- 通常会費
- 特別会費
- 臨時会費
- 協賛金
- 分担金
- クラブ会費
- 友の会会費
- 自治会費
- 町内会会費
- クレジットカード年間費

諸会費とは、業務を遂行していく上で必要となる同業者団体や商工会議所、また地域社会の自治会や町内会などの団体に支払った会費を処理する勘定科目です。なお、商工会議所などの会費は、「租税公課」でも処理できます。

増加する仕訳例

地元の商工会議所の年会費3万円を現金で支払った。

借方 諸会費	3	貸方 現金	3

▼主な取引例
- 各種会費の支払い
- 年会費の支払い
- 月会費の支払い　等

減少する仕訳例

社交団体の年間費5万円を諸会費で処理していたが、交際費にあたることがわかった。

借方 交際費	5	貸方 諸会費	5

▼主な取引例
- 他勘定への振替
- 取消や修正　等

Point!　〜「交際費」「役員報酬」「給与手当」との区別について〜

実務上、「諸会費」は「交際費」「役員報酬」「給与手当」との区別が問題となります。例えば、業務とは直接関係がなく、会員間の親睦を深めることが目的の会の会費の場合には「交際費」として、また特定の役員や従業員の親睦を深めることや福利厚生が目的の場合には、「役員報酬」や「給料手当」として処理します。

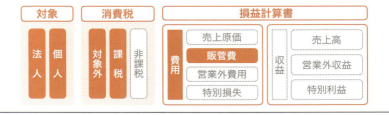

◆ 取引別の仕訳例 ◆

① 一般的な取引の場合

- 法人会員のクレジットカードの年会費2万円がクレジットカードで決済された。

| 借方 諸会費 | 2 | 貸方 未払金 | 2 |

② 「諸会費」で処理しない場合(1)

- 業務を遂行していく上で必要となるゴルフクラブに入会した。入会金として100万円を普通預金口座から振り込んだ。

| 借方 出資金 | 100 | 貸方 普通預金 | 100 |

業務の遂行上、会社が法人会員としてゴルフクラブに入会した場合など、原則としてゴルフクラブの入会金は法人の「出資金」として資産計上します。ただし、有効期間が定められていて、かつ返還されないものは「長期前払費用」として資産計上します。

③ 「諸会費」で処理しない場合(2)

- 経営者同士の親睦を目的とする経営者団体に、法人会員として加入した。入会金と年会費あわせて50万円を普通預金口座から振り込んだ。

| 借方 交際費 | 50 | 貸方 普通預金 | 50 |

親睦などを目的とする団体(ライオンズクラブ、ロータリークラブ、社交団体など)への入会金や年間費は、「交際費」として処理します。また、特定の役員や従業員が支払うべき会費は、「役員報酬」や「給与手当」にあたります。

会計処理を行う際の注意点!

- ◎「諸会費」の勘定科目で処理していたとしても、その実体が、「交際費」「役員報酬」「給料手当」などに該当する場合、税務調査では否認されるので注意が必要です。
- ◎消費税法上、クレジットカードの年会費は課税仕入に該当します。

関連科目 交際費(P254)、役員報酬(P238)、給与手当(P240)、CASE(P37)

6-3 販売費及び一般管理費

きょういくけんしゅうひ
教育研修費

どんな科目なの？

業務を遂行していく上で必要となる知識や技術を学ぶための、研修の受講料や、自社で勉強会を開催する費用のことです。

摘要

- 研修費
- 教育訓練費用
- セミナー参加費用
- 講習会参加費用
- 講習会参加旅費
- 講習会参加日当
- 研修会参加費用
- 研修会参加旅費
- 研修会参加日当
- 通信教育費用
- eラーニング費用
- 資格取得費用
- 会場使用料
- 講師謝礼
- テキスト代

教育研修費とは、業務を遂行していく上で必要な知識や技術を習得することを目的とし、従業員を研修会などに出席させるため、また自社で研修会を開催するための費用を処理する勘定科目です。「教育研修費」の他、「教育訓練費」や「研修費」等の勘定科目が使うこともあります。なお、金額が少額の場合は、「福利厚生費」や「雑費」などで処理することもあります。

増加する仕訳例

従業員が販路開拓セミナーに出席した。セミナー代1万円を現金で支払った。

借方 教育研修費	1	貸方 現金	1

▼主な取引例
- 研修会参加費用
- 研修会開催費用
- 講師謝金　など

減少する仕訳例

教育研修費として計上していた1万円が、地方出張のための交通費だとわかった。

借方 旅費交通費	1	貸方 教育研修費	1

▼主な取引例
- 他勘定への振替
- 取消や修正　等

Point!　～源泉徴収を忘れずに～

研修会に出席した従業員の出張日当などは、給与計算において、諸手当として「給与手当」に含めます。源泉徴収の対象となるので注意が必要です。

◆ 取引別の仕訳例 ◆

①講習会・研修会の参加や開催の場合

● 外部の技術講習会に従業員を出席させた。講習料1万円を普通預金口座から振り込んだ。

借方 教育研修費	1	貸方 普通預金	1

● 管理職研修のための自社主催の研修会を開催した。会場を借りたため、使用料と出席者の交通費、あわせて15万円を普通預金口座から振り込んだ。

借方 教育研修費	15	貸方 普通預金	15

研修会に関係するすべての費用を「教育研修費」として処理せずに、会場の使用料を「賃借料」として、また研修会場までの交通費を「旅費交通費」として処理してもかまいません。

②資格取得の場合

● 業務に必要な危険物取扱主任の資格を社員が取得した。その取得費用1万円を現金で支払った。

借方 教育研修費	1	貸方 現金	1

業務上で必要な資格や免許の取得費用は、「教育研修費」に計上します。ただし、非常に一般的な運転免許などの取得費用は、個人に対する「給与手当」とみなされることもあります。

③講師への謝礼の場合

● 講演会の講師に対する謝金200,000円を、源泉所得税を控除した後、普通預金口座から振り込んだ（単位：円）。

借方 教育研修費	200,000	貸方 普通預金	179,580
		預り金	20,420

＊源泉徴収税20,420円＝講習料200,000円×10.21％

研修会の講師に対する謝金は、10.21％（所得税及び復興特別所得税）の源泉徴収しなくてはなりません。

会計処理を行う際の注意点！

◎研修会の費用は課税仕入れに該当しますので、消費税の仕入れ税額控除の対象となります。

関連科目 旅費交通費(P258)、福利厚生費(P250)、賃借料(P262)、預り金(P190)、給与手当(P240)

6-3 販売費及び一般管理費

雑費
ざっぴ

どんな科目なの？

支出として発生があまりなく、金額的にも重要性が高くないために、特に勘定科目を設けない項目のことです。

摘要

- 採用関連費用
- 警備費用
- 生花代
- 廃棄物処理費用
- テレビ受信料

- ゴミ処理費用
- 事務所引越し費用
- 清掃料金
- ビル管理費用
- 写真現像代

- クリーニング代
- 観葉植物代
- 信用調査費用
- 貸し金庫代
- テント使用料

雑費とは、現在、特に勘定科目として設定してない費用で、発生自体がまれであり、かつ金額的にも重要性でないものを処理する勘定科目です。

「雑費」は、他の勘定科目で処理することが好ましくない支出の複合勘定科目です。その内容もさまざまで、どのような内容を「雑費」で処理するかは、企業によっても違います。

増加する仕訳例

事務所に飾る観葉植物の代金１万円を現金で支払った。

借方 雑費	1	貸方 現金	1

▼主な取引例
- 観葉植物代　● 求人広告費用　● ゴミ代　等

減少する仕訳例

切手代１万円を雑費として処理していたが、通信費に振替えた。

借方 通信費	1	貸方 雑費	1

▼主な取引例
- 他勘定への振替　● 取消や修正　等

Point!　〜「雑費」と「雑損失」について〜

「雑費」と「雑損失」は、どちらも他の勘定科目に該当しない費用を処理します。しかし、本来の営業活動から生じた費用を「雑費」として、違約金などのように本来の営業活動以外によって生じる費用を「雑損失」として処理します。

◆ 取引別の仕訳例 ◆

①様々な取引の場合

- 事務所の移転に伴って、引っ越し代5万円を普通預金口座から振り込んだ。

借方 雑費	5	貸方 普通預金	5

- 従業員の制服をクリーニングに出した。その代金1万円を現金で支払った。

借方 雑費	1	貸方 現金	1

- 地元の信用金庫から貸金庫を借りることになり、貸金庫代1万円を普通預金口座から支払った。

借方 雑費	1	貸方 普通預金	1

「雑費」で処理する項目は広範囲にわたるので、さまざまな取引が含まれます。

②勘定科目を設定する場合

- 顧問税理士に顧問料5万円を、源泉所得税の控除後、普通預金口座から振り込んだ(単位:円)。

借方 雑費	50,000	貸方 普通預金	44,895
		預り金	5,105

＊源泉徴収税 5,105円＝顧問料 50,000円 × 10.21％

- 支払手数料の勘定科目を新設し、上記の顧問料を振替えた。

借方 支払手数料	50,000	貸方 雑費	50,000

勘定科目を設定していない場合、「雑費」の勘定科目で処理することが多くあります。ただし、税理士など外部の専門家に支払う顧問料などは、「雑費」で処理していたとしても、所得税の源泉徴収をする義務があります。

会計処理を行う際の注意点！

◎税務調査の際、「雑費」の金額が大きいと、あまりいい印象はもたれません。同じ内容の取引が何度も発生したり、金額が大きくなるよう場合は、新たに適切な勘定科目を設定したほうがいいでしょう。

関連科目 雑損失(P316)、支払手数料(P280)

第 7 章

営業外損益・特別損益他

7-1　営業外収益・営業外費用
　　　受取利息
　　　支払利息割引料
　　　受取配当金
　　　有価証券売却益（損）
　　　有価証券評価益（損）
　　　為替差益（損）
　　　雑収入
　　　雑損失
　　　仕入割引・売上割引

7-2　特別利益・特別損失
　　　固定資産売却益（損）
　　　固定資産除却損
　　　投資有価証券売却益（損）
　　　前期損益修正益（損）
　　　貸倒引当金戻入益
　　　その他の特別損益

7-3　税金他
　　　法人税等
　　　法人税等調整額

7-1 営業外収益・営業外費用

うけとりりそく
受取利息

どんな科目なの？

預貯金の利子、公社債の利子、貸付金の利息などの金融関係の取引で得た利子などのことです。

摘要

- 利息の受取
- 普通預金利息
- 定期預金利息
- 通知預金利息
- 郵便貯金利息
- 国債利息
- 社債利息
- 金融債利息
- 貸付金利息
- 有価証券利息
- 保証金利息
- 利子の受取
- 解約時利息
- 書換利息
- 満期利息
- 未収利息

発生

設立 / 資産 / **金融関連** / その他

受取利息とは、普通預金、定期預金、郵便貯金、投資信託などの預貯金の利子、国債、地方債、社債などの有価証券の利子、貸付金の利息など、金融関連の取引で得た利子を処理する勘定科目です。

増加する仕訳例

貸付金の利息1万円が子会社から普通預金口座に振り込まれた。

借方 普通預金	1	貸方 受取利息	1

▼主な取引例
- 預貯金の利子
- 公社債などの利子
- 貸付金の利息　等

減少する仕訳例

前期末に貸付金の利息1万円を未収分に計上した。翌期首になったので振替処理を行った。

借方 受取利息	1	貸方 未収収益	1

▼主な取引例
- 未収収益の回収
- 未収収益の期首振替　等

Point! 〜利息の区分について〜

通常、国債、地方債等の社債券などの利息は、「受取利息」とは別に「有価証券利息」として区分します。また、受取利息と受取配当金と統合し、「受取利息配当金」を使うこともあります。

302

◆ 取引別の仕訳例 ◆

①様々な取引の場合

● 子会社から短期の貸付金500万円が利息5万円とともに返済され、普通預金口座に入金された。

借方		貸方	
普通預金	505	短期貸付金	500
		受取利息	5

● 定期預金1,000万円が満期（利息2万円）になった。源泉所得税を控除された後、普通預金口座に入金された（単位：円）。

借方		貸方	
普通預金	10,015,937	定期預金	10,000,000
仮払税金	4,063	受取利息	20,000

＊源泉徴収税4,063円＝利息20,000円×20.315％

受取利息のうち、預貯金の利子等は、20.315％（源泉所得税15％、復興特別所得税0.315％、住民税5％）が源泉徴収されて支払われます。そこで、利息の受取り時に「仮払税金」で処理して、決算時に、法人税額から所得税分を、道府県民税額から住民税分を差し引きます。

②未収利息の処理の場合

● 貸付金100万円に対する未収利息1万円を計上した。

決算

借方		貸方	
未収収益	1	受取利息	1

翌期首

借方		貸方	
受取利息	1	未収収益	1

利息の計算期間の経過に応じて、当期に発生した額を当期の収益に計上するのが原則です。ただし、税法上、その支払いの期日が1年以内の一定期日ごとに到来するものについては、利払期日の到来の都度、収益に計上することが認められています。

■ 会計処理を行う際の注意点！

◎個人事業主の場合、預貯金の利子は事業所得でなく利子所得と考えられるため、「受取利息」ではなく「事業主借」として処理します。

関連科目　未収収益（P100）、事業主借（P340）、CASE（P44, 52）

7-1 営業外収益・営業外費用

支払利息割引料
しはらいりそくわりびきりょう

どんな科目なの？

長期及び短期の借入に対して支払う利息や、受取手形を割り引いた時に支払う割引料などのことです。

摘要

- 借入金利息支払い
- 短期借入金利息支払い
- 長期借入金利息支払
- ローン利息支払い
- 利息支払い
- 信用保証料
- 預り金利息支払い
- 社内預金利息支払い
- 前払利息
- 手形書換利息支払い
- 手形取立手数料
- 手形割引料

発生

設立 / 資産 / 金融関連 / その他

支払利息割引料とは、金融機関等からの長期及び短期の借入金に対して支払う利息や、受取手形を満期日前に割り引いた時に支払う割引料を処理する勘定科目です。

増加する仕訳例

金融機関から設備投資のため借り入れた際、利息1万円が普通預金口座から引き落とされた。

借方 支払利息割引料	1	貸方 普通預金	1

▼主な取引例
- 借入金の利息の支払い
- 手形の割引料　等

減少する仕訳例

決算に際し、翌期に対応する利息1万円を前払費用として振り替えた。

借方 前払費用	1	貸方 支払利息割引料	1

▼主な取引例
- 前払費用への振替え
- 他勘定への振替え
- 取消や修正　等

Point!　～利息の区分について～

「支払利息割引料」ではなく、借入金の利息を「支払利息」として、手形の割引料を「支払割引料」として区分して処理することもあります。また、発行した社債の利息は「社債利息」を使います。

◆ 取引別の仕訳例 ◆

①利息の支払いの場合

- 短期の借入金の返済期日となった。元本200万円と利息10万円が普通預金口座から引き落とされた。

借方		貸方	
短期借入金	200	普通預金	210
支払利息割引料	10		

- 決算に際し、支払期日が未到来の借入金の利息のうち、当期に対応する分が1万円あった。

借方		貸方	
支払利息割引料	1	未払費用	1

時の経過とともに、サービスに対する対価である支払利息はすでに当期の費用として発生していますので、当期の損益計算書に「支払利息割引料」として計上します。あわせて、貸借対照表の負債の部に「未払費用」として計上します。
なお、重要性のない場合は「未払費用」として計上しないで、支払時に費用計上することも認められています。

②手形の割引の場合

- A社振出しの約束手形200万円を、取引銀行にて割り引いた。割引料5万円を差し引かれて、残額が当座預金口座に入金された。

借方		貸方	
当座預金	195	受取手形	200
支払利息割引料(手形売却損)	5		

「金融商品会計に関する実務指針」では、手形の割引を手形の売買取引と考え、損益計算書上、「手形売却損」として表示します。

会計処理を行う際の注意点！

◎借入の際に信用保証会社などに支払う保証料も、「支払利息割引料」で処理します。保証料は借入の期間に対応するものですので、未経過の利息を「前払費用」に計上し、翌期首に「支払利息割引料」に振り替えます。ただし、重要性に乏しく、かつ毎期継続して処理する場合は、「前払費用」としないこともできます。

関連科目 未払費用(P182)、前払費用(P98)、CASE(P45, 55)

7-1 営業外収益・営業外費用

うけとりはいとうきん

受取配当金

どんな科目なの？

株式会社などから受け取る配当金や、組合などから出資持分に応じて受け取る分配金のことです。

摘要

- 配当
- 中間配当金
- 有価証券配当金
- 投資信託収益分配金
- 保険契約者配当金

- 受取配当金
- みなし配当金
- 事業分量配当金
- 収益分配金
- 剰余金分配金

- 株式配当金
- 出資配当金
- 特別分配金
- 利益分配金
- 分配金

発生

設立

資産

金融関連

その他

受取配当金とは、株式会社などの他の法人から株式数等に応じて受け取る配当金、信用金庫・信用組合などから出資持分等に応じて受け取る剰余金の分配、証券投資信託の収益分配金などを処理する勘定科目です。

増加する仕訳例

株式投資信託の収益分配金5万円が、1万円の源泉所得税等が差し引かれて、普通預金口座に振り込まれた。

借方 普通預金	4	貸方 受取配当金	5
仮払税金	1		

▼主な取引例
- 配当金 ● 収益分配金 等

減少する仕訳例

個人事業主が株式投資信託の配当金1万円を受取配当金で処理していたので、修正した。

借方 受取配当金	1	貸方 事業主借	1

▼主な取引例
- 他勘定への振替 ● 修正や取消 等

Point! 〜「受取利息配当金」について〜

受取利息と受取配当金と統合し、「受取利息配当金」を使うこともあります。

Point! 〜税法での取扱い〜

「受取配当金」は営業外収益ですが、税法上は、一定の場合、「受取配当金」を益金には算入しません（受取配当金の益金不算入）。

306

◆ 取引別の仕訳例 ◆

①収益分配金の場合

- 保有する株式投資信託の収益分配金10万円から、源泉所得税が控除されて再投資された(単位:円)。

分配金受取時

借方		貸方	
有価証券	79,685	受取配当金	100,000
仮払税金	20,315		

投資信託の収益分配金ついては、20.315％(源泉所得税15％、復興特別所得税0.315％、住民税5％)が源泉徴収されて支払われます。
そこで、利息を受け取った時に「仮払税金」で処理して、決算の時に、法人税額から所得税分を、道府県民税額から住民税分を差し引きます。

②配当金の場合

- 保有する上場会社の株式の配当金100,000円が、源泉所得税を控除され後、普通預金口座に振り込まれた(単位:円)。

配当受取時

借方		貸方	
有価証券	79,685	受取配当金	100,000
仮払税金	20,315		

上場株式等に対する配当金ついても、20.315％(源泉所得税15％、復興特別所得税0.315％、住民税5％)が源泉徴収されて支払われます。
そこで、利息を受け取った時に「仮払税金」で処理して、決算の時に、法人税額から所得税分を、道府県民税額から住民税分を差し引きます。

「受取配当金」の収益の計上の時期は、原則として、株主総会等による配当決議があった日です。ただし、税法上、継続適用を条件として支払いを受けた日の事業年度に計上することができます。

会計処理を行う際の注意点！

◎個人事業主の場合、収益分配金や配当金は事業所得でなく配当所得と考えられるため、「受取配当金」ではなく「事業主借」として処理します。

関連科目 事業主借(P340)

7-1 営業外収益・営業外費用

有価証券
売却益（損）

ゆうかしょうけんばいきゃくえき（そん）

どんな科目なの？

会社が売却する目的で保有していた有価証券を売った時の、儲けや損のことです。

摘要

- 有価証券売却益（損）
- 株式売却益（損）
- 貸付信託受益証券売却益（損）
- 国債売却益（損）
- 公債売却益（損）
- 公社債投信受益証券売却益（損）
- 売買目的有価証券売却益（損）
- 社債売却益（損）
- 投資信託受益証券売却益（損）

発生

設立
資産
金融関連
その他

有価証券売却益（損）とは、時価の変動で利益を得る目的で、会社が保有する有価証券を売却した場合に、売却価額と帳簿価額の差額を処理する勘定科目です。

有価証券の帳簿価額を上回って売却した場合は、貸方差額として「有価証券売却益」が計上されます。逆に帳簿価額を下回って売却した場合は、借方差額として「有価証券売却損」が計上されます。

売却損の仕訳例

売買目的で保有していた有価証券200万円を180万円で売却した。手数料4万円が差し引かれて普通預金口座に入金された。

借方	普通預金	176	貸方	有価証券	200
	有価証券売却損	24			

▼主な取引例
- 売買目的の有価証券の売却　● 株式の売却　等

売却益の仕訳例

売買目的で保有していた有価証券200万円を220万円で売却した。手数料4万円が差し引かれて普通預金口座に入金された。

借方	普通預金	216	貸方	有価証券	200
				有価証券売却益	16

▼主な取引例
- 売買目的の有価証券の売却　● 株式の売却　等

Point!　～売却益（損）の表示場所について～

流動資産の部の「有価証券（売買目的）」の売却に関する売却損益は、「有価証券売却益（損）」として営業外収益・営業外費用に表示します。固定資産の部の「投資有価証券」に関する売却損益は、「投資有価証券売却益（損）」として特別利益・特別損失に表示します。

◆ 取引別の仕訳例 ◆

①約定日基準の場合

● 売買目的保有していた有価証券150万円を100万円で売却した。手数料3万円が差し引かれて、普通預金口座に入金された。

約定日（売却日）

借方 未収入金	97	貸方 有価証券	150
有価証券売却損	53		

受渡日

借方 普通預金	97	貸方 未収入金	97

証券会社を介して「有価証券」を売却する場合、一般的に売買委託手数料が差し引かれて送金されます。そこで、「有価証券売却益（損）」は売買委託手数料を加味して計上します。
これまで、有価証券の売却損益の認識は受渡日（約定日の4日後）でしたが、約定日に変更となりました（「金融商品に係る会計基準」）。

②修正受渡日基準

● 売買目的保有していた有価証券100万円を150万円で売却した。手数料3万円が差し引かれて、普通預金口座に入金された。

約定日（売却日）

借方 有価証券	47	貸方 有価証券売却益	47

受渡日

借方 普通預金	147	貸方 有価証券	147

約定日には、売却損益のみを認識する基準（修正受渡日基準）も認められています。

会計処理を行う際の注意点！

◎ 消費税法上、有価証券の売却は非課税となります。ただし、売買委託手数料は、役務の提供の対価として消費税が課税されます。
◎ 個人事業者の有価証券の売買は、事業所得でなく譲渡所得と考えられるため、「事業主貸」または「事業主借」として処理します。

関連科目 有価証券(P76)、投資有価証券(P146)、事業主貸(P338)、事業主借(P340)

7-1 営業外収益・営業外費用

有価証券評価益(損)

ゆうかしょうけんひょうかえき(そん)

どんな科目なの?

会社が売却する目的で保有している有価証券を、決算時に時価で評価した時の有価証券の簿価と時価の差額のことです。

摘要
- ●有価証券評価益(損)
- ●株式評価益(損)
- ●売買目的有価証券評価益(損)
- ●投資信託受益証券評価益(損)

有価証券評価益(損)とは、時価の変動で利益を得る目的で、会社が保有する有価証券を、決算時に時価評価した時の帳簿価額と時価の差額を処理する勘定科目です。

有価証券の帳簿価額を期末時価が上回っている場合は、貸方差額として「有価証券評価益」が計上されます。逆に帳簿価額を期末時価が下回っている場合は、借方差額として「有価証券評価損」が計上されます。

評価損の仕訳例

決算に際し、売買目的で保有していた有価証券(帳簿価額200万円)の時価が160万円であった。

借方 有価証券評価損	40	貸方 有価証券	40

▼主な取引例
- ●売買目的の有価証券の評価
- ●洗替処理　等

評価益の仕訳例

決算に際し、売買目的で保有していた有価証券(帳簿価額200万円)の時価が240万円であった。

借方 有価証券	40	貸方 有価証券評価益	40

▼主な取引例
- ●売買目的の有価証券の評価
- ●洗替処理　等

Point! ～評価益(損)の表示場所について～

流動資産の部の「有価証券(売買目的)」の評価に関する評価損益は、「有価証券評価益(損)」として営業外収益・営業外費用に表示します。固定資産の部の「投資有価証券」のうち、子会社株式、関連会社株式等以外のその他有価証券の評価差額については、P222を参照してください。

決算

原価・棚卸

減価償却

貸倒

経過勘定

税金

その他

◆ 取引別の仕訳例 ◆

①簿価＜時価（評価益）の場合

- 決算に際し、売買目的で保有していた有価証券（簿価100万円）を時価評価した。時価150万円であったため、評価益を計上した。

| 借方 有価証券 | 50 | 貸方 有価証券評価益 | 50 |

②簿価＞時価（評価損）の場合

- 決算に際し、売買目的保有していた有価証券（簿価150万円）を時価評価した。時価100万円であったため、評価損を計上した。

| 借方 有価証券評価損 | 50 | 貸方 有価証券 | 50 |

③翌期首の処理の場合

- 翌期首（上記②の評価損の場合）

| 借方 有価証券 | 50 | 貸方 有価証券評価損 | 50 |

期末における売買目的の有価証券の評価損益は、**洗替方式**により評価損益を益金の額または損金の額に算入します。

決算に際し、有価証券の時価が著しく下落した場合には、時価へ評価替えしなくてはなりません(**強制評価減**)。ただし、回復の見込みがあると認められる場合を除きます。「時価の著しい下落」となったかどうかの判定は、以下の通りです。なお、「回復の見込」については、会社が回復の見込みがあると証明した場合は該当しません。

- おおむね、時価が取得原価の50％以上下落した場合
- 30％以上の下落については、その下落額が保有会社によって金額的に重要な影響を及ぼす場合
- 30％未満の下落については、著しい下落に該当しない

会計処理を行う際の注意点！

◎有価証券を時価評価した際の評価差額は、消費税法上、資産の譲渡等に当たらないので課税対象となりません。

関連科目 有価証券(P76)、その他の有価証券評価差額(P222)

7-1 営業外収益・営業外費用

かわせさえき(そん)
為替差益（損）

どんな科目なの？

外貨建ての資産や負債を円に換算したり、外貨建取引による債権や債務を決済したりした時の、差益と差損のことです。

摘要

- 外貨建て取引
- 外貨建て資産・負債の換算
- 海外支店財務諸表換算差益（損）
- 在外支店財務諸表換算差益（損）
- 為替決済差益（損）
- 為替換算差益（損）
- 換算差額
- 為替予約換算差益（損）

発生

設立

資産

金融関連

その他

　為替差益（損）とは、外貨建ての資産・負債を円に換算したり、外貨建て債権・債務の決済をしたりする際に、為替相場の変動による差額を処理する勘定科目です。

　帳簿価額から決済金額または時価評価額を控除した額が損失の場合、「為替差損」として、帳簿価額から決済金額または時価評価額を控除した額が利益の場合、「為替差益」として処理します。

差損の仕訳例

決算に際し、ドル建ての普通預金を円に換算した。為替差損5万円が発生していた。

借方 為替差損	5	貸方 普通預金	5

▼主な取引例
- 為替換算差損　● 為替決済差損　● 為替予約換算差損　等

差益の仕訳例

決算に際し、ドル建ての普通預金を円に換算した。為替差益5万円が発生していた。

借方 普通預金	5	貸方 為替差益	5

▼主な取引例
- 為替換算差益　● 為替決済差益　● 為替予約換算差益　等

Point!　～「為替差益」と「為替差損」について～

　決算時に「為替差益」と「為替差損」の両方が発生している場合は、両者を相殺します。よって、損益計算書上、「為替差益」ないし「為替差損」のどちらか一方が、営業外収益ないし営業外費用として表示されます。ただし、金額的に重要性の乏しい場合は、「雑収入」や「雑損失」に含めてもかまいません。

◆ 取引別の仕訳例 ◆

①取引発生と決済の場合

- 米国で商品10,000ドルを仕入れ、代金は翌月末に支払うこととなった（取引発生時レート：1ドル＝100円）。

借方 仕入	100	貸方 買掛金	100

- 米国で上記商品を20,000ドルで販売し、代金は翌月末に支払われることとなった（取引発生時レート：1ドル＝120円）。

借方 売掛金	240	貸方 売上	240

- 上記買掛金の半分5,000ドルを普通預金口座から振り込んだ（決済時レート：1ドル＝90円）。

借方 買掛金	50	貸方 普通預金	45
		為替差益	5

＊為替差益5万円 ＝買掛金5,000ドル×（発生時レート100円－決済時レート90円）

外貨建取引は、取引発生時の為替相場により円に換算します。

②決算時の換算の場合

- 決算に際し、上記買掛金5,000ドルと売掛金20,000ドルを円に換算した（決算時レート：1ドル＝110円）。

借方 為替差損	5	貸方 買掛金	5
借方 為替差損	20	貸方 売掛金	20

＊為替差損5万円＝買掛金5,000ドル×（決算時レート110円－発生時レート100円）
＊為替差損20万円＝売掛金20,000ドル×（発生時レート120円－決算時レート110円）

外貨建金銭債権・債務は、金銭債権・債務ごとに決算時の為替レートで円に換算します。

■会計処理を行う際の注意点！

◎決済により生じる「為替差益（損）」や、換算により生じる「為替差益（損）」は、消費税の課税対象とはなりません。

関連科目 売掛金（P68）、買掛金（P170）

7-1 営業外収益・営業外費用

雑収入
ざっしゅうにゅう

どんな科目なの？

営業と間接的に関係する取引からの収益で、金額的にも重要性が乏しい色々な項目のことです。

摘要

- 生命保険金受取
- 保険金受取
- 奨励金受取
- 代理店手数料収入
- 特約店手数料収入
- 保険代行手数料
- 廃材処分収入
- 作業くず売却収入
- リサイクル収入
- 賃貸収入
- 地代収入
- 家賃収入
- 自動販売機設置料
- 駐車場賃借収入
- 損害賠償金受取
- 補助金受取
- 助成金受取
- 報奨金受取
- 還付加算金受取
- 現金過不足
- 現金超過分

発生

設立

資産

金融関連

その他

　雑収入とは、本業とは直接的に関係のない取引から生じる収益（発生が稀であって、かつ金額的にも重要性が乏しいもの）や、他の営業外収益の勘定科目に含めることが適当でないものなど、雑多な項目を一括して処理する勘定科目です。例えば、生命保険金の受け取り、助成金の受取り、損害賠償金の受取り、還付加算金の受取り、現金超過分など色々なものがあります。

増加する仕訳例

加工作業中に発生した鉄くずを売却した。売却代金1万円を現金で受け取った。

借方 現金	1	貸方 雑収入	1

▼主な取引例
- 作業くず売却収入
- 保険代行手数料
- 賃貸収入
- 自動販売機設置料
- 現金超過分
- 助成金の受取　等

減少する仕訳例

普通預金口座の入金1万円を雑収入として処理していたが、商品の販売代金の入金と判明した。

借方 雑収入	1	貸方 売上	1

▼主な取引例
- 他勘定への振替
- 修正や取消　等

Point!　～「雑収入」と「事業主借」について～

　個人事業主であっても、事業に関連して発生した収益（従業員への貸付金の利息、事業資産の購入による景品など）は「雑収入」となります。しかし、事業に関連しないもの（知人への貸付金利息、不動産の貸付収入など）は事業所得ではありませんので、「事業主借」として処理します。

◆ 取引別の仕訳例 ◆

①一般的な取引の場合

● 店頭に自動販売機を設置した。場所の提供料として、普通預金口座に1万円が入金された。

借方 普通預金	1	貸方 雑収入	1

● 従業員を被保険者として加入していた養老保険が満期となった。満期返戻金として、200万円が普通預金口座に入金された。なお、この保険について150万円を保険料積立金として計上している。

借方 普通預金	200	貸方 保険料積立金	150
		雑収入	50

● 請け負っていた営業所の建設工事が完成した。竣工式の際に、発注者よりご祝儀として現金10万円が渡された。

借方 現金	10	貸方 雑収入	10

当社が持参した祝儀は、「雑収入」と相殺せず、「交際費」として処理します。

②現金超過が生じた場合

● 現金の帳簿残高は10万円であったが、実際の現金の実在高は11万円だった。

借方 現金	1	貸方 現金過不足	1

● 上記の現金超過分の原因を追究したが、期末になっても分からなかった。

借方 現金過不足	1	貸方 雑収入	1

現金出納帳の帳簿残高と実在高の不一致があった場合は、「現金過不足」の勘定科目で一時的に処理します。その後、原因が分かった場合は、適切な勘定科目に振り替えます。その期のうちに不一致の原因が分からない場合は、「雑収入」の勘定科目に振り替えます。

会計処理を行う際の注意点！

◎ 「雑収入」で処理する取引の内容は、広範囲にわたります。ただし、同じ取引内容が多く発生したり、金額的にも多額になるような場合は、あらたに適切な勘定科目を設定します。

関連科目 現金（P58）、事業主借（P340）、CASE（P41, 46）

7-1 営業外収益・営業外費用

雑損失
ざっそんしつ

どんな科目なの？

営業と間接的に関係する取引からの費用で、金額的にも重要性が乏しい色々な項目のことです。

摘要

- 廃材処分による支払い
- 盗難による損失
- 補償金支払い
- 過料支払い
- 駐車違反罰金支払い
- 社葬費用
- 弁償費用
- 違約金支払い
- 罰金支払い
- 交通反則金支払い
- リース契約の解約金
- 損害賠償金支払い
- 科料支払い
- 速度超過罰金支払い
- 現金不足分

発生

設立 資産 金融関連 その他

雑損失とは、本業とは直接的に関係のない取引から生じる費用（発生が稀であって、金額的にも重要性が乏しいもの）や、他の営業外費用の勘定科目に含めることが適当でないものなど、雑多な項目を一括して処理する勘定科目です。例えば、リース契約の解約金、盗難による損失、損害賠償金の支払い、税金の延滞料、罰金の支払い、現金不足分など、色々なものがあります。

増加する仕訳例

事務所の複合機のリース契約を、契約期間中に解除した。解約金10万円を普通預金口座から振り込んだ。

借方 雑損失	10	貸方 普通預金	10

▼主な取引例
- 解約金や違約金などの支払い
- 罰金などの支払い
- 盗難による損失
- 現金不足分　等

減少する仕訳例

普通預金口座の出金1万円を雑損失として処理していたが、市場調査の支出と判明し、雑費に振り替えた。

借方 雑費	1	貸方 雑損失	1

▼主な取引例
- 他勘定への振替
- 取消や修正　等

Point!　～「雑損失」と「雑費」について～

「雑損失」と「雑費」は、どちらも他の勘定科目に該当しない費用を処理します。本来の営業活動以外によって生じる費用を「雑損失」として、本来の営業活動から生じた費用（市場調査費用など）を「雑費」として処理します。

◆ 取引別の仕訳例 ◆

①一般的な取引の場合

- 事務所で盗難が発生し、手提げ金庫から現金5万円が盗まれた。

- 客先を訪問中に、営業車を路上駐車し駐車違反で捕まった。業務中であったので、反則金の1万円を会社が負担した。

- 商品を搬送中に、交通事故を起こした。見舞金として現金10万円を会社が負担した。

会社が役員や従業員の交通反則金等を負担した場合、「雑損失」で処理しますが、「租税公課」としても処理できます。ただし、税法上、業務に関連するものであっても損金とはなりません（業務に関連しない場合は、「役員報酬」や「給与手当」とみなされます）。また、法人が納付する罰金、科料（軽い刑事罰）、過料（軽い行政罰）も損金とはなりません。

②現金不足が生じた場合

- 現金の帳簿残高は10万円であったが、実際の現金の実在高は9万円だった。

- 上記の現金不足分の原因を追究したが、期末になっても分からなかった。

現金出納帳の帳簿残高と実在高の不一致があった場合は、「現金過不足」の勘定科目で一時的に処理します。その後、原因が分かった場合は、適切な勘定科目に振り替えます。その期のうちに不一致の原因が分からない場合は、「雑損失」の勘定科目に振り替えます。

会計処理を行う際の注意点！

◎「雑損失」で処理する取引の内容は広範囲にわたります。ただし、金額的にも多額になるよう場合は、あらたに適切な勘定科目を設定します。

関連科目 現金（P58）、雑費（P298）

7-1 営業外収益・営業外費用

仕入割引・売上割引

しいれわりびき・うりあげわりびき

どんな科目なの？

支払期日前に買掛金を決済したことによる仕入代金の割引額（仕入割引）と、回収期日前に売掛金が決済されたことによる売上代金の割引額（売上割引）のことです。

摘要

- 売上割引
- 売掛金の一部免除
- 売上債権の割引
- 仕入割引
- 買掛金の一部免除
- 仕入債務の割引

仕入割引とは、支払期日前に仕入債務（買掛金など）を決済した場合に受ける、仕入代金の割引額を処理する勘定科目です。よって、「仕入割引」は収益に計上される勘定科目です。

一方、売上割引とは、回収期日前に売上債権（売掛金など）が決済された場合に行う、売上代金の一部免除額を処理する勘定科目です。「売上割引」は費用に計上される勘定科目です。

発生

設立 / 資産 / 金融関連 / その他

仕入割引の仕訳例

仕入先から買掛金100万円（翌々月末払い）の早期決済の要請を受けた。支払期日前の今月末に仕入割引額2万円を差し引いて、普通預金口座から振り込んだ。

借方 買掛金	100	貸方 普通預金	98
		仕入割引	2

▼主な取引例
- 買掛金の早期決済
- 支払手形の早期現金決済　等

売上割引の仕訳例

得意先へ売掛金100万円（翌々月末払い）の早期入金を要請した。回収期日前の今月末に売上割引額2万円を差し引かれて、普通預金口座に入金された。

借方 普通預金	98	貸方 売掛金	100
売上割引	2		

▼主な取引例
- 売掛金の早期回収
- 受取手形の早期現金回収　等

Point! 〜「仕入割引」や「売上割引」との違いについて〜

仕入代金や売上代金を減少させる取引には、品違いなどによる商品の返品、数量不足などによる代金の値引き、多量取引によるリベートがあります。早期決済に伴う「仕入割引」や「売上割引」とは、会計処理が違うので、注意しなければなりません。

◆ 取引別の仕訳例 ◆

①仕入代金を割り引いた場合

- 支払い条件は月末締めの翌々月末払いであったが、仕入先から買掛金200万円の早期決済の要請を受けてので、了承した。今月末に仕入割引額10万円を差し引いて、当座預金口座より支払った。

借方	買掛金	200	貸方	当座預金	190
				仕入割引	10

「仕入割引」の取引は、仕入代金の支払いを通常の場合よりも早期に決済したことによる金融収益と考えられます。そこで、「仕入高」から直接控除しないで、営業外収益として計上します。

②売上代金を割り引いた場合

- 支払い条件は月末締めの翌々月末払いであったが、当社の資金繰りの事情から、得意先へ売掛金200万円の早期入金を要請し、承諾を得た。今月末に売上割引額10万円を差し引かれて、当座預金口座に入金された。

借方	当座預金	190	貸方	売掛金	200
	売上割引	10			

「売上割引」の取引は、売上代金の回収を通常の場合よりも早期に決済されたことによる金融費用と考えられます。そこで、「売上高」から直接控除しないで、営業外費用として計上します。

会計処理を行う際の注意点！

◎ 仕入高から控除する取引には、**仕入戻し**（仕入品の品質上の欠陥、損傷、品違いなどの理由により返品した額）、**仕入値引**（仕入品の数量不足、品質不良により仕入代金から控除される額）、**仕入割戻し**（多額多量の仕入に対する仕入代金の割戻し額、いわゆるリベート）があります。それぞれの名称の勘定科目を設定して「仕入高」から控除するか、または「仕入高」から直接控除します。

◎ 売上高から控除する取引には、**売上戻り**（売上品の品質上の欠陥、損傷、品違いなどの理由により返品された額）、**売上値引**（売上品の数量不足、品質不良により売上代金から控除される額）、**売上割戻し**（多額多量の売上に対する売上代金の割戻し額、いわゆるリベート）があります。それぞれの名称の勘定科目を設定して「売上高」から控除するか、または「売上高」から直接控除します。

関連科目 売掛金（P68）、買掛金（P170）、売上高（P228）、仕入高（P230）

7-2 特別利益・特別損失

こていしさんばいきゃくえき（そん）

固定資産売却益(損)

どんな科目なの？

会社が所有している固定資産（土地、建物など）を売却した場合の、売却金額と帳簿価額の差額のことです。

摘要

- 土地売却益(損)
- 建物売却益(損)
- 機械売却益(損)
- 設備売却益(損)
- 装置売却益(損)
- 車両売却益(損)
- 自動車売却益(損)
- 備品売却益(損)
- 機械下取り益(損)

発生

設立　資産　金融関連　その他

固定資産売却益(損)とは、会社が保有する固定資産を売却した場合に、売却価額と帳簿価額の差額を処理する勘定科目です。

固定資産の帳簿価額を上回って売却した場合は、貸方差額として「固定資産売却益」が計上されます。逆に帳簿価額を下回って売却した場合は、借方差額として「固定資産売却損」が計上されます。

売却損の仕訳例

会社が保有していた土地2,000万円を売却した。売却代金1,900万円が普通預金口座に入金された。

借方 普通預金	1,900	貸方 土地	2,000
固定資産売却損	100		

▼主な取引例
- 固定資産の売却
- 固定資産の下取り
- 固定資産の売買　等

売却益の仕訳例

会社が保有していた土地2,000万円を売却した。売却代金2,100万円が普通預金口座に入金された。

借方 普通預金	2,100	貸方 土地	2,000
		固定資産売却益	100

▼主な取引例
- 固定資産の売却
- 固定資産の下取り
- 固定資産の売買　等

Point! 〜勘定科目名で表示することが難しい場合〜

「固定資産売却益(損)」は、それぞれ特別利益と特別損益に表示します。その際、固定資産の種類や内容を示す勘定科目名で表示します。ただし、その事項を勘定科目名で表示することが難しい場合は、注記によってもかまいません。

◆ 取引別の仕訳例 ◆

①簿価＞売却価額（売却損）の場合

- 期首に、取得価額4,000万円の建物（減価償却累計額2,400万円）を1,200万円で売却した。諸費用100万円を差し引かれた代金が普通預金口座に入金された。

借方			貸方		
普通預金		1,100	建物		4,000
減価償却累計額		2,400			
固定資産売却損		500			

②簿価＜売却価額（売却益）の場合

- 期首に、取得価額4,000万円の建物（減価償却累計額2,400万円）を2,000万円で売却した。諸費用100万円を差し引かれた代金が普通預金口座に入金された。

借方			貸方		
普通預金		1,900	建物		4,000
減価償却累計額		2,400	固定資産売却益		300

③買い換えの場合

- 期中に、車両（取得価額300万円、減価償却累計額200万円）を150万円で下取りに出し、500万円の新車を購入した。旧車両の当期の減価償却費は20万円である。なお、代金は小切手で支払った。

借方			貸方		
当座預金		150	車両運搬具		300
減価償却累計額		200	固定資産売却益		70
減価償却費		20			
車両運搬具		500	当座預金		500

会計処理を行う際の注意点！

◎個人事業者の固定資産の売却は、事業所得でなく譲渡所得と考えられるため、「事業主借」として処理します。

関連科目　固定資産（P116〜126）、減価償却費（P286）、減価償却累計額（P134）、事業主借（P340）

7-2 特別利益・特別損失

固定資産除却損
こていしさんじょきゃくそん

どんな科目なの？

会社が所有している固定資産（建物、機械など）を廃棄処分した場合に出てくる損失のことです。

摘要

- 建物除却損
- 構築物除却損
- 機械除却損
- 設備除却損
- 装置除却損
- 車両除却損
- 自動車除却損
- 備品除却損
- 廃棄
- 滅失
- 廃車
- 取り壊し

固定資産除却損とは、会社が保有する固定資産を除却（廃棄や処分）した場合に発生する損失額を処理する勘定科目です。通常は、除却された固定資産の帳簿価額に相当します。

発生
設立 資産 金融関連 その他

増加する仕訳例

コンピュータ（取得価額50万円、減価償却累計額35万円）を使用しなくなったので、廃棄処分することとした。

借方 固定資産除却損	15	貸方 工具器具備品	50
減価償却累計額	35		

▼主な取引例
- 固定資産の除却
- 固定資産の廃棄
- 固定資産の処分　等

減少する仕訳例

加工用設備（取得価額100万円、減価償却累計額80万円）を除却処理した。ところが、実際には廃棄処分されていなかったことがわかり、修正した。

借方 工具器具備品	100万円	貸方 固定資産除却損	20
		減価償却累計額	80

▼主な取引例
- 他勘定への振替
- 取消や修正　等

Point!　～有姿除却できるケース～

税法上、固定資産の解撤、破砕、廃棄等をしていない場合でも、「固定資産除却損」として資産の帳簿価額からその処分見込価額を控除した金額を損金に算入できます。これを**有姿除却（ゆうしじょきゃく）**といいます。有姿除却できるのは、次のような場合です。

- 使用を廃止し、今後通常の方法により事業の用に供する可能性がないと認められる場合
- 特定の製品の生産のための専用金型等で、その製品の生産を中止により将来使用される可能性がほとんどないことが、その後の状況等から見て明らかな場合

◆ 取引別の仕訳例 ◆

①廃棄処分時に取り壊し費用等が発生した場合

● 倉庫（取得価額1,000万円、減価償却累計額900万円）が老朽化してきたので、取り壊した。取り壊し費用として70万円を普通預金口座から振り込んだ。

借方		貸方	
減価償却累計額	900	建物	1,000
固定資産除却損	170	普通預金	70

固定資産を除却するために必要な取り壊し費用などは、「固定資産除却損」に加算して処理します。

②破棄処分時に引取料をもらった場合

● 梱包用設備（取得価額100万円、減価償却累計額80万円）が老朽化してきたので、スクラップ処分した。業者から現金3万円を受け取った。

借方		貸方	
現金	3	機械装置	100
減価償却累計額	80		
固定資産除却損	17		

スクラップとして処分した際の廃材や鉄くずを引き取った業者から代金を受け取った場合は、「固定資産除却損」から控除して処理します。また、業者から受け取った代金を「雑収入」で処理することもできます。

借方		貸方	
現金	3	機械装置	100
減価償却累計額	80	雑収入	3
固定資産除却損	20		

会計処理を行う際の注意点！

◎ 個人事業者が固定資産を除却した場合、「固定資産除却損」として経費として扱われます。しかし、固定資産の売却による損失は、「固定資産売却損」ではなく「事業主借」として処理します。よって、確定申告時には譲渡所得の計算に含めます。

関連科目 固定資産（P116～126）、減価償却累計額（P134）、固定資産売却益（損）（P320）

7-2 特別利益・特別損失

投資有価証券
売却益（損）
とうしゆうかしょうけんばいきゃくえき（そん）

どんな科目なの？

会社が長期保有目的で保有していた有価証券を売った時の、儲けや損のことです。

摘要

- 投資有価証券売却益（損）
- その他有価証券売却益（損）
- 子会社株式売却益（損）
- 関連会社株式売却益（損）
- 株式売却益（損）
- 長期保有目的有価証券売却益（損）

発生

設立

資産

金融関連

その他

投資有価証券売却益（損）とは、会社が企業支配を目的とした株式や、長期目的で保有する有価証券を売却した場合に、売却価額と帳簿価額の差額を処理する勘定科目です。

有価証券の帳簿価額を上回って売却した場合は、貸方差額として「投資有価証券売却益」が計上されます。逆に帳簿価額を下回って売却した場合は、借方差額として「投資有価証券売却損」が計上されます。

売却損の仕訳例

関連会社株式（帳簿価額200万円）を180万円で売却した。売却代金が普通預金口座に入金された。

借方 普通預金	180	貸方 関連会社株式	200
投資有価証券売却損	20		

▼主な取引例
- 売買目的以外の有価証券の売却
- 子会社株式・関連会社株式の売却　等

売却益の仕訳例

関連会社株式（帳簿価額200万円）を売却価額220万円で売却した。売却代金が普通預金口座に入金された。

借方 普通預金	220	貸方 関連会社株式	200
		投資有価証券売却益	20

▼主な取引例
- 売買目的以外の有価証券の売却
- 子会社株式・関連会社株式の売却　等

Point!　〜売却益（損）の表示場所について〜

固定資産の部の「投資有価証券」に関する売却損益は、「投資有価証券売却益（損）」として特別利益・特別損失に表示します。流動資産の部の「有価証券（売買目的）」の売却に関する売却損益は、「有価証券売却益（損）」として営業外収益・営業外費用に表示します。

◆ 場面別の仕訳例 ◆

①簿価＞売却価額（売却損）の場合

- 企業支配目的で保有していた有価証券150万円を100万円で売却した。受渡日には手数料3万円を差し引かれて普通預金口座に入金される予定である。

借方	未収入金	97	貸方	投資有価証券	150
	投資有価証券売却損	53			

証券会社を介して「投資有価証券」を売却する場合、一般的に売買委託手数料が差し引かれて送金されます。そこで、「投資有価証券売却益（損）」は売買委託手数料を加味して計上します。

②簿価＜売却価額（売却益）の場合

- 企業支配目的で保有していた150万円を200万円で売却した。受渡日には手数料3万円を差し引かれて普通預金口座に入金される予定である。

借方	未収入金	197	貸方	投資有価証券	150
				投資有価証券売却益	47

③売却損益のみを認識する場合

- 企業支配目的で保有していた150万円を200万円で売却した。受渡日には手数料3万円を差し引かれて普通預金口座に入金される予定である。
  約定日（売却日）

借方	有価証券	47	貸方	投資有価証券売却益	47

約定日に売却損益のみを認識する基準（修正受渡日基準）も認められています。

会計処理を行う際の注意点！

- 消費税法上、有価証券の売却は非課税となります。ただし、売買委託手数料は役務の提供の対価として消費税が課税されます。
- 個人事業者の有価証券の売買は、事業所得でなく譲渡所得と考えられるため、「事業主貸」または「事業主借」として処理します。

関連科目 投資有価証券（P146）、事業主貸（P338）、事業主借（P340）、有価証券売却益（損）（P308）

7-2 特別利益・特別損失

前期損益
ぜんきそんえきしゅうせいえき（そん）
修正益（損）

どんな科目なの？

前期までに計上すべきであった損益を修正することで、発生する収益の額や損失の額のことです。

摘要

- 過年度引当金修正額
- 過年度減価償却超過額修正額
- 過年度商品棚卸修正額
- 過年度売上高修正額
- 過年度減価償却不足額修正額
- 過年度棚卸資産評価額
- 償却債権取立額
- 過年度会計修正額

発生

前期損益修正益（損）とは、過年度の損益に計上すべきであった事項がある場合、株主総会で承認された前期の決算書を修正することができないため、当期の決算書で修正をする勘定科目です。

修正損の仕訳例

前期の会計処理で、有形固定資産の減価償却費50万円が計上不足であることがわかった。

借方 前期損益修正損	50	**貸方** 減価償却累計額	50

▼主な取引例
- 過年度の減価償却費の修正
- 過年度の棚卸資産評価の修正
- 過年度の引当金の修正
- 過年度償却債権の取立て　等

修正益の仕訳例

前期の会計処理で、有形固定資産の減価償却費50万円が過大に計上されていることがわかった。

借方 減価償却累計額	50	**貸方** 前期損益修正益	50

▼主な取引例
- 過年度の減価償却費の修正
- 過年度の棚卸資産評価の修正
- 過年度の引当金の修正
- 過年度償却債権の取立て　等

Point! 〜「前期損益修正益（損）」はどこに計上するのか？〜

「会計上の変更及び誤謬の訂正に関する会計基準」では、「前期損益修正益（損）」は損益計算書の特別利益及び特別損失に計上せずに、株主資本変動計算書に計上することになりました。大企業はこの基準に従わなければなりません。ただし、「**中小企業の会計に関する指針**」の損益計算書の例示では、これまで通り「前期損益修正益（損）」を特別損益の区分に記載されています。

取引別の仕訳例

①特別損失として処理する場合

- 前期の会計処理で、棚卸資産の実地棚卸高30万円分が過大に計上されていることが判明した。

借方 前期損益修正損	30	貸方 期首商品棚卸高	30

- 前期の会計処理で、前期に計上された売掛金50万円が過大に計上されていることが判明した。

借方 前期損益修正損	50	貸方 売掛金	50

②特別利益として処理する場合

- 前期の会計処理で、棚卸資産の実地棚卸高20万円分が過少に計上されていることが判明した。

借方 期首商品棚卸高	20	貸方 前期損益修正益	20

- 前期の会計処理で、前期に計上された売掛金40万円が過少に計上されていることが判明した。

借方 売掛金	40	貸方 前期損益修正益	40

- 前期の会計処理で、「貸倒損失」として処理した貸付金貸付金100万円のうち、20万円が当期になって現金で回収された。

借方 現金	20	貸方 前期損益修正益	20

前期に「貸倒損失」として処理した債権が、当期に回収された場合、その回収金額を「前期損益修正益」として修正します。別に、「償却債権取立益」の勘定科目を設けて、修正してもかまいません。

会計処理を行う際の注意点！

◎企業会計原則注解12よると、前期損益修正の項目として、過年度の引当金の過不足の修正額、減価償却の過不足の修正額、棚卸資産評価の訂正額、償却済債権の取立額を例示しています。実務上では、上記の例示の他、会計方針の変更、会計上の見積りの変更などがあった場合の前期の損益や、過年度の誤った処理の訂正に、「前期損益修正益(損)」を使います。また、税務調査による修正申告や更正処分の結果を、当期の決算書に遡及修正する場合にも使います。

関連科目 減価償却累計額(P134)、商品(P80)、売掛金(P68)、貸倒損失(P290)

7-2 特別利益・特別損失

かしだおれひきあてきんもどしいれえき
貸倒引当金
戻入益

どんな科目なの？

前期末の貸倒引当金の残高を、決算のときに収益として戻し入れるためのものです。

摘要　●貸倒引当金の洗替　●貸倒引当金の戻入　●前期貸倒引当金の戻入

　貸倒引当金戻入益とは、当期の決算で貸倒引当金を設定する場合に、貸倒引当金の前期繰越高の全額を収益に戻し入れる（洗替処理）、または貸倒引当金の前期繰越高が、当期の引当額を超えていた場合にその差額を戻し入れる（差額処理）処理をするための勘定科目です。「貸倒引当金戻入益」は、前期の引当金を修正するので、前期損益修正項目に属します。

増加する仕訳例

前期末：決算に際し、売掛金に対して貸倒引当金20万円を設定した。

| 借方 貸倒引当金繰入額 | 20 | 貸方 貸倒引当金 | 20 |

今期末：決算に際し、前期末計上分の貸倒引当金20万円を戻し入れた。また、今期末の売掛金に対して貸倒引当金10万円を設定した。

| 借方 貸倒引当金 | 20 | 貸方 貸倒引当金戻入益 | 20 |

| 借方 貸倒引当金繰入額 | 10 | 貸方 貸倒引当金 | 10 |

▼主な取引例
●貸倒引当金洗替　●貸倒引当金戻入　●前期貸倒引当金戻入　等

Point!　〜洗替処理と差額処理について〜

　貸倒引当金の設定方法には、**洗替処理**（「貸倒引当金」の前期繰越高の全額を収益に戻り入れ、今期分を「貸倒引当金繰入額」として計上する方法）と、**差額処理**（今期の「貸倒引当金」が前期繰越高を上回る場合には超過分を戻り入れ、下回る場合には不足分を「貸倒引当金繰入額」として計上する方法）の2つがあります。

Point!　〜貸倒引当金の繰入限度額について〜

　中小企業（資本金1億円以下）の貸倒引当金の繰入限度額については、以下の法定繰入率と過去の貸倒実績率のいずれか、多い繰入率を選択することができます。

▼法定繰入率

| 卸・小売業（10/1,000） | 割賦小売業（13/1,000） | 製造業（8/1,000） |
| 金融保険業（3/1,000） | その他の事業（6/1,000） | |

◆ 取引別の仕訳例 ◆

①洗替処理の場合

● 前期の決算において計上した貸倒引当金40万円を戻し入れた。今期末に売掛金に対して、貸倒引当金30万円を繰り入れた。

前期末：

借方 貸倒引当金繰入額	40	貸方 貸倒引当金	40

今期末：

借方 貸倒引当金	40	貸方 貸倒引当金戻入益	40
借方 貸倒引当金繰入額	30	貸方 貸倒引当金	30

洗替処理では、「貸倒引当金」の前期繰越高の全額を収益に戻し入れます。

②差額処理の場合

● 前期の決算において計上した貸倒引当金40万円を設定した。今期末に売掛金に対して、貸倒引当金30万円と設定した。

前期末：

借方 貸倒引当金繰入額	40	貸方 貸倒引当金	40

今期末：

借方 貸倒引当金	10	貸方 貸倒引当金戻入益	10

差額処理では、当期の貸倒れ引当額（30）を前期末繰越高（40）が超えていた場合、その差額（10）を「貸倒引当金戻入益」として収益に戻し入れます。

■ 会計処理を行う際の注意点！

◎ 前期に「貸倒損失」として処理した債権が、当期になって回収された場合、その回収金額は「償却債権取立益」として処理します。

関連科目 貸倒引当金（P108）、貸倒引当金繰入額（P288）、前期損益修正益（P326）

7-2 特別利益・特別損失

そのたのとくべつそんえき
その他の
特別損益

どんな科目なの？

当期の経常的な経営成績を適正に表示するため、特別損益の区分に計上するものです。

特別損益の区分に計上する勘定科目には、前述の「固定資産売却益(損)」、「貸倒引当金戻入益」の他に、次のようなものがあります。

①債務免除益（さいむめんじょえき）

摘要
- 買掛金債務免除
- 未払金債務免除
- 借入金債務免除
- 未回収債務免除

債務免除益とは、財政状態が著しい悪化した場合に、取引先や役員等の債権者から受けた債務の免除額を処理する勘定科目です。

◆ 取引別の仕訳例 ◆

- 債務免除益

業績が著しく悪化してしまったので、役員からの短期借入金50万円について債務免除を受けることとなった。

借方 短期借入金	50	貸方 債務免除益	50

②保険差益（ほけんさえき）

摘要
- 焼失資産の保険差益
- 火災による保険差益

保険差益とは、火災によって焼失した資産やその後の後片付け費用などを、火災保険の金額が上回った場合、その超過額を処理する勘定科目です。

◆ 取引別の仕訳例 ◆

- 保険差益

火災が発生し、倉庫(取得価額500万円、減価償却累計額300万円)と商品200万円が全焼した。後片付け費用として、50万円を小切手で支払った。ただし、火災保険に加入していたので、保険金として600万円が普通預金口座に振り込まれた。

借方 減価償却累計額	300	貸方 建物	500
普通預金	600	商品	200
		当座預金	50
		保険差益	150

発生
設立
資産
金融関連
その他

③受贈益(じゅぞうえき)

摘要
- 贈与商品
- 贈与製品
- 広告宣伝用ケース
- 広告宣伝用資産
- 社名入り自動車
- 商品名入り陳列棚

　受贈益は、第三者から商品や有形固定資産を無償譲渡や低廉譲渡された場合に、時価との差額を処理する勘定科目です。

◆ 取引別の仕訳例 ◆

- 受贈益
  取引先から商品名入りの車両(時価200万円)を150万円で購入し、普通預金口座から振り込んだ。

借方	車両運搬具	200	貸方	普通預金	150
				受贈益	50

④火災損失(かさいそんしつ)

摘要
- 焼失資産の損失
- 火災による損失

　火災損失とは、火災によって焼失した資産やその後の跡片付け費用などで損害を受けた場合、その損害額を処理する勘定科目です。

◆ 取引別の仕訳例 ◆

- 火災損失
  火災が発生し、倉庫(取得価額500万円、減価償却累計額300万円)と商品200万円が全焼した。後片付け費用として50万円を小切手で支払った。

借方	減価償却累計額	300	貸方	建物	500
	火災損失	450		商品	200
				当座預金	50

関連科目 減価償却累計額(P134)、固定資産(P116〜126)、減価償却累計額(P134)、CASE(P41)

7-3 税金他

法人税等
ほうじんぜいとう

どんな科目なの？

決算で確定した、会社が負担すべき当期の税金（法人税、住民税、事業税）のことです。

摘要　　●事業税　●住民税　●法人税

法人税等とは、確定した決算において、課税所得を基準として計算された税額の総称で、当期に会社が負担すべき税金を処理する勘定科目です。「法人税等」とは、具体的には法人税、住民税（道府県民税・市町村民税）、事業税（所得割）です。「法人税、住民税及び事業税」という勘定科目で表示することもあります。

損益計算書上、「法人税等」は税引前当期純利益（損失）の次に掲載されます。

増加する仕訳例

決算に際し、当期の法人税等の納付額50万円と計算された。

借方 **法人税等**	50	貸方 未払法人税等	50

▼主な取引例
●法人税等の未納税額　●法人税等の予定納税額　等

減少する仕訳例

中間決算の時に、中間申告により事業税20万円を納付した。その後、業関が悪化したため当期の事業税がゼロとなり、還付されることなり普通預金口座に振り込まれた。

借方 普通預金	20	貸方 **法人税等**	20

▼主な取引例
●中間納付額還付　●他勘定への振替　●取消や修正　等

Point!　〜予定申告と中間申告について〜

　事業年度開始日以後6カ月を経過した日から2カ月以内に、税務署長に対し中間申告書を提出し、中間申告書に記載した税額を納付する必要があります。中間申告の方法には、**予定申告**（前期の実績による申告）と**中間申告**（仮決算による申告）があります。ただし、予定申告と中間申告のいずれの方法によるか、遅くとも申告期限の1カ月ほど前（事業年度開始日以後7カ月）までに、その選択をしなければなりません。

◆ 取引別の仕訳例 ◆

①中間納付・予定納付がない場合

● 決算に際し、当期の法人税50万円、住民税10万円、事業税10万円を概算した。

| 借方 法人税等 | 70 | 貸方 未払法人税等 | 70 |

● 上記の未払法人税等を普通預金口座から納付した。

| 借方 未払法人税等 | 70 | 貸方 普通預金 | 70 |

法人税等は、その事業年度の終了時に納税義務が発生するため、決算時に当期納税額を算出して、「法人税等（法人税・住民税及び事業税）」として費用に計上します。しかし、決算日から2カ月後が実際の納付期限ですので、決算日から納付までの期間、未納付分を「未払法人税等」として負債に計上します。

②中間納付・予定納付がある場合

● 決算に際し、当期の法人税50万円、住民税10万円、事業税10万円を概算した。なお、中間申告時に、中間納付額40万円を仮払法人税等として計上している。

| 借方 法人税等 | 70 | 貸方 仮払法人税等 | 40 |
| | | 未払法人税等 | 30 |

● 上記の未払法人税等を普通預金口座から納付した。

| 借方 未払法人税等 | 30 | 貸方 普通預金 | 30 |

会計処理を行う際の注意点！

◎ 1年決算の法人が、中間申告や予定申告で納付した法人税等（法人税、住民税、事業税）を「仮払法人税等」の勘定科目で計上します。実務上、法人税等とは区別して会計処理した方がいいです。
◎ 中間納付額を「仮払法人税等」として計上した場合は、当期の負担すべき税額から中間納付額を控除した金額を「未払法人税等」とします。
◎ 税務調査などで納付すべき税額が増加した場合は、さらに税金を納付しなければなりません。その際に課される過少申告加算税などは、「租税公課」で処理します。他方、税額が減少した場合は税金が還付されます。その際に付される還付加算金は、「雑収入」で処理します。

関連科目 未払法人税等(P180)、仮払法人税等(P114)、租税公課(P284)、雑収入(P314)

7-3 税金他

法人税等調整額
ほうじんぜいとうちょうせいがく

どんな科目なの？

税効果会計の適用により、会計と税務のアンバランスを解消するため、法人税、住民税、事業税の額を調整する項目のことです。

摘要

- 棚卸資産評価損の計上（損金不算入）
- 貸倒引当金の計上（損金不算入）
- 有価証券評価差額の計上
- 利益処分方式による減価償却資産の圧縮記帳
- 賞与引当金の計上（損金不算入）
- 税務上の特別償却準備金の計上

決算

原価・棚卸 / 減価償却 / 貸倒 / 経過勘定 / 税金

法人税等調整額とは、税効果会計より生じる税効果額で、将来減算一時差異や将来加算一時差異にかかる法人税等相当額を処理する勘定科目です。

「法人税等調整額」は「繰延税金資産」と「繰延税金負債」の相手勘定です。「繰延税金資産」は、将来減算一時差異（会計と税務上の差異が将来に解消する時、課税所得を減少させる効果を持つもの）にかかる法人税等相当額として計上されます。一方、「繰延税金負債」は、将来加算一時差異（会計と税務上の差異が将来に解消する時、課税所得を増加させる効果を持つもの）にかかる法人税等相当額として計上されます。

増加する仕訳例

決算に際し、将来加算一時差異200万円が認識された。なお、実効税率は40％であった。

借方 法人税等調整額	80	貸方 繰延税金負債	80

▼主な取引例

- 利益処分方式による減価償却資産の圧縮記帳などによる将来加算一時差異の発生
- 貸倒引当金の計上などの将来減算一時差異の解消　等

減少する仕訳例

決算に際し、将来減算一時差異200万円が認識された。なお、実効税率は40％であった。

借方 繰延税金資産	80	貸方 法人税等調整額	80

▼主な取引例

- 利益処分方式による圧縮記帳を実施した資産の売却などの将来加算一時差異の解消
- 貸倒引当金の計上などの将来減算一時差異の発生　等

Point!　～税効果会計とは～

税効果会計とは、会計上の資産・負債の額と税法上の資産・負債の額に相違や、会計と税法の間における収益と益金、費用と損金の認識時点の違いがある場合、税法における課税所得から計算された法人税等の額を、会計上の利益計算の考え方に調整するために、適切に期間配分するための会計処理です。

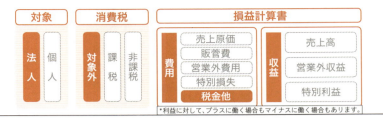

取引別の仕訳例

①繰延税金資産の計上の場合

● 決算に際し、税務上、棚卸資産500万円に損金算入されなかった棚卸資産の評価損200万円が生じ、将来減算一時差異が認識された。なお、実効税率は40%であった。

借方 繰延税金資産 80	貸方 法人税等調整額 80

「会計上の資産＜税務上の資産」または「会計上の負債＞税務上の負債」の場合に、将来減算一時差異が生じます。例えば、上記のケースでは「会計上の資産(500 − 200)＜税務上の資産(500)」ですので、将来減算一時差異です。
繰延税金資産の金額は、将来減算一時差異に、回収が行われると見込まれる期の法定実効税率を乗ずることで計算されます。
＊繰延税金資産80＝将来減算一時差異200×実効税率40%

「繰延税金資産」は法人税等の前払額に相当するので、法人税等の将来支払額を減額する効果があります。なお、法定実効税率は次の算式で計算されます。
＊法定実効税率＝〔法人税率×(1＋住民税率)＋事業税率〕÷(1＋事業税率)

②繰延税金資産の取崩の場合

● 前期末に、税務上は損金算入されなかった棚卸資産の評価損200万円のうち、半分を廃棄処分したため、税務上損金算入が認められた。なお、実行税率は40%であった。

借方 法人税等調整額 40	貸方 繰延税金資産 40

今期、税務上、損金算入を認められた評価損に対応する「繰延税金資産」を取り崩し、相手勘定として「法人税等調整額」を借方に計上します。
＊繰延税金資産40万円＝評価損200万円×1/2×実効税率40%

会計処理を行う際の注意点！

◎当期純利益と法人税等の額を対応させるため、一時差異にかかる法人税相当額を「法人税等調整額」として損益計算書に計上します。

関連科目 繰延税金資産(P110)、繰延税金負債(P200)

第 8 章

個人事業者の固有項目

8-1 個人事業者（貸借対照表）
　　事業主貸
　　事業主借
　　元入金
8-2 個人事業者（損益計算書）
　　自家消費
　　専従者給与

8-1 個人事業者（貸借対照表）

事業主貸
じぎょうぬしかし

どんな科目なの？

個人で事業を営んでいる場合に、個人的な目的（生活費など）のために、事業主に対して支出された金額のことです。

摘要

- ●生活費の支払い
- ●事業主の立替払い
- ●有価証券購入
- ●家事消費
- ●家事消費分の減価償却費
- ●家事消費分の地代家賃
- ●個人住民税
- ●個人所得税
- ●天引きされた源泉税
- ●国民健康保険料の支払い
- ●国民年金保険料の支払い

事業主貸とは、個人事業を営んでいる場合に、事業用資金の中から、その個人事業主に生活費などの資金を支出した金額を処理する勘定科目です。「事業主貸」は個人事業主に対する貸付を意味します。事業の必要経費にできない生活費、所得税・住民税等の立替払額、支払い時に天引きされた源泉税、国民健康保険・国民年金の支払いなどを「事業主貸」で処理します。

増加する仕訳例

事業用の普通預金口座から国民年金保険料2万円が引き落とされた。

借方 事業主貸	2	貸方 普通預金	2

▼主な取引例
- ●事業主の立替払い
- ●生活費の支払い
- ●家事消費
- ●家事消費分の減価償却費や地代家賃
- ●個人住民税、個人所得税などの支払い
- ●事業主への貸付　等

減少する仕訳例

決算に際し、事業主貸の残高100万円と事業主借の残高100万円を相殺した。

借方 事業主借	100	貸方 事業主貸	100

▼主な取引例
- ●事業主借との相殺
- ●元入金との相殺　等

Point!　～プライベートとの区分～

個人事業の場合、事業用の資金と、個人の生活用の資金の出し入れが一緒になってしまいがちです。そこで、事業用と個人生活用の資金の動きを区分するため、会計上、「事業主貸」や「事業主借」の勘定科目を使って仕訳をします。

338

◆ 取引別の仕訳例 ◆

①計上する場合

- 生活費の支払い：事業用の普通預金口座から今月の生活費10万円を引き出した。

借方 事業主貸	10	貸方 普通預金	10

- 税金の支払い：事業主の所得税5万円を現金で納付した。

借方 事業主貸	5	貸方 現金	5

- 建築費の按分：住居と兼用の事務所を建築して、現金500万円を支払った。床面積の利用割合は店舗60％である。

借方 建物	300	貸方 現金	500
事業主貸	200		

個人事業主の所得税、住民税、社会保険料、延滞税などは必要経費にできないので、「事業主貸」で処理します。一方、事業税、消費税、自動車税、固定資産税、不動産取得税、印紙税などは必要経費として計上できるので、「租税公課」などで処理します。

②相殺する場合

- 決算に際し、事業主貸の残高200万円と事業主借の残高150万円と相殺した

借方 事業主借	150	貸方 事業主貸	200
元入金	50		

期末には、「事業主貸」と「事業主借」は相殺して、「元入金」に振替えます。

会計処理を行う際の注意点！

◎店舗や事務所と住宅を兼用している場合は、固定資産税、登録免許税、不動産取得税などを事業分の床面積で按分して、必要経費にできます。同じように、水道光熱費、地代家賃なども使用割合や床面積で按分し、事業用は経費として、個人用は「事業主貸」として処理します。
◎携帯電話などの通信費も、事業用と個人用に按分できます。

関連科目 事業主借（P340）、元入金（P342）

8-1 個人事業者（貸借対照表）

事業主借
じぎょうぬしかり

どんな科目なの？

個人で事業を営んでいる場合に、事業主から事業用資金として受け入れた金額や事業以外の収入のことです。

摘要

- 個人資金拠出
- 保険契約者配当金
- 収益分配金
- 配当金
- 普通預金利息
- 通知預金利息
- 貸付金利息

- 現金の補充
- 受取配当金
- 出資配当金
- 投資信託収益分配金
- 定期預金利息
- 社債利息
- 有価証券売却益

- 個人カードの支払い
- 株式配当金
- 中間配当金
- 手形割引料受取
- 郵便貯金利息
- 満期利息
- 有価証券利息

日常

経費

資金

売上

仕入

その他

　事業主貸とは、個人事業を営んでいる場合に、個人事業主から事業用資金を受け入れたり、事業に関係のない事業所得以外の収入を事業に受け入れたり、預貯金の利息を受け入れたりした金額を処理する勘定科目です。「事業主借」は個人事業主からの借入れを意味します。事業主からの一時的な資金の提供、有価証券売却益、配当金、預貯金の利息などを、「事業主借」で処理します。

増加する仕訳例

事務所で使用する筆記用具とノート類を1万円で購入し、代金を個人用のクレジットカードで支払った。

| 借方 事務用品費 | 1 | 貸方 事業主借 | 1 |

▼主な取引例
- 個人資金の拠出　● 事業主からの現金補充　● 預貯金の利息　● 配当金　等

減少する仕訳例

決算に際し、事業主貸の残高100万円と事業主借の残高100万円を相殺した。

| 借方 事業主借 | 100 | 貸方 事業主貸 | 100 |

▼主な取引例
- 事業主貸との相殺　● 元入金への振替　等

Point!　〜プライベートとの区分〜

　個人事業の場合、事業用の資金と、個人の生活用の資金の出し入れが一緒になってしまいがちです。そこで、事業用と個人生活用の資金の動きを区分するため、会計上、「事業主借」や「事業主貸」の勘定科目を使って仕訳をします。

対になる科目	対象	消費税	貸借対照表		
事業主貸 P343	法人 / **個人**	**対象外** / 課税 / 非課税	資産	流動資産 有形固定資産 無形固定資産 投資その他の資産 繰延資産	**負債** 流動負債 固定負債 純資産 株主資本 それ以外

◆ 取引別の仕訳例 ◆

①計上する場合

● 事業主からの借入：事業用資金が不足しているため、事業用の普通預金口座に事業主が個人の資金50万円を入金した。

借方 普通預金	50	貸方 事業主借	50

● 事業外の収入：事業用の普通預金口座に、源泉税等控除後の利息1万円が入金された。

借方 普通預金	1	貸方 事業主借	1

事業用の預金に対する利息は源泉分離課税の対象なので、所得税の計算には影響しません。

● 事業用資産の売却：事業用自動車（取得価額200万円、減価償却累計額160万円）を50万円で売却した。売却代金が事業用の普通預金口座に振り込まれた。

借方 普通預金	50	貸方 車両運搬具	200
減価償却累計額	160	事業主借	10

②相殺する場合

● 決算に際し、事業主貸の残高200万円と事業主借の残高150万円と相殺した

借方 事業主借	150	貸方 事業主貸	200
元入金	50		

期末には「事業主貸」と「事業主借」は相殺して、「元入金」に振替えます。

会計処理を行う際の注意点！

◎事業用資産の売却は、事業所得にはあたらず譲渡所得となります。よって、売却益の場合は「事業主借」で、売却損の場合は「事業主貸」で処理します。

関連科目 事業主貸（P338）、元入金（P342）

第8章 個人事業者の固有項目 **341**

8-1 個人事業者（貸借対照表）

もといれきん
元入金

どんな科目なの？

個人で事業を始める場合の、事業の元手となる資金のことです。

摘要
- 開業資金の拠出
- 個人事業資金
- 事業開始資金
- 年度末振替
- 事業主借との相殺
- 事業主貸との相殺

元入金とは、個人事業者が個人事業を始めるにあたって拠出した事業資金を処理する勘定科目です。「元入金」は、事業開始以降は、事業主が事業のために拠出している年初の金額（年初の資産の総額から負債の総額を控除した額）となります。

発生 ▶ 設立 ▶ 資産 ▶ 金融関連 ▶ その他

増加する仕訳例

個人が事業を開始するに際し、事業資金として現金100万円を新規事業用の普通預金口座に入金した。

借方 普通預金	100	貸方 元入金	100

▼主な取引例
- 事業資金の払い込み
- 事業資金の拠出
- 青色申告特別控除前所得の振替
- 事業主借との相殺　等

減少する仕訳例

年末に事業主貸30万円と元入金を相殺した。

借方 元入金	30	貸方 事業主貸	30

▼主な取引例
- 事業主貸との相殺
- 翌期首振替え　等

Point! 〜「元入金」と「資本金」について〜

「元入金」は、事業開始時に個人事業主の拠出した資金で、会社の「資本金」に相当します。ただし、「資本金」は増資や減資の手続きをとらない限り増減しませんが、「元入金」は翌年度以降に事業で獲得した儲けなどが加減算されるので、毎期、変動していきます。よって、「元入金」は会社の「資本金」というよりも、純資産の部（資本金、剰余金）と考えたほうが適切です。

342

◆ 取引別の仕訳例 ◆

①事業の開始の場合

- 個人が事業を開始するに際し、新規に普通預金口座を開設した。事業資金として500万円を入金した。

借方 普通預金	500	貸方 元入金	500

- 個人事業を開始するため、手持ちの現金200万円を事業用の普通預金口座に入金した。開業に際し、開業準備のための費用が10万円を支出している。

借方 普通預金	200	貸方 元入金	210
開業費	10		

②事業主貸・事業主借と相殺する場合

- 年末に事業主貸200万円と事業主借300万円を相殺して、元入金に振替えた。

借方 事業主借	300	貸方 事業主貸	200
		元入金	100

- 年末に事業主貸300万円と事業主借200万円を相殺して、元入金に振替えた。

借方 事業主借	200	貸方 事業主貸	300
元入金	100		

「元入金」は、年初に資産総額から負債総額を引いた金額なります。よって、期中には変化しません。各期の「事業主貸」と「事業主借」は、年末に相殺して「元入金」に振り替えます。

翌期首の「元入金」は、次の式で計算できます。
*翌期首元入金＝前期末元入金＋青色申告特別控除前所得＋事業主借－事業主貸

会計処理を行う際の注意点！

◎ 青色申告特別控除とは、個人事業者が正規の簿記の原則（一般的には複式簿記）によって、貸借対照表と損益計算書を作成し、青色申告で所得税を確定申告する場合に所得金額から65万円を控除できる制度です。

関連科目 事業主貸（P338）、事業主借（P340）、CASE（P26, 27）

8-2 個人事業者（損益計算書）

自家消費
じかしょうひ

どんな科目なの？

個人事業者が事業の商品など自分用に使ったり、他の人にあげたりした場合に売上として計上するものです。

摘要

- 事業用資産の自家消費
- 家事消費
- 商品の自家消費
- 棚卸資産の自家消費
- 製品の自家消費
- 商品贈与
- 商品贈答
- 製品贈与
- 製品贈答

自家消費とは、個人事業者が、商品や製品などの棚卸資産やその他の資産を家事のために消費したり、他者に贈与したり、事業の広告宣伝用や得意先などへの中元・お歳暮などに使用したりした金額を処理する勘定科目です。「自家消費」の名称以外で、「家事消費等」や「事業用消費」といった勘定科目を設定している場合もあります。

増加する仕訳例

個人事業者が店で取り扱っている商品（仕入価額1万円）を、親戚に引っ越し祝いとしてプレゼントした。

借方 事業主貸	1	貸方 自家消費	1

▼主な取引例
- 棚卸資産の贈与／贈答
- 家事消費　等

減少する仕訳例

個人事業主が店で取り扱っている商品（仕入価額1万円）を得意先へ贈与した際、自家消費として処理していたが、売上高に振替えた。

借方 自家消費	1	貸方 売上高	1

▼主な取引例
- 他勘定への振替
- 取消や修正　等

Point!　～自家消費は売上に～

個人事業主が取り扱っている商品などを家事用に消費したり、他者に贈与したりした際に「自家消費」として処理した金額は、「売上高」になります。青色申告書の「月別売上（収入）金額及び仕入金額」の形式では、月別売上（収入）に加えるものとして、「家事消費等」の欄が設定されています。ただし、家事用に消費した分などを、その都度「売上高」に計上している場合は、特に「自家消費」として処理しなくてもかまいません。

344

◆ 取引別の仕訳例 ◆

①原価で計上する場合

- 個人事業者が店で取り扱っている商品(仕入価額3万円)を、自分用に使用した。

借方 事業主貸	3	貸方 自家消費	3

- 個人事業者が店で取り扱っている商品(仕入価額3万円)を、得意先へのお中元とした。

借方 事業主貸	3	貸方 自家消費	3

家事用に消費した分や贈答した分は、借方に「事業主貸」として、貸方に「自家消費」として計上します。

②販売価額の70%で計上する場合

- 個人事業者が店で取り扱っている商品定価20万円の商品(仕入価額10万円)を、広告宣伝用として取引先に贈与した。

借方 事業主貸	14	貸方 自家消費	14

所得税法上、家事消費額を算出する場合、その商品の仕入価額以上で、かつ通常の販売価格の70％以上の金額で計上します。つまり、この場合は仕入価額が10万円で、かつ販売価額20万円の70％は14万円となりますので、「自家消費」として14万円を計上します。

会計処理を行う際の注意点！

◎個人事業者が棚卸資産などを家事のために使用した場合、その時価に相当する額に対して消費税が課税されます。ただし、棚卸資産を自家消費した場合、その棚卸資産の仕入価額以上の金額で、かつ、その棚卸資産の通常他に販売する価額のおおむね50％以上に相当する金額以上を対価の額として確定した時は、その金額で課税されます。

関連科目 売上高(P228)、事業主貸(P338)

8-2 個人事業者（損益計算書）

専従者給与
せんじゅうしゃきゅうよ

どんな科目なの？

青色申告をしている個人事業者が、家族などの従業員（いわゆる青色事業専従者）に支払った給与のことです。

摘要

- 専従者給与
- 家族給与
- 親族給与
- 配偶者給与
- 夫給与
- 妻給与
- 父給与
- 母給与
- 子供給与
- 息子給与
- 娘給与
- 家族従業員給与

専従者給与とは、青色申告をしている個人事業者が青色事業専従者（いわゆる家族の従業員）に対して、給料として支払った金額を処理する勘定科目です。「専従者給与」は、個人事業者が**青色事業専従者給与の特例**を受けている場合の勘定科目です。

増加する仕訳例

青色事業専従者である配偶者に、今月分の給与10万円を現金で支払った。

借方 専従者給与	10	貸方 現金	10

▼主な取引例
- 配偶者の給与
- 専従者の給与
- 家族従業員の給与　等

減少する仕訳例

生計を別にする（青色事業専従者でない）母親に対する今月分の給与10万円を「専従者給与」として処理していたので、「給与手当」に振替えた。

借方 給与手当	10	貸方 専従者給与	10

▼主な取引例
- 他勘定への振替
- 取消や修正　等

Point!　～青色事業者専従者給与の特例～

法人が支払う給与は事業の経費となりますが、税法上、個人事業者が家族従業員に対して支払う給与は、原則として必要経費に算入できません。

しかし、個人事業者が青色申告者の場合、一定の要件の下で、個人事業者が家族従業員に実際に支払った給与の額を「専従者給与」として必要経費に算入できます。これを、青色事業者専従者給与の特例といいます。

◆ 取引別の仕訳例 ◆

①税務署に提出した専従者給与の範囲内の場合

- 青色事業専従者である家族に、今月分の給与30万円を普通預金口座から振り込んだ。なお、源泉徴収税3万円を控除した。

借方 専従者給与	30	貸方 普通預金	27
		預り金	3

青色申告者には、以下の要件を満たすと青色事業専従者給与の特例が受けられます。

- ◎青色申告者と生計を一にする配偶者その他の親族や、その年の12月31日現在で年齢が15歳以上の親族に支払われた給与であること。ただし、その年を通じて6月を超える期間（一定の場合には事業に従事することができる期間の2分の1を超える期間）、その青色申告者の営む事業に専ら従事していること。
- ◎青色事業専従者給与を支払う年の3月15日までに、「青色事業専従者給与に関する届出書」を所轄の税務署長に提出していること。
- ◎届出書に記載されている方法により、記載されている金額の範囲内で支払われたものであること。
- ◎青色事業専従者給与は、労務の対価として相当であると認められる金額であること。

②税務署に提出した専従者給与の範囲を超える場合

- 税務署には配偶者の専従者給与は月30万円と提出してあるが、配偶者に歩合給として40万円を普通預金口座から振り込んだ。なお、源泉徴収税4万円を控除した。

借方 専従者給与	30	貸方 普通預金	36
事業主貸	10	預り金	4

税務署に提出した専従者給与を超える金額は、必要経費に算入することはできません。

会計処理を行う際の注意点！

- ◎青色事業専従者に対する給与のうち、労務の対価として過大とされる部分は必要経費に算入することはできません。

関連科目 事業主貸（P338）、給与手当（P240）

付録

業種別の勘定科目一覧

　ここでは付録として、営利を目的とする法人だけでなく、非営利を目的とする法人を含めて、以下6業種の業界特有の勘定科目を挙げています。

> ①建設業
> ②農業
> ③運輸業
> ④医療法人
> ⑤社会福祉法人
> ⑥公益法人

　財務諸表上の表示場所、勘定科目名、その意味する内容を説明しています。次の点を注意しながら、参照してください。

- 一般的によく使用される勘定科目と同じ内容を、まったく違う勘定科目名で表示したりすることがあります。例えば、建設業では「売掛金」を「完成工事未収入金」と呼びます。
- 一般的には使用しない勘定科目があります。例えば、農業では「大家畜」といった勘定科目を使います。

① 建設業

建設業特有の勘定科目とその内容です。

建設業者は工事の施工を実施することを主たる業務としています。建設業では、工事を受注し着工・完成させて、顧客に引き渡すまでの期間が、1年を超えて長期になることがあります。そのため、建設業では「工事契約に関する会計基準」とその「適用指針」が設けられおり、独特の勘定科目が使用されています。

以下、貸借対照表に表示される建設業特有の勘定科目です。

「完成工事未収入金」から「完成工事補償引当金」までは、通常の小売業、卸売業、製造業などで使用する勘定科目とは、同じ取引内容であっても名称が異なる勘定科目です。「工事損失引当金」は、建設業固有の取引内容を示す勘定科目です。

▼貸借対照表に関する勘定科目

区分		勘定科目	内容
資産の部	流動資産	完成工事未収入金	完成した工事の売上高のうち、代金が未回収なもの。「売掛金」に相当。
		未成工事支出金	完成工事原価に振り替えるまでの投入原価(材料費、労務費、経費)のこと。「仕掛品」に相当。
負債の部	流動負債	工事未払金	工事原価(材料費、労務費、経費)にする費用の未払いのもの。「買掛金」に相当。
		未成工事受入金	顧客から請負金の一部を受け取ったもの。「前受金」に相当。
		完成工事補償引当金	完成工事に関する瑕疵担保やアフターサービスに対する引当金。「製品保証等引当金」に相当。
		工事損失引当金	工事契約について、工事原価総額等が工事収益総額を超過する可能性が高く、かつ、その金額が合理的に見積もることができる場合、その工事損失のうち、工事契約に関してすでに計上された損益の額を控除した残額について計上される引当金。

以下、損益計算書に表示される建設業特有の勘定科目です。

「工事負担金」以外は、通常の小売業、卸売業、製造業などで使用する勘定科目とは、同じ取引内容であっても名称が異なる勘定科目です。「工事負担金」は、建設業固有の取引内容を示す勘定科目です。

▼貸借対照表に関する勘定科目

区分		勘定科目	内容
収益	売上高	完成工事高	完成し、引き渡した工事の最終的な総請負額。「売上高」に相当。
	特別利益	工事負担金	公共の利益を図る目的などで、工事の負担を軽減するために地方公共団体等から受け入れた資金。
		完成工事補償引当金戻入	過年度に想定していたよりも工事補償が起きなかったことによる、「完成工事補償引当金」の戻入分。
費用	売上原価	完成工事原価	完成工事高に対応する工事の原価。「売上原価」に相当。

付録
①建設業

付録　業種別の勘定科目一覧　351

② 農業

農業特有の勘定科目とその内容です。

農業は生物や作物などを育成する業種であり、他の産業の勘定科目とは異なる勘定科目が存在します。また、国策や農協との兼ね合いもあり、独特の取引内容もあります。そのため、農業では「農業の会計に関する指針」が設けられています。

以下、貸借対照表に表示される農業特有の勘定科目です。

「仕掛品」といった通常の製造業などで使用する勘定科目でも、その意味する内容は育成中の牛であったりします。また、果樹園などは「大植物」として「固定資産」に表示されます。機械や設備など一般的な固定資産の内容と異なりますので、注意が必要です。さらに、「組勘」など、農協との取引で使用される農業固有の取引もあります。

▼貸借対照表に関する勘定科目

区分		勘定科目	内容
資産の部	流動資産	原材料	種子、肥料、飼料、農薬などの諸材料。
		仕掛品	育成牛などの育成に要した費用や、ブロイラーなどの肥育に要した費用。
		農産物	玄米、野菜などの生産物。
	固定資産	大家畜	乳牛、繁殖牛など（取得価額10万円以上のもの。
		大植物	成木に達した果樹園など。
		育成仮勘定	育成中の農業用の生物にかかる支出。
		外部出資金	農協への出資金や有価証券など。
負債の部	流動負債	組勘	肥料などの生産資材を農協から購入した場合で、農協組合員勘定制度に基づく債務残高。「当座借越」に類似。
純資産の部	株主資本	農用地利用集積準備金	特定農業法人の農業収入の9％を積み立てた額。
		農業経営基盤強化準備金	水田経営所得安定対策などの交付金相当を積み立てた額。

以下、損益計算書に表示される農業特有の勘定科目です。

農畜産物の売却収入以外に、農畜産物の価格交付金なども「売上高」を構成します。また、各種の共済金、助成金、補填金にかかる勘定科目も多くあります。

▼損益計算書に関する勘定科目

区分		勘定科目	内容
収益	売上高	生物売却収入	減価償却資産である生物を売却した収入。
		作業受託収入	農作業などの作業受託による収入。
		価格補填収入	農畜産物の価格差交付金や価格安定基金の補填金。
	事業外収入	受取共済金	家畜共済などの経常的に発生する共済金。
		一般助成収入	経常的に交付される助成金。
		作付助成収入	作付け面積を基準に交付される交付金など。
	特別利益	経営安定補填収入	過年度の農産物・畜産物の価格下落等による補填金。
費用	生産原価	生物売却原価	減価償却資産である生物の売却直前の帳簿価額。
	事業外費用	家畜処分損	家畜の除却、処理の費用。

付録　業種別の勘定科目一覧 **353**

③ 運輸業

運輸業特有の勘定科目とその内容です。

運輸業の特徴は、国内輸送だけなく海外との取引も多くあること、事業所が散在しているため事業所間の取引が多くあることなどが挙げられます。

以下、貸借対照表に表示される運輸業特有の勘定科目です。

「営業未収入金」「未収取立金」「営業未払金」「未払取立金」など、業界特有の勘定科目があります。

▼貸借対照表に関する勘定科目

区分		勘定科目	内容
資産の部	流動資産	営業未収入金	運輸事業に関する売上高のうち、代金が未回収なもの。「売掛金」に相当。
		荷主貸	営業取引に関する運賃や、料金などの荷主に対する債権。
		他店貸	営業取引に関する運賃や、料金などの他店に対する債権。
		直轄店貸	営業取引に関する運賃や、料金などの直轄店に対する債権。
		未収取立金	荷主の委託を受けて鉄道会社に請求すべき債権など。
負債の部	流動負債	営業未払金	運輸事業に関する費用の未払いのもの。「買掛金」に相当。
		他店借	営業取引に関する運賃や、料金などの他店に対する債務。
		直轄店借	営業取引に関する運賃や、料金などの直轄店に対する債務。
		未払運賃	鉄道会社などに対する運賃等の債務。
		未払取立金	荷為替など取立委託にかかる未払分。
		荷掛預り金	取扱い貨物に付随する運賃や輸入貨物の関税など。

以下、損益計算書に表示される運輸業特有の勘定科目です。

小売業、卸売業、製造業などでは「売上高」や「売上原価」を使用しますが、同じ取引内容であっても、「営業収益」や「営業原価」などと名称が異なることもあります。

▼損益計算書に関する勘定科目

区分		勘定科目	内容
収益	売上高	運輸事業収入・営業収益	運輸事業にかかる営業上の収入。
費用	売上原価	営業原価	運輸事業にかかる営業上の収入に対応する原価。

④ 医療法人

　医療法人特有の勘定科目とその内容です。

　医療法人とは、病院、医師、歯科医師が常時勤務する診療所または介護老人保健施設を開設することを目的として、医療法の規定に基づき設立される法人です。医療法等に基づく法人で、一般事業法人とは組織形態や業務内容が大きく異なります。これまで各医療法人の実態に合った税務を重視する会計処理が行われてきましたが、厚生労働省より新たに「医療法人会計基準」が設定されました。医療法人ならではの独得の勘定科目が多くあります。

　以下、貸借対照表に表示される医療法人特有の勘定科目です。

　「医薬品」「診療材料」など医療法人特有の勘定科目であっても、イメージが持ちやすい勘定科目もあります。一方で、本部や他会計に対する会計処理がある場合の、「他会計」に関する勘定科目もあります。

▼貸借対照表に関する勘定科目

区分		勘定科目	内容
資産の部	流動資産	医業未収金	医業の収益に対する未収分。
		医薬品	医薬品の在庫分。
		診療材料	診療用の材料の在庫分。
		給食用材料	給食用の材料の在庫分。
		他会計短期貸付金	本部や他会計などに対する、1年以内に受取期限が到来する貸付金。
	固定資産	医療用器械備品	治療、検査などの医療用の器械、器具、備品など。
		放射性同位元素	診療用の放射性同位元素。
		他会計長期貸付金	本部や他会計などに対する、1年超えて受取期限が到来する貸付金。
負債の部	流動負債	他会計短期借入金	本部や他会計などに対する、1年以内に支払期限が到来する借入金。
	固定負債	他会計長期借入金	本部や他会計などに対する、1年超えて支払期限が到来する借入金。
		長期前受補助金	施設整備補助金等によって取得した資産に対応するもの。毎期の減価償却費を取り崩した後の未償却残高。

医療法人では、損益計算書の区分が一般事業会社とは異なります。まず、医業損益計算の区分で「医業利益（医業収益－医業費用）」が算出されます。その次に、経常損益計算の区分で「経常利益（医業利益＋医業外収益－医業外費用）」が算出されます。最後に、純損益計算の区分で「純利益（経常利益＋臨時収益－臨時費用）」が算出されます。

以下、損益計算書に表示される医療法人特有の勘定科目です。

「医業収益」が、小売業、卸売業、製造業などの「売上高」に相当します。「医業収益」には、「入院診療収益」「室料差額収益」など多くの収益項目があります。

▼損益計算書に関する勘定科目

区分		勘定科目	内容
収益	医業収益	入院診療収益	入院患者の診療、療養にかかる収益（医療保険、公費負担医療など）。
		室料差額収益	特定療養費の対象となる特別の療養環境の提供にかかる収益。
		外来診療収益	外来患者の診療、療養にかかる収益（医療保険、公費負担医療など）。
		保険予防活動収益	各種の健康診断、人間ドック、予防接種などにかかる収益。
		受託検査・施設利用収益	他の医療機関から検査委託を受けた場合の収益や、医療設備機器を他の医療機関に利用させた場合の収益。
		その他の医業収益	文書料などの上記以外の収益。
		保険等査定減	社会保険診療報酬支払基金などの審査機関による審査減額。
	医業外収益	運営費補助金収益	運営に関する補助金や負担金。
		施設設備補助金収益	施設設備にかかる負担金のうち、当期に配分された金額。
		患者外給食収益	従業員など患者以外の人に提供した食事代。
費用	医業費用	医薬品費	投薬用薬品、注射用薬品などの費用。
		診療材料費	カテーテル、縫合糸、酸素、レントゲンフィルムなどの1回ごとに消費する診療材料の費用。
		医療消耗器具備品	診療、検査、看護、給食などの医療用の機械器具などのうち、1年以内に消費するもの。

付録 業種別の勘定科目一覧　357

区分		勘定科目	内容
費用	医業費用	委託費	検査、給食、寝具整備、医療事務、清掃、保守などの各種の外部に委託した費用。
		器機賃借料	固定資産に計上しない器機等のレンタル料。
		器機保守料	器機の保守契約の費用。
		器機設備保険料	施設設備にかかる火災保険料等の費用。
		車両関係費	救急車、検診車などの燃料、車両検査等の費用。
		研究費	研究材料、研究図書等の費用。
		職員被服費	白衣、予防衣、診察衣などの購入費用や洗濯等の費用。
		控除対象外消費税等負担額	病院の負担に属する控除対象外の消費税及び地方消費税。
		本部費配賦額	一定の配賦基準で配賦された本部の費用（本部会計を設けた場合）。
	医業外費用	患者外給食用材料費	従業員など患者以外の人に提供した食事に対する材料費など。
		診療費減免額	患者に無料または低額な料金で診察を行う場合の割引額。
	臨時費用	資産に係る控除対象外消費税負担額	病院の負担に属する控除対象外の消費税及び地方消費税のうち、資産取得部分に関する多額な部分。

⑤ 社会福祉法人

社会福祉法人特有の勘定科目とその内容です。

社会福祉法人とは、社会福祉事業を行うことを目的として、社会福祉法の定めるところにより設立された法人です。社会福祉事業には、第1種社会福祉事業（利用者への影響が大きいため、経営安定を通じた利用者の保護の必要性が高い事業）として、特別養護老人ホームなどの入所施設サービスなどが、第2種社会福祉事業（比較的利用者への影響が小さいため、公的規制の必要性が低い事業）として、子育て支援事業の在宅サービスなどがあります。

これまで法人が実施する事業の種類ごとに様々な会計ルールが併存していましたが、厚生労働省より新たに「社会福祉法人会計基準」が設定され、一元化を図っています

以下、貸借対照表に表示される社会福祉法人特有の勘定科目です。

「医薬品」「給食用材料」など医療法人特有の勘定科目であっても、イメージが持ちやすい勘定科目もあります。一方で、他の事業区分や他の拠点区分に対する会計処理がある場合の、「事業区分間」や「拠点区分間」に関する勘定科目もあります。

▼貸借対照表に関する勘定科目

区分		勘定科目	内容
資産の部	流動資産	事業未収金	事業収益に対する未収分。
		医薬品	医薬品の在庫分。
		診療・療養費等材料	診療用の材料の在庫分。
		給食用材料	給食用の材料の在庫分。
		事業区分間貸付金	他の事業区分に対する、1年以内に回収期限が到来する貸付金。
		拠点区分間貸付金	同一事業区分内における他の拠点区分に対する、1年以内に回収期限が到来する貸付金。
		徴収不能引当金	未収金などについて回収不能額を見積もった場合の引当金。
	固定資産	事業区分間長期貸付金	他の事業区分に対する、1年を超えて回収期限が到来する貸付金。
		拠点区分間長期貸付金	同一事業区分内における他の拠点区分に対する、1年を超えて回収期限が到来する貸付金。
負債の部	流動負債	事業未払金	事業活動にともなう費用で未払分。

付録

⑤社会福祉法人

付録　業種別の勘定科目一覧　**359**

区分		勘定科目	内容
負債の部	流動負債	事業区分間借入金	他の事業区分に対する、1年以内に支払い期限が到来する借入金。
		拠点区分間借入金	同一事業区分内における他の拠点区分に対する、1年以内に支払期限が到来する借入金。
	固定負債	設備資金借入金	施設設備等に関する外部からの借入金で、1年を超えて支払期限が到来するもの。
		長期運営資金借入金	経常経費に関する外部からの借入金で、1年を超えて支払期限が到来するもの。
		事業区分間長期借入金	他の事業区分に対する、1年を超えて支払期限が到来する借入金。
		拠点区分間長期借入金	同一事業区分内における他の拠点区分に対する、1年を超えてに支払期限が到来する借入金。
純資産の部		基本金	会計基準に規定された基本金。
		国庫補助金等特別積立金	会計基準に規定された国庫補助金等特別積立金。

社会福祉法人では、期間損益を表示する計算書として、損益計算書ではなく事業活動計算書が使用されます。まず、サービス活動増減の区分で「①サービス活動増減差額（サービス活動収益計 - サービス活動費用）」が、その次にサービス活動外増減の区分で「②サービス活動外増減差額（サービス活動外収益計 - サービス活動外費用）」が算出されます。「①サービス活動増減差額」と「②サービス活動外増減差額」を合算して、「③経常増減差額」が算出されます。最後に、純損益計算の区分で「純利益（③経常増減差額＋特別収益 - 特別費用）」が算出されます。

　以下、損益計算書に表示される社会福祉法人特有の勘定科目です。

　「サービス活動増減の部」が小売業、卸売業、製造業などの「売上高」に相当します。「サービス活動増減の部」には、「介護保険事業収益」「老人福祉事業収益」など多くの収益項目があります。

▼事業活動計算書に関する勘定科目

区分		勘定科目	内容
収益	サービス活動増減の部	介護保険事業収益	介護保険事業からの収入。
		老人福祉事業収益	老人福祉の措置事業からの収入。
		児童福祉事業収益	児童福祉の措置事業からの収入。
		保育事業収益	保育事業の事業からの収入。
		就労支援事業収益	就労支援の事業からの収入。
		障害福祉サービス等事業収益	障害福祉サービス事業からの収入。
		生活保護事業収益	生活保護の措置事業からの収入。
		医療事業収益	医療事業からの収入。
		経常経費寄附金収益	経常経費に対する寄付金等。
	サービス活動外増減の部	借入金利息補助金収益	施設設備等に対する借入金利息にかかる地方公共団体からの補助金等。
	特別増減の部	施設整備等補助金収益	施設設備等にかかる地方公共団体からの補助金等。
		施設整備等寄附金収益	施設設備等にかかる地方公共団体からの寄付金等。
		長期運営資金借入金元金償還寄附金収益	長期運営資金にかかる寄付金収入。
		事業区分間繰入金収益	他の事業区分からの繰入金の収入。
		拠点区分間繰入金収益	同一事業区分内における他の拠点区分からの繰入金の収入。
		事業区分間固定資産移管収益	他の事業区分からの固定資産の移管による収入。

区分		勘定科目	内容
収益	特別増減の部	拠点区分間固定資産移管収益	同一事業区分内における他の拠点区分からの固定資産の移管による収入。
費用	サービス活動増減の部（人件費）	職員給与	常勤職員に支払う給与や手当。
		職員賞与	職員に対する確定済みの賞与のうち、当期にかかる部分。
		非常勤職員給与	非常勤職員に支払う給与や手当。
		派遣職員費	派遣会社に支払う金額。
	サービス活動増減の部（事業費）	給食費	食材や食品の費用。
		介護用品費	利用者の処遇に使用するオムツやタオル等の介護用品の費用。
		医薬品費	利用者のための施設内の医療に必要な医薬品の費用。
		診療・療養等材料費	カテーテル、縫合糸、酸素等の1回ごとに消費する診療用材料の費用。
		保険衛生費	利用者の健康診断の実施や、施設内の消毒等の費用。
		医療費	利用者が医療機関等で診察を受けた場合の診察報酬等の費用。
		被服費	利用者の衣類、寝具等の購入費用。
		教養娯楽費	利用者のための新聞や雑誌の講読、娯楽用品の購入、演芸会の実施の費用。
		日用品費	利用者に現物で給付する身のまわり品や日用品の費用。
		保育材料費	保育に必要な文具材料などの費用。
		本人支給金	利用者に小遣い、その他の経費として現金支給するための費用。
		教育指導費	利用者に対する教育訓練の費用。
		就職支度費	児童等の就職に必要な被服寝具類の購入費用。
		葬祭費	利用者が死亡したときの葬祭費用。
	サービス活動増減の部（事務費）	職員被服費	職員に支給する白衣、予防衣、作業衣などの購入費用や、洗濯の費用。
		研修研究費	職員のための教育訓練の費用。

区分		勘定科目	内容
費用	サービス活動増減の部 （事務費）	印刷製本費	事務に必要な書類や資料の印刷代や製本代。
		通信運搬費	通信に必要な費用や運搬に必要な費用。
		広報費	施設等の広告料、広報誌の作成費用など。
		業務委託費	洗濯、清掃、警備など施設の業務の一部を他に委託するための費用。
		渉外費	式典や慶弔に必要な費用。
		就労支援事業費用	就労支援事業にかかる材料費、労務費、経費等。
		授産事業費用	授産事業にかかる材料費、労務費、経費等。
		利用者負担軽減額	利用者の負担を軽減した場合の負担軽減額。
		国庫補助金等特別積立金取崩額	国庫補助金等の支出経費の期間費用計上に対応して取り崩された額。
		徴収不能額	金銭債権の徴収不能額のうち、徴収不能引当金で補填されない部分。
		徴収不能引当金繰入	徴収不能額に繰り入れる額。
	特別増減の部	基本金組入額	会計基準に規定された基本金の組入額。
		国庫補助金等特別積立金取崩額（除却等）	国庫補助金等による取得した固定資産の廃棄等に伴って、取り崩された積立金の額。
		国庫補助金等特別積立金積立額	会計基準に規定された国庫補助金等特別積立金の積立額。
		事業区分間繰入金費用	他の事業区分への繰入額。
		拠点区分間繰入金費用	同一事業区分内における他の拠点区分への繰入額。
		事業区分間固定資産移管費用	他の事業区分からの固定資産の移管額。
		拠点区分間固定資産移管費用	同一事業区分内における他の拠点区分からの固定資産の移管額。

付録　業種別の勘定科目一覧　363

付録

⑤社会福祉法人

⑥ 公益法人

公益法人特有の勘定科目とその内容です。

公益法人とは、株式会社などのように営利を目的とする法人とは異なり、社会の公益を図ることを目的とした法人です。「公益法人改革関連法」が施行され、登記により設立した一般社団法人と一般財団法人、また内閣総理大臣等に認定を受けた公益社団法人と公益財団法人があります。

公益法人を取り巻く社会的・経済的な環境が大きく変化してきたことに伴い、「公益法人会計基準」が設定されました。

以下、貸借対照表に表示される公益法人特有の勘定科目です。

公益法人の貸借対照表では、固定資産を「基本財産」「特定財産」「その他固定資産」に区分します。

▼貸借対照表に関する勘定科目

区分		勘定科目	内容
資産の部	固定資産	基本財産	定款において基本財産と定められた資産。
		特定資産	特定の事業の実施など、特定の目的のために使途や運用方法が定められた資産。

公益法人は、利益を目的とする一般の法人と異なり、公益を目的とするため、損益計算書でなく、正味財産増減計算書が使われます。

正味財産増減計算書では、公益法人の正味財産の期中増減の状況を適正に表示するため、「一般正味財産増減の部」と「指定正味財産増減の部」の2つに区分して表示します。

以下、正味財産増減計算書に表示される公益法人特有の勘定科目です。

「経常収益」が小売業、卸売業、製造業などの「売上高」に近いものですが、営利を目的とする法人ではありませんので、「事業収益」の他、「基本財産運用益」「受取会費」「受取寄付金」など公益法人特有の収益項目があります。

▼正味財産増減計算書

区分		勘定科目	内容
一般正味財産増減	経常収益	基本財産運用益	基本財産（定款に基本財産と定められた資産）を運用することで獲得した利息や配当金。
		特定資産運用益	特定資産（特定の目的のために使途や運用が定められた資産）を運用することで獲得した利息や配当金。
		受取入会金	新規の会員から受け取った入会金の収入。

区分		勘定科目	内容
一般正味財産増減	経常収益	受取会費	既存の会員から受け取った年会費などの会費収入。
		事業収益	公益法人の事業活動から生じる収益。
		受取補助金等	国や地方公共団体等から受け入れた補助金や助成金。
		受取寄付金	寄付者等から寄付や募金を受けた場合の収入。
		受取負担金	事業の経費などの一部を、事業の受益者から徴収した場合の収入。
		基本財産評価損益等	決算時に基本財産(定款に基本財産と定められた資産)を時価評価した場合の損益。
		特定資産運評価損益等	決算時に特定資産(特定の目的のために使途や運用が定められた資産)を時価評価した場合の損益。
	経常費用(事業費)	臨時雇賃金	準職員やアルバイトに支払う給与や手当。
		通信運搬費	通信のための費用や運送のための費用。
		消耗什器備品費	支出額が10万円未満、かつ耐用年数が1年未満の什器や備品。
		諸謝金	セミナー講師への謝金や税理士などの顧問料。
		支払助成金	他の公益法人等に対して支払った助成金。
		委託費	特定の業務を他の法人等に委託している場合の費用。
		有価証券運用損	売買目的で保有している有価証券の評価損や売却損。
	経常費用(管理費)	印刷製本費	法人が発行する出版物などの印刷代や製本代。
		光熱水料費	水道、ガス、電気などの料金。
		支払負担金	他の法人等の受益者として利用料などを支払った場合の費用。
		支払寄付金	他の法人等に対して反対給付を求めずに支出した金銭等。
基金の増減	増加要因	基金受入額	基金として資金や財産を受け入れた額。
	減少要因	基金返還額	受け入れた基金を返還した額。

付録　業種別の勘定科目一覧

勘定科目別索引

あ～う

預り金（あずかりきん） ……………………… 190

受取手形（うけとりてがた） …………………… 64

受取配当金（うけとりはいとうきん） ……… 306

受取利息（うけとりりそく） ………………… 302

売上高（うりあげだか） ……………………… 228

売掛金（うりかけきん） ………………………… 68

か

買掛金（かいかけきん） ……………………… 170

会議費（かいぎひ） …………………………… 252

開業費（かいぎょうひ） ……………………… 158

外注費（がいちゅうひ） ……………………… 236

開発費（かいはつひ） ………………………… 164

貸倒損失（かしだおれそんしつ） …………… 290

貸倒引当金（かしだおれひきあてきん） …… 108

貸倒引当金繰入額

　（かしだおれひきあてきんくりいれがく） …… 288

貸倒引当金戻入益

　（かしだおれひきあてきんもどしいれえき） ‥ 328

株式交付費（かぶしきこうふひ） …………… 160

仮受金（かりうけきん） ……………………… 192

仮受消費税（かりうけしょうひぜい） ……… 202

仮払金（かりばらいきん） …………………… 106

仮払消費税（かりばらいしょうひぜい） …… 112

仮払法人税等

　（かりばらいほうじんぜいとう） ………… 114

為替差益（損）（かわせさえき（そん）） ……… 312

き

機械装置（きかいそうち） …………………… 122

寄付金（きふきん） …………………………… 292

あ～う

給与手当（きゅうよてあて） ………………… 240

教育研修費（きょういくけんしゅうひ） …… 296

く

繰延税金資産（くりのべぜいきんしさん） ‥ 110

繰延税金負債（くりのべぜいきんふさい） ‥ 200

クレジット売掛金

　（くれじっとうりかけきん） ………………… 74

け

減価償却費（げんかしょうきゃくひ） ……… 286

減価償却累計額

　（げんかしょうきゃくるいけいがく） …… 134

現金（げんきん） ………………………………… 58

原材料／棚卸資産

　（げんざいりょう／たなおろししさん） …… 86

建設仮勘定（けんせつかりかんじょう） …… 130

こ

工具器具備品（こうぐきぐびひん） ………… 126

広告宣伝費（こうこくせんでんひ） ………… 256

交際費（こうさいひ） ………………………… 254

構築物（こうちくぶつ） ……………………… 120

小口現金（こぐちげんきん） …………………… 60

固定資産除却損

　（こていしさんじょきゃくそん） ………… 322

固定資産売却益（損）

　（こていしさんばいきゃくえき（そん）） …… 320

さ

差入保証金（さしいれほしょうきん） ……… 154

雑収入（ざっしゅうにゅう） ………………… 314

雑損失（ざっそんしつ）·········· 316

雑費（ざっぴ）················· 298

し

仕入高（しいれだか）·············· 230

仕入割引·売上割引

　（しいれわりびき·うりあげわりびき）···· 318

仕掛品／棚卸資産

　（しかかりひん／たなおろししさん）········ 88

自家消費（じかしょうひ）·········· 344

事業主貸（じぎょうぬしかし）·········· 338

事業主借（じぎょうぬしかり）·········· 340

自己株式（じこかぶしき）·········· 220

支払手形（しはらいてがた）·········· 168

支払手数料（しはらいてすうりょう）········· 280

支払保険料（しはらいほけんりょう）········· 278

支払利息割引料

　（しはらいりそくわりびきりょう）········· 304

資本金（しほんきん）·············· 214

資本剰余金（しほんじょうよきん）·········· 216

事務用品費（じむようひんひ）·········· 272

借地権（しゃくちけん）·············· 140

社債（しゃさい）··············· 204

社債発行費（しゃさいはっこうひ）·········· 162

車両運搬具（しゃりょううんぱんぐ）········· 124

車両費（しゃりょうひ）·············· 276

修繕費（しゅうぜんひ）·············· 282

出資金（しゅっしきん）·············· 148

商品券（しょうひんけん）·········· 186

商品／棚卸資産

　（しょうひん／たなおろししさん）········· 80

消耗品費（しょうもうひんひ）·········· 270

賞与（しょうよ）··············· 242

賞与引当金（しょうよひきあてきん）········· 194

諸会費（しょかいひ）·············· 294

新株予約権（しんかぶよやくけん）·········· 224

新聞図書費（しんぶんとしょひ）·········· 274

す～せ

水道光熱費（すいどうこうねつひ）·········· 266

製品／棚卸資産

　（せいひん／たなおろししさん）·········· 84

前期損益修正益（損）

　（ぜんきそんえきしゅうせいえき（そん））····· 326

専従者給与（せんじゅうしゃきゅうよ）····· 346

そ

創立費（そうりつひ）·············· 156

租税公課（そぜいこうか）·········· 284

その他の特別損益

　（そのたのとくべつそんえき）·········· 330

その他の引当金

　（そのたのひきあてきん）·········· 196

その他有価証券評価差額金

　（そのたゆうかしょうけんひょうかさがくきん）··· 222

ソフトウエア（そふとうぇあ）·········· 144

た

退職給付引当金

　（たいしょくきゅうふひきあてきん）······ 208

退職給付費用

　（たいしょくきゅうふひよう）·········· 246

退職金（たいしょくきん）·········· 244

立替金（たてかえきん）·············· 94

索引 | **367**

建物(たてもの) ……………… 116

建物附属設備(たてものふぞくせつび) …… 118

他店商品券(たてんしょうひんけん) ………… 96

棚卸資産の全体像

　(たなおろししさんのぜんたいぞう) ……… 78

短期貸付金(たんきかしつけきん) ………… 102

短期借入金(たんきかりいれきん) ………… 174

ち

地代家賃(ちだいやちん) …………………… 264

長期貸付金(ちょうきかしつけきん) ……… 150

長期借入金(ちょうきかりいれきん) ……… 206

長期前払費用

　(ちょうきまえばらいひよう) …………… 152

貯蔵品/棚卸資産

　(ちょぞうひん/たなおろししさん) ……… 90

賃借料(ちんしゃくりょう) ………………… 262

つ

通勤費(つうきんひ) ……………………… 260

通信費(つうしんひ) ……………………… 268

て

電子記録債権(でんしきろくさいけん) ……… 70

電子記録債務(でんしきろくさいむ) ……… 172

電話加入権(でんわかにゅうけん) ………… 142

と

投資有価証券

　(とうしゆうかしょうけん) ……………… 146

投資有価証券売却益(損)

　(とうしゆうかしょうけんばいきゃくえき(そん)) …… 324

土地(とち) …………………………………… 128

特許権(とっきょけん) ……………………… 138

に〜の

荷造発送費(にづくりはっそうひ) ………… 234

のれん(のれん) …………………………… 136

は〜ふ

販売促進費(はんばいそくしんひ) ………… 232

ファクタリング(ふぁくたりんぐ) …………… 72

福利厚生費(ふくりこうせいひ) …………… 250

ほ

法人税等(ほうじんぜいとう) ……………… 332

法人税等調整額

　(ほうじんぜいとうちょうせいがく) …… 334

法定福利費(ほうていふくりひ) …………… 248

ま

前受金(まえうけきん) ……………………… 184

前受収益(まえうけしゅうえき) …………… 188

前払費用(まえばらいひよう) ……………… 98

前渡金・前払金

　(まえわたしきん・まえばらいきん) ……… 92

み〜も

未収金・未収入金

　(みしゅうきん・みしゅうにゅうきん) …… 104

未収収益(みしゅうしゅうえき) …………… 100

未払金(みばらいきん) ……………………… 176

未払消費税(みばらいしょうひぜい) ……… 178

未払費用(みばらいひよう) ………………… 182

未払法人税等
（みばらいほうじんぜいとう） ················· 180
元入金（もといれきん） ······························ 342

や〜よ

役員報酬（やくいんほうしゅう） ················· 238
有価証券（ゆうかしょうけん） ····················· 76
有価証券売却益（損）（ゆうかしょうけんばいきゃ
くえき（そん）） ································· 308
有価証券評価益（損）（ゆうかしょうけんひょうか
えき（そん）） ································· 310
預金（よきん） ······································· 62

り

リース債務（リーすさいむ） ····················· 210
リース資産（リーすしさん） ····················· 132
利益剰余金（りえきじょうよきん） ············· 216
旅費交通費（りょひこうつうひ） ················· 258

索引 | **369**

摘要別（目的別）索引

*この索引の表記は、「摘要（目的）」「該当する勘定科目名」「掲載ページ番号」という順番になっています。

数字・アルファベット

1年以内返済予定の貸付	短期貸付金	102
1年以内満期到来の満期保有目的債権	有価証券	76
CD-R代	事務用品費	272
EMS	荷造発送費	234
ETC	車両費	276
eラーニング費用	教育研修費	296
IR費用	広告宣伝費	256
ISDN契約料	電話加入権	142
ITシステム	ソフトウェア	144
LAN設備	工具器具備品	126
LAN設備移設工事	修繕費	282
OA機器使用料	会議費	252
OA機器賃借料	賃借料	262
OA機器保守費用	修繕費	282
PASMOチャージ	旅費交通費	258
PL保険料	支払保険料	278
PR費用	広告宣伝費	256
Suicaチャージ	旅費交通費	258
USBメモリー代	消耗品費	270
	事務用品費	272

あ

アーケード	建物附属設備	118
アウトソーシング費用	外注費	236
赤い羽根共同募金	寄付金	292
預り金振替	売掛金	68
預り金利息支払い	支払利息割引料	304
預り保証金	預り金	190
預け入れ	預金	62
圧縮積立金	利益剰余金	218

斡旋費用	支払手数料	280
油（未使用）	貯蔵品/棚卸資産	90

い

慰安旅行費用	福利厚生費	250
維持管理費用	修繕費	282
椅子代	消耗品費	270
委託費用	外注費	236
委託品販売	売上高	228
一時立替	立替金	94
一部入金	前受金	184
井戸	構築物	120
イベント機材レンタル代	賃借料	262
違約金支払い	雑損失	316
イラスト代	外注費	236
医療関係費用	福利厚生費	250
印鑑証明	租税公課	284
印鑑代	事務用品費	272
インクカートリッジ代	事務用品費	272
インク代	消耗品費	270
印刷設備	機械装置	122
印刷費用	事務用品費	272
印紙税	租税公課	284
飲食代（接待）	交際費	254
インターネット関連費用	通信費	268
インターネットサイト広告掲載料	広告宣伝費	256
インターネット料金	通信費	268

う

ウィークリーマンション	地代家賃	264
請負サービス	売上高	228

請負代金の未収分 …………………	**売掛金**	68
受取手形回収不能見込額		
…………………	**貸倒引当金繰入額**	288
受取配当金 …………………	**受取配当金**	306
…………………	**事業主借**	340
打ち合わせ費用 …………………	**会議費**	252
内金 …………………	**前受金**	184
内払い …………………	**仮払金**	106
うちわ(社名) …………………	**広告宣伝費**	256
埋立費用 …………………	**土地**	128
裏書手形受取 …………………	**受取手形**	64
売上 …………………	**売上高**	228
売上原価 …………………	**仕入高**	230
売上債権貸倒 …………………	**貸倒損失**	290
売上債権の譲渡 …………	**ファクタリング**	72
売上債権の割引 ………	**仕入割引・売上割引**	318
売上奨励金 …………………	**販売促進費**	232
売上代金の未収分 …………………	**売掛金**	68
売上値引き …………………	**売上高**	228
売上値引の戻入 …………………	**売掛金**	68
売上戻り …………………	**売上高**	228
売上割引 …………	**仕入割引・売上割引**	318
売上割戻し …………………	**売上高**	228
売上割戻引当金繰入 ………	**その他の引当金**	196
売掛金回収不能見込額	**貸倒引当金繰入額**	288
売掛金との相殺 …………………	**買掛金**	170
売掛金の一部免除 ……	**仕入割引・売上割引**	318
売掛金の早期現金化 ………	**ファクタリング**	72
売掛金への振替 …………………	**仮受金**	192
売掛債権担保 …………………	**ファクタリング**	72
売上割戻引当金取崩し …	**その他の引当金**	196
運送保険料 …………………	**支払保険料**	278
運送料 …………………	**仕入高**	230

運転資金調達 …………………	**短期借入金**	174
運動会費用 …………………	**福利厚生費**	250
運動場用地 …………………	**土地**	128
運動場 …………………	**土地**	128

え

エアカーテン …………………	**建物附属設備**	118
エアクッション …………………	**荷造発送費**	234
営業権 …………………	**のれん**	136
営業収益 …………………	**売上高**	228
営業所 …………………	**建物**	116
営業保証金の支払い ………	**差入保証金**	154
衛生設備 …………………	**建物附属設備**	118
エレベーター …………………	**建物附属設備**	118
宴会費用(取引先) …………………	**交際費**	254
延滞税 …………………	**租税公課**	284
煙突 …………………	**構築物**	120
鉛筆代 …………………	**事務用品費**	272

お

オイル交換 …………………	**車両費**	276
オイル代 …………………	**車両費**	276
横断幕作成費 …………………	**広告宣伝費**	256
オーバーホール費用 …………………	**修繕費**	282
お歳暮費用 …………………	**交際費**	254
お茶代(社内) …………………	**福利厚生費**	250
お中元費用 …………………	**交際費**	254
夫給与 …………………	**専従者給与**	346
オフィス家賃 …………………	**地代家賃**	264
親会社からの借入 …………	**短期借入金**	174
…………	**長期借入金**	206
親会社への貸付金 …………………	**短期貸付金**	102
親会社への立替 …………………	**立替金**	94

索引 | 371

親会社への長期貸付金 ………… **長期貸付金**	150	
織物設備 …………………………… **機械装置**	122	
音響機器 …………………………… **工具器具備品**	126	

か

カーテン ………………………… **建物附属設備**	118	
カード売上 ……………… **クレジット売掛金**	74	
カード売上の返品 ……… **クレジット売掛金**	74	
買入部品 ……………………… **原材料/棚卸資産**	86	
海外支店財務諸表換算差益（損）		
…………………………… **為替差益（損）**	312	
買掛金債務免除 ………… **その他の特別損益**	330	
買掛金との相殺 …………………… **売掛金**	68	
……………… **電子記録債権**	70	
……………… **電子記録債務**	172	
買掛金の一部免除 …… **仕入割引・売上割引**	318	
買掛金振替処理 ………… **前渡金・前払金**	92	
外貨建て資産・負債の換算 ‥ **為替差益（損）**	312	
外貨建て取引 ………………… **為替差益（損）**	312	
絵画レンタル料 …………………… **賃借料**	262	
会議飲食代 ……………………… **会議費**	252	
会議会場使用料 ………………… **会議費**	252	
会議関連費用 …………………… **会議費**	252	
会議室使用料 …………………… **賃借料**	262	
会議資料代 ……………………… **会議費**	252	
会議通知費用 …………………… **会議費**	252	
開業資金の拠出 ………………… **元入金**	342	
開業準備費用 …………………… **開業費**	158	
会議用茶菓子代 ………………… **会議費**	252	
会議用弁当代 …………………… **会議費**	252	
開業前広告宣伝費 ……………… **開業費**	158	
開業前交通費 …………………… **開業費**	158	
開業前支払利息 ………………… **開業費**	158	

開業前事務用消耗品費 ………… **開業費**	158	
開業前使用人給料 ……………… **開業費**	158	
開業前消耗遺品費 ……………… **開業費**	158	
開業前調査費用 ………………… **開業費**	158	
開業前通信費 …………………… **開業費**	158	
開業前電気/ガス/水道料等 ……… **開業費**	158	
開業前土地/建物の賃借料 ……… **開業費**	158	
開業前保険料 …………………… **開業費**	158	
会計システム ………………… **ソフトウェア**	144	
外国企業株式 …………………… **有価証券**	76	
外国企業債券 …………………… **有価証券**	76	
外国税 …………………………… **租税公課**	284	
外国通貨 …………………………… **現金**	58	
介護保険料 …………………… **法定福利費**	248	
概算払い ………………………… **仮払金**	106	
会社案内（未使用）……… **貯蔵品/棚卸資産**	90	
会社更生法による債権 ………… **貸倒損失**	290	
会社設立 …………………………… **資本金**	214	
………………………… **資本剰余金**	216	
回収に経済性の乏しい債権 ……… **貸倒損失**	290	
回収不能債権額 ………………… **貸倒損失**	290	
回収不能見込額 ……… **貸倒引当金繰入額**	288	
会場使用料 …………………… **教育研修費**	296	
会場設置費用 …………………… **会議費**	252	
回数券 ………………………… **旅費交通費**	258	
…………………… **通勤費**	260	
回数券販売 ……………………… **前受金**	184	
解体費 …………………………… **修繕費**	282	
外注工賃の未払い ……………… **未払金**	176	
外注の費用 ……………………… **外注費**	236	
外注費前払い …………… **前渡金・前払金**	92	
会長への報酬 …………………… **役員報酬**	238	
開店祝い ………………………… **交際費**	254	

372

開発のためのコンサルタント料 ····	**開発費**	164	
解約時利息 ··················	**受取利息**	302	
街路灯 ··················	**構築物**	120	
書換利息 ··················	**受取利息**	302	
書留料金 ··················	**通信費**	268	
垣根 ··················	**構築物**	120	
家具 ··················	**工具器具備品**	126	
各種手当 ··················	**給与手当**	240	
確定決算未払計上分 ··········	**未払消費税**	178	
確定債務 ··················	**未払金**	176	
掛け売上 ··················	**売掛金**	68	
··················	**売上高**	228	
掛け売上げ返品 ··············	**売掛金**	68	
掛け回収 ··················	**売掛金**	68	
掛け仕入 ··················	**買掛金**	170	
掛け代金回収 ··············	**クレジット売掛金**	74	
掛け代金割戻し ··············	**売掛金**	68	
加工代金前渡し ··············	**前渡金・前払金**	92	
加工賃収入 ··················	**売上高**	228	
加工途中の製品在庫 ····	**仕掛品/棚卸資産**	88	
火災保険料 ··················	**支払保険料**	278	
加算税 ··················	**租税公課**	284	
貸し金庫代 ··················	**雑費**	298	
貸し金庫料 ··················	**賃借料**	262	
家事消費 ··················	**事業主貸**	338	
··················	**自家消費**	344	
家事消費分の減価償却費 ········	**事業主貸**	338	
家事消費分の地代家賃 ··········	**事業主貸**	338	
貸倒 ··················	**貸倒引当金**	108	
貸倒損失 ··················	**貸倒引当金**	108	
貸倒引当金の洗替 ·······	**貸倒引当金戻入益**	328	
貸倒引当金の繰入 ·······	**貸倒引当金繰入額**	288	
貸倒引当金の計上 ·······	**貸倒引当金繰入額**	288	

貸倒引当金の繰入 ··············	**貸倒引当金**	108	
貸倒引当金の計上 ··············	**貸倒引当金**	108	
貸倒引当金の計上（損金不算入）			
··················	**繰延税金資産**	110	
··················	**法人税等調整額**	334	
貸倒引当金の差額補充 ········	**貸倒引当金**	108	
貸倒引当金の戻入 ··············	**貸倒引当金**	108	
··················	**貸倒引当金戻入益**	328	
貸倒見積り ··················	**貸倒引当金**	108	
貸付金回収不能見込額	**貸倒引当金繰入額**	288	
貸付金の回収 ··················	**短期貸付金**	102	
貸付金利息 ··················	**受取利息**	302	
··················	**事業主借**	340	
貸付信託受益証券 ··············	**有価証券**	76	
··················	**投資有価証券**	146	
貸付信託受益証券売却益（損）			
··················	**有価証券売却益（損）**	308	
菓子類製造設備 ··············	**機械装置**	122	
ガス機器 ··················	**工具器具備品**	126	
ガス設備 ··················	**建物附属設備**	118	
ガス料金 ··················	**水道光熱費**	266	
ガス料金の未払い ··············	**未払金**	176	
課税売上 ··················	**仮受消費税**	202	
課税仕入 ··················	**仮払消費税**	112	
架設保証金の支払い ··········	**差入保証金**	154	
家族給与 ··················	**専従者給与**	346	
家族従業員給与 ··············	**専従者給与**	346	
家族手当 ··················	**給与手当**	240	
ガソリン代 ··················	**旅費交通費**	258	
··················	**通勤費**	260	
··················	**車両費**	276	
カタログ制作費 ··············	**広告宣伝費**	256	
カタログ代 ··················	**販売促進費**	232	

花壇	**構築物**	120
学校への寄付	**寄付金**	292
割賦販売	**売上高**	228
割賦販売の未収金	**売掛金**	68
合併による取得	**のれん**	136
可動式コンベヤ	**機械装置**	122
金型	**工具器具備品**	126
過年度売上高修正額		
	前期損益修正益（損）	326
過年度会計修正額	**前期損益修正益（損）**	326
過年度減価償却超過額修正額		
	前期損益修正益（損）	326
過年度減価償却不足額修正額		
	前期損益修正益（損）	326
過年度商品棚卸修正額		
	前期損益修正益（損）	326
過年度棚卸資産評価額		
	前期損益修正益（損）	326
過年度引当金修正額		
	前期損益修正益（損）	326
株券印刷費	**創立費**	156
	株式交付費	160
株式	**有価証券**	76
株式交付費用	**株式交付費**	160
株式売却益（損）		
	有価証券売却益（損）	308
	投資有価証券売却益（損）	324
株式配当金	**受取配当金**	306
	事業主借	340
株式発行差金	**資本剰余金**	216
株式評価益（損）	**有価証券評価益（損）**	310
株式募集広告費	**創立費**	156
	株式交付費	160

株式申込書印刷費	**株式交付費**	160
壁塗り替え費用	**修繕費**	282
ガムテープ代	**荷造発送費**	234
加盟店手数料	**支払手数料**	280
貨物自動車	**車両運搬具**	124
借入金債務免除	**その他の特別損益**	330
借入金返済	**長期借入金**	206
借入金利息支払い	**支払利息割引料**	304
借受契約保証金の支払い	**差入保証金**	154
仮受消費税と仮払消費税の相殺		
	未払消費税	178
仮受消費税との相殺	**仮払消費税**	112
仮払金の支払い	**仮払金**	106
仮払金の精算	**現金**	58
	仮払金	106
仮払消費税	**仮受消費税**	202
仮払消費税との相殺	**仮受消費税**	202
仮払いの消費税分	**仮払消費税**	112
科料	**租税公課**	284
過料	**租税公課**	284
科料支払い	**雑損失**	316
過料支払い	**雑損失**	316
カレンダー（社名）	**広告宣伝費**	256
革製品製造設備	**機械装置**	122
為替換算差益（損）	**為替差益（損）**	312
為替決済差益（損）	**為替差益（損）**	312
為替手形受取	**受取手形**	64
為替手形引受	**支払手形**	168
為替予約換算差益（損）	**為替差益（損）**	312
関係会社からの借入	**短期借入金**	174
	長期借入金	206
関係会社への立替	**立替金**	94
観劇招待（取引先）	**交際費**	254

官公庁支払命令書 ·················	**現金**	58
監査報酬 ··························	**支払手数料**	280
監査役への報酬 ···················	**役員報酬**	238
換算差額 ··························	**為替差益(損)**	312
勘定科目不明入金 ·················	**仮受金**	192
勘定科目未確定な入金 ·············	**仮受金**	192
関税 ·····························	**仕入高**	230
完成工事 ··························	**売上高**	228
完成済み製品 ·····················	**製品/棚卸資産**	84
完成品の受入れ ···················	**製品/棚卸資産**	84
間接付随費用 ·····················	**原材料/棚卸資産**	86
鑑定費用 ··························	**支払手数料**	280
看板(少額) ······················	**広告宣伝費**	256
還付加算金受取 ···················	**雑収入**	314
岸壁 ·····························	**構築物**	120
官報購入代 ·······················	**新聞図書費**	274
観葉植物代 ·······················	**雑費**	298
観葉植物レンタル代 ···············	**賃借料**	262
関連会社株式売却益(損)		
················ **投資有価証券売却益(損)**		324
関連会社への貸付金 ···············	**短期貸付金**	102
関連会社への長期貸付金 ·········	**長期貸付金**	150

き

義援金 ·····························	**寄付金**	292
機械式駐車設備 ···················	**機械装置**	122
機械下取り益(損) ···· **固定資産売却益(損)**		320
機械除却損 ·······················	**固定資産除却損**	322
機械装置減価償却 ·················	**減価償却費**	286
機械賃借料 ·······················	**賃借料**	262
機械などの売却代金の未収		
··················· **未収金・未収入金**		104
機械売却益(損) ········ **固定資産売却益(損)**		320

機械リース ········· **リース資産**		132
········· **リース債務**		210
企業再編による積立 ········· **資本剰余金**		216
········· **利益剰余金**		218
企業等への寄付 ···················	**寄付金**	292
帰郷旅費 ··························	**旅費交通費**	258
期日到来公社債利札 ···············	**現金**	58
期日取立入金 ·····················	**預金**	62
寄宿舎 ·····························	**建物**	116
技術導入費用 ·····················	**開発費**	164
切手代 ·····························	**通信費**	268
切手(未使用) ············· **貯蔵品/棚卸資産**		90
ギフトカードの売上 ···············	**他店商品券**	96
ギフトカードの交換 ···············	**他店商品券**	96
ギフト券販売 ·····················	**前受金**	184
期末債権回収不能見込額		
················· **貸倒引当金繰入額**		288
キャビネット ···················	**工器具備品**	126
キャビネット代 ···················	**消耗品費**	270
キャンペーン費用 ········· **販売促進費**		232
········· **広告宣伝費**		256
求人広告費用 ·····················	**広告宣伝費**	256
給排水設備 ················· **建物附属設備**		118
給付金の立替 ·····················	**立替金**	94
給与 ·····························	**給与手当**	240
給与計算外注 ·····················	**外注費**	236
給与計算システム ············· **ソフトウェア**		144
給与の未払い ·····················	**未払金**	176
給料 ·····························	**給与手当**	240
給料袋代 ··························	**事務用品費**	272
教育訓練費用 ········· **福利厚生費**		250
········· **教育研修費**		296
業界紙購入代 ·····················	**新聞図書費**	274

教会への祭礼寄付 ················ **寄付金** 292
共済制度掛金 ················ **福利厚生費** 250
協賛金 ···························· **諸会費** 294
行政書士報酬 ···················· **創立費** 156
協同組合出資金 ·················· **出資金** 148
協同組合費 ······················ **諸会費** 294
共同施設の負担金 ··········· **長期前払費用** 152
共同募金 ························ **寄付金** 292
業務委託費用 ···················· **外注費** 236
業務請負費用 ···················· **外注費** 236
協力会会費 ······················ **諸会費** 294
金庫 ························· **工具器具備品** 126
銀行からの借入 ··············· **短期借入金** 174
　　　　　　　　　　　　　　 長期借入金 206
金銭債権全額回収不能 ········· **貸倒損失** 290
金属加工設備 ·················· **機械装置** 122
金品引換券付販売費用 ········· **販売促進費** 232
金融機関の取扱手数料 ············ **創立費** 156
　　　　　　　　　　　　　　 株式交付費 160
　　　　　　　　　　　　　　 社債発行費 162
金融債利息 ···················· **受取利息** 302
金融手形受取 ···················· **受取手形** 64
金融手形振出 ·················· **支払手形** 168

く

空港使用料 ················ **旅費交通費** 258
国や地方公共団体への寄付 ········· **寄付金** 292
組合費 ·························· **諸会費** 294
クラブ会費 ······················ **諸会費** 294
クリアファイル代 ············· **事務用品費** 272
クリーニング設備 ·············· **機械装置** 122
クリーニング代 ··············· **福利厚生費** 250
　　　　　　　　　　　　　　　 雑費 298

繰越商品 ················ **商品/棚卸資産** 80
車代 ···························· **交際費** 254
クレーン ······················ **機械装置** 122
クレジット売上 ·················· **売上高** 228
クレジットカード会社からの入金
　　　　　　　　　 クレジット売掛金 74
クレジットカードによる販売
　　　　　　　　　 クレジット売掛金 74
クレジットカード年間費 ········· **諸会費** 294
クレジットカード名 ···· **クレジット売掛金** 74

け

経営コンサルタント報酬 ······· **支払手数料** 280
経営セーフティ共済 ············ **支払保険料** 278
蛍光灯代 ······················ **消耗品費** 270
軽自動車 ···················· **車両運搬具** 124
携帯電話機 ···················· **消耗品費** 270
携帯電話料金 ···················· **通信費** 268
慶弔見舞金 ···················· **福利厚生費** 250
経費の仮払い ···················· **仮払金** 106
経費の支払い ······················ **現金** 58
経費の精算 ······················ **仮払金** 106
経費の未払い ···················· **未払金** 176
警備費用 ·························· **雑費** 298
警備料 ···················· **支払手数料** 280
景品付販売費用 ················ **販売促進費** 232
軽油代（車両）················ **車両費** 276
下水道料金 ···················· **水道光熱費** 266
結婚祝い（社内）··············· **福利厚生費** 250
結婚祝い（取引先）················ **交際費** 254
決算公告費用 ················· **広告宣伝費** 256
決算賞与 ·························· **賞与** 242

376

欠損補填	**資本金**	214	
	資本剰余金	216	
	利益剰余金	218	
原価	**仕入高**	230	
減価償却(間接法)	**減価償却累計額**	134	
減価償却超過額修正	**減価償却費**	286	
減価償却費計上額	**減価償却累計額**	134	
減価償却不足額修正	**減価償却費**	286	
研究開発振替	**特許権**	138	
研究機関への寄付	**寄付金**	292	
現金過不足	**雑収入**	314	
現金超過分	**雑収入**	314	
現金の勘定科目と区分して出納管理する現金	**小口現金**	60	
現金の補充	**事業主借**	340	
現金不足分	**雑損失**	316	
現金への振替	**小口現金**	60	
健康診断費用	**福利厚生費**	250	
健康保険料控除	**預り金**	190	
健康保険料(事業主負担分)	**法定福利費**	248	
原稿料	**外注費**	236	
原材料購入代金未払い	**買掛金**	170	
検査機器	**工器具備品**	126	
研削盤	**機械装置**	122	
減資	**資本金**	214	
研修会参加日当	**教育研修費**	296	
研修会参加費用	**教育研修費**	296	
研修会参加旅費	**教育研修費**	296	
研修所	**建物**	116	
研修費	**福利厚生費**	250	
	教育研修費	296	
原状回復費用	**修繕費**	282	
建設工業設備	**機械装置**	122	

建設工事	**売上高**	228	
建設資材購入費	**建設仮勘定**	130	
源泉所得税控除	**預り金**	190	
源泉税	**租税公課**	284	
建築仮勘定振替	**建物**	116	
建築手付金	**建設仮勘定**	130	
現物支給	**給与手当**	240	
権利金	**長期前払費用**	152	
原料	**原材料/棚卸資産**	86	

こ

後援会への寄付	**寄付金**	292	
工業会会費	**諸会費**	294	
公共的施設の負担金	**長期前払費用**	152	
工具	**消耗品費**	270	
航空貨物運賃	**荷造発送費**	234	
航空郵便料	**通信費**	268	
航空料金(出張)	**旅費交通費**	258	
工具器具備品減価償却	**減価償却費**	286	
工具器具備品(未使用)	**貯蔵品/棚卸資産**	90	
工具などの売却代金の未収	**未収金・未収入金**	104	
広告宣伝用資産の贈与費用	**長期前払費用**	152	
広告塔	**構築物**	120	
広告用看板	**構築物**	120	
広告用写真代	**広告宣伝費**	256	
公債売却益(損)	**有価証券売却益(損)**	308	
交際費の仮払い	**仮払金**	106	
交際費の精算	**仮払金**	106	
工作機械賃借料	**賃借料**	262	

口座入金	**預金**	62
合資会社出資金	**出資金**	148
講師謝礼	**教育研修費**	296
工事代金前受け	**前受金**	184
工事負担金	**電話加入権**	142
工事補償引当金繰入	**その他の引当金**	196
工事補償引当金取崩し	**その他の引当金**	196
工事未払金	**買掛金**	170
公社債投信受益証券売却益(損)	**有価証券売却益(損)**	308
講習会参加日当	**教育研修費**	296
講習会参加費用	**教育研修費**	296
講習会参加旅費	**教育研修費**	296
公衆電話代	**通信費**	268
工場	**建物**	116
工場敷地	**土地**	128
工場消耗品	**原材料/棚卸資産**	86
工場用地賃借料	**地代家賃**	264
控除対象外消費税額	**仮払消費税**	112
更新契約	**借地権**	140
更生開始企業の債権	**貸倒損失**	290
厚生施設関係費用	**福利厚生費**	250
厚生年金保険料控除	**預り金**	190
厚生年金保険料(事業主負担分)	**法定福利費**	248
高速道路料金	**旅費交通費**	258
	通勤費	260
構築物減価償却	**減価償却費**	286
構築物除却損	**固定資産除却損**	322
交通障害保険料	**支払保険料**	278
交通反則金	**租税公課**	284
交通反則金支払い	**雑損失**	316
交通費の仮払い	**仮払金**	106

交通費の精算	**仮払金**	106
工程上の製品在庫	**仕掛品/棚卸資産**	88
香典(社内)	**福利厚生費**	250
香典(取引先)	**交際費**	254
坑道	**構築物**	120
合同会社出資金	**出資金**	148
購入代金前渡し	**前渡金・前払金**	92
購入代金未払い	**買掛金**	170
購入手数料	**機械装置**	122
	車両運搬具	124
	仕入高	230
公認会計士報酬	**支払手数料**	280
光熱水費	**水道光熱費**	266
光熱費	**水道光熱費**	266
公募債発行	**社債**	204
合名会社出資金	**出資金**	148
コーヒー代	**消耗品費**	270
子会社株式売却益(損)	**投資有価証券売却益(損)**	324
子会社からの借入	**短期借入金**	174
	長期借入金	206
子会社への立替	**立替金**	94
子会社への貸付金	**短期貸付金**	102
子会社への長期貸付金	**長期貸付金**	150
小型自動車	**車両運搬具**	124
小切手帳代	**事務用品費**	272
小切手振込入金	**預金**	62
国債証券	**有価証券**	76
国際宅急便(書類)	**通信費**	268
国債売却益(損)	**有価証券売却益(損)**	308
国際郵便	**荷造発送費**	234
国債利息	**受取利息**	302
小口経費の支払い	**小口現金**	60

国内通貨	**現金**	58
国民健康保険料の支払い	**事業主貸**	338
国民年金保険料の支払い	**事業主貸**	338
個人カードの支払い	**事業主借**	340
個人からの借入	**短期借入金**	174
	長期借入金	206
個人事業資金	**元入金**	342
個人資金拠出	**事業主借**	340
個人住民税	**事業主貸**	338
個人所得税	**事業主貸**	338
個人負担分の立替	**立替金**	94
小包料金	**荷造発送費**	234
小包料金(書類)	**通信費**	268
固定資産減価償却	**減価償却累計額**	134
	減価償却費	286
固定資産建設費	**建設仮勘定**	130
固定資産購入代金の未払い	**未払金**	176
固定資産税	**租税公課**	284
固定資産製作費	**建設仮勘定**	130
固定資産製造経費	**建設仮勘定**	130
固定資産設計料	**建設仮勘定**	130
固定資産前払金	**建設仮勘定**	130
固定資産労務費	**建設仮勘定**	130
子供給与	**専従者給与**	346
コピー機	**工具器具備品**	126
コピー機修理費用	**修繕費**	282
コピー機賃借料	**賃借料**	262
コピー用紙代	**事務用品費**	272
ゴミ処理費用	**雑費**	298
ゴム印代	**事務用品費**	272
顧問収入	**売上高**	228
顧問報酬	**役員報酬**	238
雇用保険料控除	**預り金**	190

雇用保険料(事業主負担分)	**法定福利費**	248
ゴルフ会員権名義書換料	**交際費**	254
ゴルフクラブ入会金	**出資金**	148
ゴルフコンペ代	**交際費**	254
ゴルフプレー費用	**交際費**	254
コンテナ代	**荷造発送費**	234
コンパニオン費用	**販売促進費**	232
コンピュータ専用回線使用料	**通信費**	268
コンピュータ賃借料	**賃借料**	262
コンピュータプログラム	**ソフトウェア**	144
コンピュータ用紙代	**事務用品費**	272
コンプレッサー	**機械装置**	122
梱包材代	**荷造発送費**	234
梱包材料(未使用)	**貯蔵品/棚卸資産**	90
梱包費用	**荷造発送費**	234

さ

サークル活動補助金	**福利厚生費**	250
サーバー	**工具器具備品**	126
サービス料収入	**売上高**	228
在外支店財務諸表換算差益(損)	**為替差益(損)**	312
財形貯蓄預り金	**預り金**	190
債権回収不能	**貸倒引当金**	108
債権回収不能額	**貸倒損失**	290
債権回収不能見込額	**貸倒引当金繰入額**	288
債権切捨て	**貸倒損失**	290
債権譲渡証書	**売掛金**	68
債権の回収	**現金**	58
債権の決済	**電子記録債権**	70
債権の譲渡	**電子記録債権**	70
債権の消滅	**電子記録債権**	70
債権の発生	**電子記録債権**	70

債権放棄 ‥‥‥‥‥‥‥‥‥	**貸倒損失**	290
在庫 ‥‥‥‥‥‥‥‥‥	**商品/棚卸資産**	80
‥‥‥‥‥‥‥‥‥	**製品/棚卸資産**	84
最終金額未確定な入金 ‥‥‥‥	**仮受金**	192
債務の決済 ‥‥‥‥‥‥	**電子記録債務**	172
債務の支払い ‥‥‥‥‥‥	**現金**	58
債務の消滅 ‥‥‥‥‥‥	**電子記録債務**	172
債務の発生 ‥‥‥‥‥‥	**電子記録債務**	172
債務履行保証金の支払い ‥‥	**差入保証金**	154
材料 ‥‥‥‥‥‥‥‥	**原材料/棚卸資産**	86
材料費前払い ‥‥‥‥‥	**前渡金・前払金**	92
サイロ ‥‥‥‥‥‥‥‥	**構築物**	120
作業くず ‥‥‥‥‥‥	**製品/棚卸資産**	84
作業くずの売却代金の未収 ‥‥‥‥‥‥	**未収金・未収入金**	104
作業くず売却収入 ‥‥‥‥‥	**雑収入**	314
作業用機械 ‥‥‥‥‥‥	**機械装置**	122
作業用手袋代 ‥‥‥‥‥	**消耗品費**	270
差入保証金の支払い ‥‥‥‥	**差入保証金**	154
雑誌広告掲載料 ‥‥‥‥	**広告宣伝費**	256
雑誌購入代 ‥‥‥‥‥	**新聞図書費**	274
雑収入への振替 ‥‥‥‥	**仮受金**	192
採用関連費用 ‥‥‥‥‥‥	**雑費**	298
残業食事代 ‥‥‥‥‥	**福利厚生費**	250
残業手当 ‥‥‥‥‥‥	**給与手当**	240
参考図書購入代 ‥‥‥‥	**新聞図書費**	274
さん橋 ‥‥‥‥‥‥‥	**構築物**	120
サンプル費用 ‥‥‥‥‥	**販売促進費**	232

し

仕入 ‥‥‥‥‥‥‥‥	**仕入高**	230
仕入関連費用 ‥‥‥‥‥	**仕入高**	230
仕入債務の割引 ‥‥‥	**仕入割引・売上割引**	318

仕入商品 ‥‥‥‥‥‥	**商品/棚卸資産**	80
仕入代金前払い ‥‥‥‥	**前渡金・前払金**	92
仕入代金未払い ‥‥‥‥	**買掛金**	170
仕入値引き ‥‥‥‥‥	**買掛金**	170
‥‥‥‥‥‥‥‥	**仕入高**	230
仕入振替処理 ‥‥‥‥	**前渡金・前払金**	92
仕入戻し ‥‥‥‥‥‥	**買掛金**	170
‥‥‥‥‥‥‥‥	**仕入高**	230
仕入割引 ‥‥‥	**仕入割引・売上割引**	318
仕入割戻し ‥‥‥‥‥	**買掛金**	170
‥‥‥‥‥‥‥‥	**仕入高**	230
寺院への祭礼寄付 ‥‥‥‥	**寄付金**	292
資格取得費用 ‥‥‥‥	**福利厚生費**	250
‥‥‥‥‥‥‥‥	**教育研修費**	296
資格手当 ‥‥‥‥‥‥	**給与手当**	240
時間外手当 ‥‥‥‥‥	**給与手当**	240
敷金の支払い ‥‥‥‥‥	**差入保証金**	154
事業開始資金 ‥‥‥‥‥	**元入金**	342
事業所 ‥‥‥‥‥‥‥	**建物**	116
事業所税 ‥‥‥‥‥‥	**租税公課**	284
事業税 ‥‥‥‥‥‥	**租税公課**	284
‥‥‥‥‥‥‥‥	**法人税等**	332
事業税中間申告 ‥‥‥‥	**仮払法人税等**	114
事業税納付 ‥‥‥‥‥	**未払法人税等**	180
事業税の未払計上 ‥‥‥	**繰延税金資産**	110
事業税未納税額 ‥‥‥‥	**未払法人税等**	180
事業税予定申告 ‥‥‥‥	**仮払法人税等**	114
試供品 ‥‥‥‥‥‥	**商品/棚卸資産**	80
‥‥‥‥‥‥‥‥	**広告宣伝費**	256
事業分量配当金 ‥‥‥‥	**受取配当金**	306
事業用資産の自家消費 ‥‥‥	**自家消費**	344
資源開発費用 ‥‥‥‥‥	**開発費**	164
試験機器 ‥‥‥‥‥‥	**工具器具備品**	126

自己株式移転	**新株予約権**	224	自動車	**車両運搬具**	124
自己株式処分	**資本剰余金**	216	自動車購入費用	**車両費**	276
自己株式処分費用	**株式交付費**	160	自動車除却損	**固定資産除却損**	322
自己株式の取得	**自己株式**	220	自動車税	**租税公課**	284
自己株式の消却	**自己株式**	220	自動車などの売却代金の未収		
自己株式の譲渡	**自己株式**	220		**未収金・未収入金**	104
自己株式の処分	**自己株式**	220	自動車任意保険料	**支払保険料**	278
資材置場	**土地**	128	自動車売却益(損)	**固定資産売却益(損)**	320
自社ギフトカードの売上	**商品券**	186	自動車分解整備設備	**機械装置**	122
自社ギフトカードの発行	**商品券**	186	児童手当拠出金	**法定福利費**	248
自社商品券の発行	**商品券**	186	自動ドア	**建物附属設備**	118
自社制作の研究費からの振替			自動販売機	**工具器具備品**	126
	ソフトウェア	144	自動販売機設置料	**雑収入**	314
自社製品	**製品/棚卸資産**	84	自動引落し	**預金**	62
自社の商品券の引き受け	**商品券**	186	自賠責保険料	**支払保険料**	278
自社発行商品券の売上	**商品券**	186	地盛費用	**土地**	128
自社ビル	**建物**	116	司法書士報酬	**創立費**	156
自社ビル敷地	**土地**	128		**支払手数料**	280
市場開拓費用	**開発費**	164	私募債発行	**社債**	204
市場調査委託料	**支払手数料**	280	資本金組入	**資本剰余金**	216
市場調査費用	**開発費**	164		**利益剰余金**	218
システム仕様書	**ソフトウェア**	144	事務機器	**工具器具備品**	126
施設設置負担金	**電話加入権**	142	事務所	**建物**	116
事前確定届出給与	**役員報酬**	238	事務所引越し費用	**雑費**	298
	賞与	242	事務所家賃	**地代家賃**	264
自治会費	**諸会費**	294	事務所用敷地	**土地**	128
市町村民税未納税額	**未払法人税等**	180	事務取扱手数料	**支払手数料**	280
室内装飾品	**工具器具備品**	126	事務用机購入	**消耗品費**	270
実用書購入代	**新聞図書費**	274	事務用品	**事務用品費**	272
指定寄付金	**寄付金**	292	事務用品購入	**消耗品費**	270
自店ギフトカードの引き受け	**商品券**	186	事務用品費の未払い	**未払金**	176
自転車	**車両運搬具**	124	事務用品(未使用)	**貯蔵品/棚卸資産**	90
自転車購入	**消耗品費**	270	地盛費用	**修繕費**	282

社員寮費用	………………	**福利厚生費**	250
社員旅行費	………………	**福利厚生費**	250
社会事業団への寄付	………	**寄付金**	292
社会保険料控除	…………………	**預り金**	190
社会保険料(事業主負担分)	…	**法定福利費**	248
社会保険労務士報酬	………	**支払手数料**	280
借室権利金の支払い	………	**差入保証金**	154
借室料	…………………………	**地代家賃**	264
借地権契約	……………………	**借地権**	140
借地権更新	……………………	**借地権**	140
借地権償却	……………………	**借地権**	140
借地権売却	……………………	**借地権**	140
借地料	…………………………	**地代家賃**	264
車検費用	………………………	**車両費**	276
		修繕費	282
車庫	……………………………	**建物**	116
車庫証明費用	…………………	**車両費**	276
車庫代	…………………………	**地代家賃**	264
社債券	…………………………	**有価証券**	76
社債券印刷費用	………………	**社債発行費**	162
社債償還	………………………	**社債**	204
社債証券	………………………	**社債**	204
社債売却益(損)	……	**有価証券売却益(損)**	308
社債発行	………………………	**社債**	204
社債発行差金相当分償却	…	**社債**	204
社債発行に直接要した費用	…	**社債発行費**	162
社債募集広告費用	……………	**社債発行費**	162
社債申込書印刷費用	………	**社債発行費**	162
社債利息	………………………	**受取利息**	302
		事業主借	340
写真現像代	……………………	**雑費**	298
写真の報酬	……………………	**外注費**	236
社葬費用	………………………	**雑損失**	316

社宅	……………………………	**建物**	116
社宅敷地	………………………	**土地**	128
社宅費預リ	……………………	**預り金**	190
社宅家賃	………………………	**地代家賃**	264
社団法人出資金	………………	**出資金**	148
社長への報酬	…………………	**役員報酬**	238
社債登記登録免許税	………	**社債発行費**	162
社内預金天引	…………………	**預り金**	190
社内預金利息支払い	……	**支払利息割引料**	304
社内旅行積立金	………………	**預り金**	190
砂利採取設備	…………………	**機械装置**	122
車両減価償却	…………………	**減価償却費**	286
車両下取費用	…………………	**車両運搬具**	124
車両修理費用	…………………	**車両費**	276
車両除却損	…………………	**固定資産除却損**	322
車両整備費用	…………………	**車両費**	276
車両定期点検費用	……………	**車両費**	276
車両売却益(損)	…	**固定資産売却益(損)**	320
車両リース	……………………	**リース資産**	132
		リース債務	210
謝礼金	…………………………	**交際費**	254
収益分配金	……………………	**受取配当金**	306
		事業主借	340
従業員給与	……………………	**給与手当**	240
従業員賞与	……………………	**賞与**	242
従業員退職給付引当金繰入額			
	……………………	**退職給付費用**	246
従業員退職金	………	**退職給付引当金**	208
		退職金	244
従業員への貸付金	……………	**短期貸付金**	102
従業員への立替	………………	**立替金**	94
従業員への長期貸付金	………	**長期貸付金**	150
什器レンタル料	………………	**賃借料**	262

修繕引当金繰入	**その他の引当金**	196
修繕引当金取崩し	**その他の引当金**	196
住宅手当	**給与手当**	240
収入印紙代	**租税公課**	284
収入印紙(未使用)	**貯蔵品/棚卸資産**	90
住民税	**法人税等**	332
住民税控除	**預り金**	190
住民税中間申告	**仮払法人税等**	114
住民税納付	**未払法人税等**	180
住民税未納税額	**未払法人税等**	180
住民税予定申告	**仮払法人税等**	114
住民票発行手数料	**租税公課**	284
重油代(車両)	**車両費**	276
修理代	**修繕費**	282
事業主貸との相殺	**元入金**	342
事業主借との相殺	**元入金**	342
事業主の立替払い	**事業主貸**	338
宿泊費(出張)	**旅費交通費**	258
受託販売	**売上高**	228
出向者給与	**給与手当**	240
出産祝い(社内)	**福利厚生費**	250
出資配当金	**受取配当金**	306
	事業主借	340
出張手当	**給与手当**	240
出張旅費の仮払い	**仮払金**	106
出張旅費の精算	**仮払金**	106
取得条項付株式	**自己株式**	220
主要原材料	**原材料/棚卸資産**	86
傷害保険料	**支払保険料**	278
紹介料	**販売促進費**	232
少額景品	**販売促進費**	232
消火設備	**建物附属設備**	118
償却債権取立額	**前期損益修正益(損)**	326

焼却炉	**構築物**	120
証券会社の取扱手数料	**株式交付費**	160
	社債発行費	162
商工会議所会費	**諸会費**	294
商工会議所出資金	**出資金**	148
昇降機設備	**建物附属設備**	118
商工組合会費	**諸会費**	294
乗車券	**通勤費**	260
証書借入金	**短期借入金**	174
	長期借入金	206
商談関連費用	**会議費**	252
商店連合会会費	**諸会費**	294
譲渡記録の請求	**電子記録債権**	70
	電子記録債務	172
使用人兼務役員賞与(使用人部分)	**賞与**	242
使用人兼務役員の使用人分給与	**給与手当**	240
使用人兼務役員への役員報酬	**役員報酬**	238
常備医薬品	**福利厚生費**	250
消費税納付	**未払消費税**	178
消費税未納付	**未払消費税**	178
消費税未払い	**未払消費税**	178
商品	**商品/棚卸資産**	80
	仕入高	230
商品売上	**売上高**	228
商品券販売	**前受金**	184
商品購入代金未払い	**買掛金**	170
商品仕入	**仕入高**	230
商品仕入関連費用	**仕入高**	230
商品贈答	**自家消費**	344
商品贈与	**自家消費**	344
商品手付金	**前渡金・前払金**	92
商品の自家消費	**自家消費**	344
試用品販売	**売上高**	228

情報サイト会費 ………………	**新聞図書費**	274
情報誌購入代 …………………	**新聞図書費**	274
情報提供料 ……………………	**販売促進費**	232
照明設備 ………………………	**建物附属設備**	118
消耗工具器具備品 ………	**原材料/棚卸資産**	86
消耗品費の未払い ……………	**未払金**	176
消耗品（未使用）…………	**貯蔵品/棚卸資産**	90
消耗品購入 ……………………	**消耗品費**	270
賞与 ……………………………	**賞与**	242
乗用車 …………………………	**車両運搬具**	124
剰余金の組み入れ ……………	**資本金**	214
剰余金の配当による積立 ……	**資本剰余金**	216
剰余金配当 ……………………	**利益剰余金**	218
剰余金分配金 …………………	**受取配当金**	306
賞与当期負担分見積額 ………	**賞与引当金**	194
賞与引当金繰入 ………………	**賞与引当金**	194
賞与引当金取崩し ……………	**賞与引当金**	194
賞与引当金の計上（損金不算入）		
	繰延税金資産	110
	法人税等調整額	334
奨励金 …………………………	**賞与**	242
奨励金受取 ……………………	**雑収入**	314
書画骨董品 ……………………	**工具器具備品**	126
食事支給 ………………………	**福利厚生費**	250
食事代（出張）…………………	**旅費交通費**	258
食費控除 ………………………	**預り金**	190
諸経費前払い …………………	**前渡金・前払金**	92
助成金受取 ……………………	**雑収入**	314
書籍購入代 ……………………	**新聞図書費**	274
書棚購入 ………………………	**消耗品費**	270
書面による債務免除額 ………	**貸倒損失**	290
代物弁済 ………………………	**買掛金**	170

新株式申込証拠金の振替 ………	**資本金**	214
	資本剰余金	216
新株発行 ………………………	**資本剰余金**	216
	新株予約権	224
新株発行に直接要した費用 …	**株式交付費**	160
新株発行費用 …………………	**株式交付費**	160
新株予約権 ……………………	**自己株式**	220
新株予約権権利行使 …………	**新株予約権**	224
新株予約権行使 ………………	**資本金**	214
	資本剰余金	216
新株予約権付社債 ……………	**有価証券**	76
	投資有価証券	146
新株予約権発行 ………………	**新株予約権**	224
新株予約権失効 ………………	**新株予約権**	224
新技術採用費用 ………………	**開発費**	164
新経営組織採用費用 …………	**開発費**	164
人材派遣 ………………………	**外注費**	236
神社への祭礼寄付 ……………	**寄付金**	292
親族給与 ………………………	**専従者給与**	346
身体障害者雇用納付金 ………	**法定福利費**	248
新年会／忘年会費 ……………	**福利厚生費**	250
新聞広告掲載料 ………………	**広告宣伝費**	256
新聞購読料 ……………………	**新聞図書費**	274
親睦活動関係費用 ……………	**福利厚生費**	250
親睦旅行（取引先）……………	**交際費**	254
信用金庫出資金 ………………	**出資金**	148
信用組合出資金 ………………	**出資金**	148
信用調査費用 …………………	**雑費**	298
信用保証料 ……………………	**支払利息割引料**	304

す

水槽 ……………………………	**構築物**	120
水道料金 ………………………	**水道光熱費**	266

水道料金の未払い	未払金	176
据付工事費	機械装置	122
スタンド	構築物	120
ストックオプション	自己株式	220
	新株予約権	224
スリッパ代	消耗品費	270

せ

生花代	雑費	298
生活費の支払い	事業主貸	338
請求書用紙代	事務用品費	272
税込み処理修正	仮払消費税	112
	仮受消費税	202
製作中機械	建設仮勘定	130
生産管理システム	ソフトウェア	144
生産品	製品/棚卸資産	84
生産ライン上の在庫	仕掛品/棚卸資産	88
政治団体拠出金	寄付金	292
製造過程の在庫	仕掛品/棚卸資産	88
製造機械	機械装置	122
製造工程済み仕掛品	仕掛品/棚卸資産	88
製造中の部品	仕掛品/棚卸資産	88
製造品	製品/棚卸資産	84
清掃料	支払手数料	280
清掃料金	雑費	298
整地費用	土地	128
税抜き処理	仮受消費税	202
製品売上	売上高	228
製品原価振替	製品/棚卸資産	84
製品製造設備	機械装置	122
製品説明会費用	会議費	252
製品贈答	自家消費	344
製品贈与	自家消費	344

製品の自家消費	自家消費	344
製品副産物	製品/棚卸資産	84
製品保証等引当金繰入	その他の引当金	196
製品保証等引当金取崩し	その他の引当金	196
製品マスターの制作	ソフトウェア	144
制服費	福利厚生費	250
制服レンタル代	賃借料	262
税務上の特別償却準備金の計上	繰延税金負債	200
	法人税等調整額	334
生命保険金受取	雑収入	314
生命保険料	支払保険料	278
税理士決算報酬	支払手数料	280
税理士顧問料	支払手数料	280
税理士報酬	創立費	156
積送品	商品/棚卸資産	80
積送品販売	売上高	228
石鹸代	消耗品費	270
切削工具	工具器具備品	126
接待用送迎交通費	交際費	254
設置費用	電話加入権	142
設備資金調達	長期借入金	206
設備取得前渡金	建設仮勘定	130
設備除却損	固定資産除却損	322
設備手形振出	支払手形	168
設備などの売却代金の未収	未収金・未収入金	104
設備の大規模な配置替え費用	開発費	164
設備売却益(損)	固定資産売却益(損)	320
設備移転費用	修繕費	282
設立事務に使用する使用人の給与手当て	創立費	156
セミナー参加費用	教育研修費	296

前期貸倒引当金の戻入

………………… **貸倒引当金戻入益** 328

全国百貨店共通商品券の売上

………………… **他店商品券** 96

全国百貨店共通商品券の交換

………………… **他店商品券** 96

洗剤代 ……………………… **消耗品費** 270

先日付小切手回収不能見込額

………………… **貸倒引当金繰入額** 288

専従者給与 ……………… **専従者給** 346

船舶運賃 ………………… **荷造発送費** 234

旋盤 …………………………… **機械装置** 122

餞別代(取引先) ………………… **交際費** 254

専門誌購入代 ………………… **新聞図書費** 274

そ

倉庫賃借料 ……………… **地代家賃** 264

送金為替手形 …………………… **現金** 58

送金小切手 ……………………… **現金** 58

送金手数料 ………………… **支払手数料** 280

倉庫 …………………………… **建物** 116

総合保険料 ………………… **支払保険料** 278

倉庫入庫済み商品 ………… **商品/棚卸資産** 80

倉庫用敷地 ……………………… **土地** 128

造作費用 ……………………… **建物** 116

増資 …………………………… **資本金** 214

減資による積立 …………… **資本剰余金** 216

増資の費用 ………………… **株式交付費** 160

造成費用 ……………………… **土地** 128

相談役への報酬 …………… **役員報酬** 238

装置除却損 ……………… **固定資産除却損** 322

装置売却益(損) ……… **固定資産売却益(損)** 320

贈答用ビール券 ………………… **交際費** 254

創立事務費用 ………………… **創立費** 156

創立記念招待費用 …………… **交際費** 254

創立事務所賃借料 …………… **創立費** 156

創立総会費用 ………………… **創立費** 156

創立費用 ……………………… **創立費** 156

速達料金 ……………………… **通信費** 268

測定機器 ………………… **工具器具備品** 126

速度超過罰金支払い …………… **雑損失** 316

測量費 …………………………… **土地** 128

素材 …………………… **原材料/棚卸資産** 86

その他有価証券の評価益

………… **その他有価証券評価差額金** 222

その他有価証券の評価損

………… **その他有価証券評価差額金** 222

その他有価証券売却益(損)

………………… **投資有価証券売却益(損)** 324

損害賠償金受取 ……………… **雑収入** 314

損害賠償金支払い …………… **雑損失** 316

損害賠償責任保険料 ………… **支払保険料** 278

損害賠償金取立不能見込額

………………… **貸倒引当金繰入額** 288

損害保険料 ………………… **支払保険料** 278

た

体育館 …………………………… **建物** 116

代金前払い ……………… **前渡金・前払金** 92

代金未収 ……………………… **売掛金** 68

滞在費(出張) ……………… **旅費交通費** 258

台車 ………………………… **車両運搬具** 124

台車購入 …………………… **消耗品費** 270

退職一時金 ……………… **退職給付引当金** 208
　　　　　　　　　　　　　　　退職金 244

退職慰労金 ……………… **退職給付引当金** 208

退職給付引当金繰入	**退職給付引当金**	208
	退職給付費用	246
退職給付費用	**退職給付引当金**	208
	退職給付費用	246
退職金	**退職金**	244
退職金支給取崩し	**退職給付引当金**	208
退職金支払	**退職給付引当金**	208
退職金見積額	**退職給付引当金**	208
	退職給付費用	246
退職金要支給額	**退職給付費用**	246
退職金予定額	**退職給付費用**	246
退職年金	**退職金**	244
代物返済	**売掛金**	68
タイヤ購入費用	**車両費**	276
貸与建物	**建物**	116
代理店契約保証金の支払い	**差入保証金**	154
代理店手数料収入	**雑収入**	314
ダイレクトメール費用	**広告宣伝費**	256
タオル(社名)	**広告宣伝費**	256
タクシー代	**旅費交通費**	258
他者開発のソフトウェア	**ソフトウェア**	144
他社経費の立替	**立替金**	94
立退料	**土地**	128
立退き料	**長期前払費用**	152
宅急便	**荷造発送費**	234
宅急便(書類)	**通信費**	268
立替金回収不能見込額	**貸倒引当金繰入額**	288
立替金の振替	**短期貸付金**	102
立替払い	**立替金**	94
建物共済保険料	**支払保険料**	278
建物購入代金	**建物**	116
建物敷地	**土地**	128
建物取得時立退料	**建物**	116

建物取得費用	**建物**	116
建物使用料	**賃借料**	262
建物除却損	**固定資産除却損**	322
建物仲介手数料	**建物**	116
建物取壊費用	**土地**	128
建物売却益(損)	**固定資産売却益(損)**	320
建物減価償却	**減価償却費**	286
他店の商品券の受け入れ	**他店商品券**	96
他店の商品券の交換	**他店商品券**	96
他店発行のギフト券による売上	**立替金**	94
他店発行の商品券による売上	**立替金**	94
棚卸資産の自家消費	**自家消費**	344
棚卸資産評価損の計上(損金不算入)		
	繰延税金資産	110
	法人税等調整額	334
他人振出しの当座小切手	**現金**	58
単位未満株式	**自己株式**	220
短期営業保証金預り	**預り金**	190
短期貸付金	**短期貸付金**	102
短期貸付金に振替	**長期貸付金**	150
短期借入金の振替	**長期借入金**	206
短期借入金利息支払い	**支払利息割引料**	304
短期広告料の前払い	**前払費用**	98
短期入札保証金預り	**預り金**	190
短期保険料の前払い	**前払費用**	98
短期リース料の前払い	**前払費用**	98
ダンプカー	**車両運搬具**	124
暖房費	**水道光熱費**	266
段ボール箱	**荷造発送費**	234
段ボール容器製造設備	**機械装置**	122

ち

地価税	**租税公課**	284

地下鉄運賃 …………………………	**通勤費**	260
チケット販売 ……………………………	**前受金**	184
地図購入代 ………………………	**新聞図書費**	274
地代収入 …………………………………	**雑収入**	314
父給与 …………………………	**専従者給与**	346
地方債 ………………………………	**有価証券**	76
着払運賃 ………………………	**荷造発送費**	234
仲介手数料 ………………………	**土地**	128
	売上高	228
	支払手数料	280
中間金 ………………………	**建設仮勘定**	130
中間配当金 ………………………	**受取配当金**	306
	事業主借	340
駐車違反 ……………………………	**租税公課**	284
駐車違反罰金支払い ……………	**雑損失**	316
駐車場 …………………………………	**土地**	128
駐車場賃借収入 …………………	**雑収入**	314
駐車場賃借料 ………………………	**地代家賃**	264
中小企業退職金共済 …………	**支払保険料**	278
抽選付販売費用 …………………	**販売促進費**	232
長期貸付金の振替 ……………	**短期貸付金**	102
長期借入金の振替 ……………	**短期借入金**	174
長期借入金利息支払 ………	**支払利息割引料**	304
長期広告料の前払い …………	**長期前払費用**	152
長期住宅資金融資 ………………	**長期貸付金**	150
長期滞留債権 ………………………	**貸倒損失**	290
長期地代の前払い ……………	**長期前払費用**	152
長期手形貸付金 …………………	**長期貸付金**	150
長期保険料の前払い …………	**長期前払費用**	152
長期保有目的有価証券 ………	**投資有価証券**	146
長期保有目的有価証券売却益(損)		
…………… **投資有価証券売却益(損)**		324
長期前受収益振替え ……………	**前受収益**	188

長期前払費用の償却 …………	**長期前払費用**	152
長期家賃の前払い ……………	**長期前払費用**	152
長期リース料の前払い ………	**長期前払費用**	152
調査外注費用 ……………………	**外注費**	236
町内会会費 ……………………	**諸会費**	294
町内会への寄付 …………………	**寄付金**	292
帳票(未使用) ………	**貯蔵品/棚卸資産**	90
帳票用紙代 ………………………	**事務用品費**	272
貯金預入 …………………………	**預金**	62
直接付随費用 ……………	**原材料/棚卸資産**	86
チラシ代 ………………………	**販売促進費**	232
チラシ(未使用) …………	**貯蔵品/棚卸資産**	90
賃貸収入 …………………………	**雑収入**	314
賃貸家賃 …………………………	**地代家賃**	264
陳列棚 ……………………………	**工具器具備品**	126

つ

通勤手当 …………………………	**給与手当**	240
	通勤費	260
通勤定期券代 ……………………	**通勤費**	260
通勤費用 …………………………	**通勤費**	260
通行料 ……………………………	**車両費**	276
通常会費 …………………………	**諸会費**	294
通信機器 …………………	**工具器具備品**	126
通信教育費用 ……………………	**教育研修費**	296
通知預金利息 ……………………	**受取利息**	302
	事業主借	340
通風設備 …………………	**建物附属設備**	118
通話料金 …………………………	**通信費**	268
月極駐車場料金 …………………	**地代家賃**	264
妻給与 …………………………	**専従者給与**	346
積立金 ……………………………	**利益剰余金**	218

て

項目	勘定科目	ページ
庭園	**構築物**	120
定額資金前渡制度	**小口現金**	60
定款印紙税	**創立費**	156
定款作成費用	**創立費**	156
定款認証手数料	**創立費**	156
定期刊行物購読料	**新聞図書費**	274
定期券代	**旅費交通費**	258
定期点検費用	**修繕費**	282
定期同額給与	**役員報酬**	238
定期預金解約預入	**預金**	62
定期預金利息	**受取利息**	302
	事業主借	340
定例会費	**諸会費**	294
低廉譲渡	**寄付金**	292
データベース利用料	**新聞図書費**	274
テープ代	**荷造発送費**	234
手形書換	**受取手形**	64
手形書換利息支払い	**支払利息割引料**	304
手形貸付金	**短期貸付金**	102
手形借入金	**支払手形**	168
	短期借入金	174
	長期借入金	206
手形期日取立	**受取手形**	64
手形更改	**受取手形**	64
手形債権貸倒	**貸倒損失**	290
手形仕入	**支払手形**	168
手形ジャンプ	**受取手形**	64
手形帳代	**事務用品費**	272
手形取立手数料	**支払利息割引料**	304
手形による売上	**受取手形**	64
手形による買掛金決済	**支払手形**	168
手形による支払い	**支払手形**	168
手形の裏書	**受取手形**	64
手形の回収	**受取手形**	64
手形の更改	**支払手形**	168
手形の取立て	**受取手形**	64
手形の振り出し	**買掛金**	170
手形の割引	**受取手形**	64
手形割引料	**支払利息割引料**	304
手形割引料受取	**事業主借**	340
適格退職年金	**退職金**	244
テキスト代	**教育研修費**	296
デザイン料	**外注費**	236
手付金	**前渡金・前払金**	92
	前受金	184
鉄塔	**構築物**	120
手土産代	**交際費**	254
テレビ	**工器具備品**	126
テレビ広告放送料	**広告宣伝費**	256
テレビ受信料	**雑費**	298
テレホンカード購入代金	**通信費**	268
電気設備	**建物附属設備**	118
電球代	**消耗品費**	270
電気料	**水道光熱費**	266
電気料金の未払い	**未払金**	176
転勤旅費	**旅費交通費**	258
点検整備費	**修繕費**	282
展示会出品費用	**広告宣伝費**	256
展示会費用	**販売促進費**	232
電子機器	**工器具備品**	126
電車賃	**旅費交通費**	258
	通勤費	260
電池代	**消耗品費**	270
テント使用料	**雑費**	298
天引きされた源泉税	**事業主貸**	338

伝票代	**事務用品費**	272
伝票（未使用）	**貯蔵品/棚卸資産**	90
店舗	**建物**	116
電報料金	**通信費**	268
店舗敷地	**土地**	128
店舗家賃	**地代家賃**	264
電話移設工事費	**修繕費**	282
電話架設料	**電話加入権**	142
電話加入料	**電話加入権**	142
電話契約料	**電話加入権**	142
電話設備負担金	**電話加入権**	142
電話料金	**通信費**	268

と

トイレットペーパー代	**消耗品費**	270
当期純利益計上	**利益剰余金**	218
同業者団体会費	**諸会費**	294
同業者団体の加入金	**長期前払費用**	152
統計資料購入代	**新聞図書費**	274
当座借越	**短期借入金**	174
当座預金からの振替	**預金**	62
倒産企業の債権	**貸倒損失**	290
動産総合保険料	**支払保険料**	278
投資信託収益分配金	**受取配当金**	306
	事業主借	340
投資信託受益証券	**有価証券**	76
	投資有価証券	146
投資信託受益証券売却益（損）		
	有価証券売却益（損）	308
	有価証券評価益（損）	310
投資目的外国株券	**投資有価証券**	146
投資目的外国債券	**投資有価証券**	146
投資目的株式	**投資有価証券**	146

投資目的公債	**投資有価証券**	146
投資目的国債	**投資有価証券**	146
投資目的社債	**投資有価証券**	146
投資目的地方債	**投資有価証券**	146
投資目的有価証券	**投資有価証券**	146
投資目的利付債券	**投資有価証券**	146
投資有価証券売却益（損）		
	投資有価証券売却益（損）	324
盗難による損失	**雑損失**	316
盗難保険料	**支払保険料**	278
道府県民税未納税額	**未払法人税等**	180
灯油代	**水道光熱費**	266
登録手数料	**支払手数料**	280
登録免許税	**創立費**	156
	租税公課	284
道路専有料	**地代家賃**	264
道路占有料	**租税公課**	284
特定寄付金	**寄付金**	292
特定公益法人への寄付	**寄付金**	292
特別会費	**諸会費**	294
特別区民税未納税額	**未払法人税等**	180
特別賞与	**賞与**	242
特別地方消費税	**租税公課**	284
特別土地保有税	**租税公課**	284
特別分配金	**受取配当金**	306
特約店手数料収入	**雑収入**	314
時計	**消耗品費**	270
都市計画税	**租税公課**	284
図書購入代	**新聞図書費**	274
土地使用料	**賃借料**	262
土地売却益（損）	**固定資産売却益（損）**	320
特許権使用のための頭金	**開発費**	164
特許権の購入	**特許権**	138

特許権の償却	特許権	138
特許権の売却	特許権	138
特許出願料	特許権	138
特許登録費用	特許権	138
特許の登録	特許権	138
特許料	特許権	138
ドッグ	構築物	120
トナー代	消耗品費	270
	事務用品費	272
都民税未納税額	未払法人税等	180
ドメイン取得費用	長期前払費用	152
友の会会費	諸会費	294
トラック	車両運搬具	124
トラック便運賃	荷造発送費	234
トラベラーズチェック	現金	58
トランクルーム	地代家賃	264
取り壊し	固定資産除却損	322
取締役への報酬	役員報酬	238
取立手数料	支払手数料	280
取立不能見込額	貸倒引当金	108
取引先打合せ費用	会議費	252
取引先からの借入	短期借入金	174
	長期借入金	206
取引先への貸付金	短期貸付金	102
取引先への立替	立替金	94
取引先への長期貸付金	長期貸付金	150
取引停止企業の債権	貸倒損失	290
取引内容不明な口座振込	仮受金	192
取引内容不明な入金	仮受金	192
取引保証金の支払い	差入保証金	154
度量衡機器	工具器具備品	126
トンネル	構築物	120

な

内容証明料金	通信費	268
中吊広告費用	広告宣伝費	256

に

日本赤十字社への寄付	寄付金	292
入札保証金の支払い	差入保証金	154
二輪自動車	車両運搬具	124
任意積立金	利益剰余金	218
人間ドック	福利厚生費	250
認定NPO法人への寄付	寄付金	292
認定課税	借地権	140

ね

年間購読料	新聞図書費	274
年度末振替	元入金	342
年末手当	賞与	242
燃料	原材料/棚卸資産	86
燃料(未使用)	貯蔵品/棚卸資産	90

の

農園	土地	128
納税協会会費	諸会費	294
ノウハウの頭金	長期前払費用	152
納品書用紙代	事務用品費	272
のし袋	消耗品費	270
延払条件付販売	売上高	228
のれん代買取	のれん	136

は

パーキング料金	旅費交通費	258
排煙設備	建物附属設備	118
廃棄	固定資産除却損	322

廃棄物処理費用	雑費	298
配偶者給与	専従者給与	346
バイク便代	荷造発送費	234
バイク便代（書類）	通信費	268
廃材処分収入	雑収入	314
廃材処分による支払い	雑損失	316
廃車	固定資産除却損	322
買収による取得	のれん	136
配線工事費用	電話加入権	142
配当金	利益剰余金	218
	受取配当金	306
	事業主借	340
配当金の支払決議	未払金	176
配当金領収書	現金	58
配当平均積立金	利益剰余金	218
売買目的の有価証券	有価証券	76
売買目的有価証券売却益（損）	有価証券売却益（損）	308
売買目的有価証券評価益（損）	有価証券評価益（損）	310
バインダー代	事務用品費	272
ハガキ代	通信費	268
破産企業への債権	貸倒損失	290
橋	構築物	120
バス	車両運搬具	124
バス回数券代	通勤費	260
バス代	旅費交通費	258
	通勤費	260
パスポート交付手数料	旅費交通費	258
	租税公課	284
パソコン	工具器具備品	126
パソコン修理代	修繕費	282
パソコン賃借料	賃借料	262

パソコンリース	リース資産	132
	リース債務	210
罰金	租税公課	284
罰金支払い	雑損失	316
発生記録の請求	電子記録債権	70
	電子記録債務	172
発生記録の通知	電子記録債権	70
	電子記録債務	172
発送運賃	荷造発送費	234
発泡スチロール	荷造発送費	234
母給与	専従者給与	346
パワーショベル	機械装置	122
バン	車両運搬具	124
パンク修理代	車両費	276
搬送設備	機械装置	122
販売管理システム	ソフトウェア	144
販売奨励金	販売促進費	232
	賞与	242
販売スペース使用料	賃借料	262
販売促進費用	販売促進費	232
販売代金超過入金	前受金	184
販売代金前受け	前受金	184
販売手数料	販売促進費	232
販売用商品	商品/棚卸資産	80
パンフレット代	広告宣伝費	256
	販売促進費	232
パンフレット（未使用）	貯蔵品/棚卸資産	90

ひ

引き出し	預金	62
引取運賃	機械装置	122
	仕入高	230
ビザ取得費用	租税公課	284

非常勤役員への報酬 …………	**役員報酬**	238	
避難設備 ………………………	**建物附属設備**	118	
備品修繕費 ……………………	**修繕費**	282	
備品除却損 ……………	**固定資産除却損**	322	
備品などの売却代金の未収			
………………………	**未収金・未収入金**	104	
備品売却益(損) ………	**固定資産売却益(損)**	320	
日よけ設備 ……………………	**建物附属設備**	118	
ビル管理費用 …………………	**雑費**	298	
便箋代 ………………………	**事務用品費**	272	

ふ

ファイナンス・リース …………	**リース資産**	132	
	リース債務	210	
ファクシミリ代 ………………	**通信費**	268	
ファクシミリ用紙 ……………	**事務用品費**	272	
ファクタリング契約 ……	**ファクタリング**	72	
ファクタリングの入金 …	**ファクタリング**	72	
フィルム代 ……………………	**消耗品費**	270	
封筒代 ………………………	**事務用品費**	272	
フォークリフト ………………	**車両運搬具**	124	
複合機リース …………	**リース資産**	132	
	リース債務	210	
複写機リース料 ……………	**賃借料**	262	
福引券印刷費用 ……………	**広告宣伝費**	256	
付随費用 ………………	**自己株式**	220	
	仕入高	230	
普通預金からの振替 …………	**預金**	62	
普通預金利息 ………………	**受取利息**	302	
	事業主借	340	
不定額資金前渡制度 …………	**小口現金**	60	
不動産鑑定士報酬 …………	**支払手数料**	280	
不動産取得税 ………………	**租税公課**	284	

不動産賃借収入 ………………	**売上高**	228	
不動産賃借料 …………………	**地代家賃**	264	
赴任旅費 ……………………	**旅費交通費**	258	
部品 ………………	**原材料/棚卸資産**	86	
部品取替え費用 ………………	**修繕費**	282	
ビラ印刷配布費用 …………	**広告宣伝費**	256	
ブラインド ……………	**建物附属設備**	118	
振替出金 ………………………	**預金**	62	
振替貯金払出証書 ……………	**現金**	58	
振り込み ………………………	**預金**	62	
振込出金 ………………………	**預金**	62	
振込手数料 …………………	**支払手数料**	280	
振り出し小切手決済 …………	**預金**	62	
振出手形差替 ………………	**支払手形**	168	
プレゼント代 ………………	**交際費**	254	
プロジェクター使用料 ………	**会議費**	252	
プロバイダー料金 ……………	**通信費**	268	
プロパンガス料金 …………	**水道光熱費**	266	
不渡手形 ……………………	**受取手形**	64	
分担金 ………………………	**諸会費**	294	
分配金 ………………………	**受取配当金**	306	
文房具(未使用) …………	**貯蔵品/棚卸資産**	90	

へ

塀 ……………………………	**構築物**	120	
別途積立金 …………………	**利益剰余金**	218	
変更登記登録免許税 ………	**株式交付費**	160	
弁護士報酬 …………………	**支払手数料**	280	
弁済後1年以上経過した債権 ……	**貸倒損失**	290	
弁償費用 ……………………	**雑損失**	316	
返品調整引当金繰入 ………	**その他の引当金**	196	
返品調整引当金取崩し …	**その他の引当金**	196	
弁理士報酬 …………………	**支払手数料**	280	

索引 | **393**

ほ

摘要	勘定科目	ページ
ボイラー設備	**建物附属設備**	118
防音設備	**建物附属設備**	118
報告書用紙代	**事務用品費**	272
報奨金受取	**雑収入**	314
法人会会費	**諸会費**	294
法人税	**法人税等**	332
法人税中間申告	**仮払法人税等**	114
法人税等納付	**未払法人税等**	180
法人税等の計上	**仮払法人税等**	114
法人税等の納付	**仮払法人税等**	114
法人税見積納税額	**未払法人税等**	180
法人税未納税額	**未払法人税等**	180
法人税予定申告	**仮払法人税等**	114
包装材費用	**荷造発送費**	234
包装材料(未使用)	**貯蔵品/棚卸資産**	90
法定準備金	**資本剰余金**	216
法定保険料(事業主負担分)	**法定福利費**	248
防波堤	**構築物**	120
ボーナス	**賞与**	242
ボールペン代	**事務用品費**	272
他の勘定科目への振替	**仮受金**	192
保険金受取	**雑収入**	314
保険契約者配当金	**事業主借**	340
	受取配当金	306
保険代行手数料	**雑収入**	314
保険料の立替	**立替金**	94
保守費用	**修繕費**	282
補償金支払い	**雑損失**	316
保証金利息	**受取利息**	302
補助金受取	**雑収入**	314
補助原材料	**原材料/棚卸資産**	86
ポスター制作費	**広告宣伝費**	256
舗装費用	**構築物**	120
発起人報酬	**創立費**	156
ホワイトボード購入	**消耗品費**	270

ま

摘要	勘定科目	ページ
前受け金	**前受金**	184
前受金相殺	**売掛金**	68
前受金への振替	**売掛金**	68
	仮受金	192
前受けの受取利息	**前受収益**	188
前受けの地代	**前受収益**	188
前受けの賃貸料	**前受収益**	188
前受けの手数料	**前受収益**	188
前受けの家賃	**前受収益**	188
前払金	**前渡金・前払金**	92
前払いの経費	**前払費用**	98
前払いの地代	**前払費用**	98
前払いの賃借料	**前払費用**	98
前払いの保険料	**前払費用**	98
前払いの家賃	**前払費用**	98
前払費用への振替え	**長期前払費用**	152
前払利息	**支払利息割引料**	304
前渡金	**建設仮勘定**	130
前渡金相殺	**買掛金**	170
前渡金振替	**買掛金**	170
マンガ購入代	**新聞図書費**	274
満期保有目的債権	**投資有価証券**	146
満期利息	**受取利息**	302
	事業主借	340

み

摘要	勘定科目	ページ
未回収債務免除	**その他の特別損益**	330
未回収代金の回収	**売掛金**	68

未経過の支払利息	**前払費用**	98
未経過の保険料	**前払費用**	98
未経過のリース料	**前払費用**	98
未経過の割引料	**前払費用**	98
未収受取利息	**未収収益**	100
未収金相殺	**買掛金**	170
未収消費税	**仮払消費税**	112
未収代金	**売掛金**	68
	未収金・未収入金	104
未収地代	**未収収益**	100
未収賃貸料	**未収収益**	100
未収手数料	**未収収益**	100
未収入金回収不能見込額		
	貸倒引当金繰入額	288
未収分の回収	**未収金・未収入金**	104
未収家賃	**未収収益**	100
未収利息	**未収収益**	100
	受取利息	302
未成工事受入	**前受金**	184
未着品	**商品/棚卸資産**	80
見積法人税	**未払法人税等**	180
みなし配当金	**受取配当金**	306
未払給与	**未払費用**	182
未払金債務免除	**その他の特別損益**	330
未払支払利息	**未払費用**	182
未払消費税	**仮受消費税**	202
未払地代	**未払費用**	182
未払賃金	**未払費用**	182
未払賃貸料	**未払費用**	182
未払手数料	**未払費用**	182
未払法人税等	**仮払法人税等**	114
未払保険料	**未払費用**	182
未払家賃	**未払費用**	182

未払リース料	**未払費用**	182
見本市出展費用	**販売促進費**	232
見本品	**商品/棚卸資産**	80
見本品提供	**広告宣伝費**	256
見舞金(社内)	**福利厚生費**	250
見舞金(取引先)	**交際費**	254
身元保証金	**預り金**	190
見渡小切手	**預金**	62
民事再生法による債権	**貸倒損失**	290

む

無形固定資産	**のれん**	136
	特許権	138
無償供与	**寄付金**	292
無償増資	**資本金**	214
息子給与	**専従者給与**	346
娘給与	**専従者給与**	346

め

名刺代	**事務用品費**	272
メールマガジン購入料	**新聞図書費**	274
滅失	**固定資産除却損**	322
メンテナンス料	**修繕費**	282

も

目論見書印刷費	**創立費**	156
	株式交付費	160
	社債発行費	162

や

役員からの借入	**短期借入金**	174
	長期借入金	206
役員賞与の支払決議	**未払金**	176

役員退職慰労金	退職金	244
役員退職給付引当金繰入額		
	退職給付費用	246
役員退職金	退職給付引当金	208
役員への貸付金	短期貸付金	102
役員への立替	立替金	94
役員への長期貸付金	長期貸付金	150
役員への報酬	役員報酬	238
役職手当	給与手当	240
約束手形受取	受取手形	64
約束手形振替	支払手形	168
約束手形振出	支払手形	168
役務対価の未払い	未払金	176
家賃	賃借料	262
家賃支払い	地代家賃	264
家賃収入	雑収入	314

ゆ

有価証券購入	有価証券	76
	事業主貸	338
有価証券購入代金の未払い	未払金	176
有価証券の売却代金の未収		
	未収金・未収入金	104
有価証券売却	有価証券	76
有価証券売却益	事業主借	340
有価証券売却益（損）	有価証券売却益（損）	308
有価証券配当金	受取配当金	306
有価証券売買委託手数料	有価証券	76
	投資有価証券	146
有価証券評価益（損）		
	有価証券評価益（損）	310

有価証券評価差額の計上		
	繰延税金負債	200
	法人税等調整額	334
有価証券利息	受取利息	302
	事業主借	340
有形固定資産償却	減価償却費	286
有限会社出資金	出資金	148
有限責任事業組合出資金	出資金	148
有償譲受による取得	のれん	136
有償増資	資本金	214
郵送料	通信費	268
融通手形受取	受取手形	64
融通手形振出	支払手形	168
ゆうパック料金	通信費	268
郵便為替証書	現金	58
郵便切手代	通信費	268
郵便貯金利息	受取利息	302
	事業主借	340
郵便別納郵便	通信費	268
郵便料金	通信費	268
有料サイト会員費	新聞図書費	274
有料駐車料金	旅費交通費	258
有料道路料金	旅費交通費	258
	通勤費	260
床張替え費用	修繕費	282
輸出海上保険料	支払保険料	278
輸出関係手数料	荷造発送費	234
油田試掘費用	開発費	164
輸入海上保険料	支払保険料	278
輸入保証金の支払い	差入保証金	154

よ

| 用水地 | 構築物 | 120 |

養老保険料	支払保険料	278
預金からの補給	小口現金	60
預金手形	現金	58
預金の引き出し	現金	58
預金振替手数料	支払手数料	280
預金への預け入れ	現金	58
予防接種費用	福利厚生費	250
予約販売	売上高	228

ら

| ライオンズクラブ会費 | 交際費 | 254 |
| ラジオ広告放送料 | 広告宣伝費 | 256 |

り

リース契約の解約金	雑損失	316
リース料金	賃借料	262
利益準備金振替	利益剰余金	218
利益処分方式による減価償却資産の圧縮記帳	繰延税金負債	200
	法人税等調整額	334
利益分配金	受取配当金	306
リサイクル収入	雑収入	314
利子税	租税公課	284
利子の受取	受取利息	302
利息支払い	支払利息割引料	304
利息の受取	受取利息	302
利付債券	有価証券	76
リベート	売掛金	68
リヤカー	車両運搬具	124
領収書用紙代	事務用品費	272
療養所	建物	116
緑化設備	構築物	120
旅行保険料	支払保険料	278

| 臨時会費 | 諸会費 | 294 |

れ

冷蔵庫	工具器具備品	126
冷暖房機器	工具器具備品	126
冷暖房設備	建物附属設備	118
冷暖房用軽油代	水道光熱費	266
冷暖房用重油代	水道光熱費	266
冷房費	水道光熱費	266
レジャークラブ会費	交際費	254
レジャークラブ出資金	出資金	148
レンタカー料金	賃借料	262
レンタル会議室代	会議費	252
レンタルCD代	新聞図書費	274
レンタルスペース家賃	地代家賃	264
レンタルDVD	新聞図書費	274
レンタル料金	賃借料	262

ろ

ロイヤリティ	支払手数料	280
労災保険料	法定福利費	248
労働者災害補償保険料	支払保険料	278
労働保険料(事業主負担分)	法定福利費	248
ロータリークラブ会費	交際費	254
ローン利息支払い	支払利息割引料	304
ロッカー購入	消耗品費	270
路面舗装	構築物	120

わ

| 渡し切り交際費 | 役員報酬 | 238 |

索引 | **397**

決算書体系図索引

貸借対照表

区分		勘定科目	ページ	区分		勘定科目	ページ
資産 3章	流動資産 3-1	現金	58	資産 3章	固定資産	繰延資産 3-5	創立費	156
		小口現金	60			開業費	158
		預金	62			株式交付費	160
		受取手形	64			社債発行費	162
		売掛金	68			開発費	164
		電子記録債権	70		個人事業主固有 8-1	事業主貸	338
		ファクタリング	72	負債 4章	流動負債 4-1	支払手形	168
		クレジット売掛金	74			買掛金	170
		有価証券	76			電子記録債務	172
		棚卸資産の全体像	78			短期借入金	174
		商品/棚卸資産	80			未払金	176
		製品/棚卸資産	84			未払消費税等	178
		原材料/棚卸資産	86			未払法人税等	180
		仕掛品/棚卸資産	88			未払費用	182
		貯蔵品/棚卸資産	90			前受金	184
		前渡金・前払金	92			商品券	186
		立替金	94			前受収益	188
		他店商品券	96			預り金	190
		前払費用	98			仮受金	192
		未収収益	100			賞与引当金	194
		短期貸付金	102			その他の引当金	196
		未収金・未収入金	104			繰延税金負債	200
		仮払金	106			仮受消費税等	202
		▲貸倒引当金	108		固定負債 4-2	社債	204
		繰延税金資産	110			長期借入金	206
		仮払消費税等	112			退職給付引当金	208
		仮払法人税等	114			リース債務	210
	固定資産	有形固定資産 3-2	建物	116		個人事業者固有 8-1	事業主借	340
			建物付属設備	118	純資産 5章	株主資本 5-1	資本金	214
			構築物	120			資本剰余金	216
			機械装置	122			利益剰余金	218
			車両運搬具	124			▲自己株式	220
			工具器具備品	126		株主資本以外 5-2	（▲）その他有価証券評価差額金	222
			土地	128			新株予約権	224
			建設仮勘定	130		個人事業者固有 8-1	元入金	342
			リース資産	132				
			▲減価償却累計額	134				
		無形固定資産 3-3	のれん	136				
			特許権	138				
			借地権	140				
			電話加入権	142				
			ソフトウエア	144				
		投資その他資産 3-4	投資有価証券	146				
			出資金	148				
			長期貸付金	150				
			長期前払費用	152				
			差入保証金	154				

▲控除される勘定科目です。
（▲）控除される場合もあります。

損益計算書

区分		勘定科目	ページ	区分		勘定科目	ページ
営業損益 6章	売上　6-1	売上高	228	営業損益 6章	販売費及び 一般管理費 6-3	修繕費	282
	個人事業者 固有 8-2	自家消費	344			租税公課	284
						減価償却費	286
	売上原価 6-2	仕入高	230			貸倒引当金繰入額	288
	販売費及び 一般管理費 6-3	販売促進費	232			貸倒損失	290
		荷造発送費	234			寄付金	292
		外注費	236			諸会費	294
		役員報酬	238			教育研修費	296
		給与手当	240			雑費	298
		賞与	242		個人事業者 固有 8-2	専従者給与	346
		退職金	244	営業外損益・ 特別損益他 7章	営業外損益 7-1	受取利息	302
		退職給付費用	246			支払利息割引料	304
		法定福利費	248			受取配当金	306
		福利厚生費	250			有価証券売却益(損)	308
		会議費	252			有価証券評価益(損)	310
		交際費	254			為替差益(損)	312
		広告宣伝費	256			雑収入	314
		旅費交通費	258			雑損失	316
		通勤費	260			仕入割引・売上割引	318
		賃借料	262		特別損益 7-2	固定資産売却益(損)	320
		地代家賃	264			固定資産除却損	322
		水道光熱費	266			投資有価証券売却 益(損)	324
		通信費	268			前期損益修正益(損)	326
		消耗品費	270			貸倒引当金戻入益	328
		事務用品費	272			その他の特別損益	330
		新聞図書費	274		税金他 7-3	法人税等	332
		車両費	276			法人税等調整額＊	334
		支払保険料	278				
		支払手数料	280				

＊借方に計上される場合も、貸方に計上される場合もあります。

◎著者紹介

駒井伸俊（こまいのぶとし）

株式会社イーバリュージャパン　代表取締役。
駒井伸俊税理士事務所所長。

税理士、中小企業診断士、ITコーディネータ、登録政治資金監査人。
1967年生まれ。青山学院大学国際経済学部卒業、中央大学大学院法学研究科修了。

安田信託銀行等を勤務後、経営コンサルタントとして独立、現職。その他、産業能率大学総合研究所、中小企業大学校、高齢・障害・求職者雇用支援機構、地方公共団体、商工会議所、企業等で、講演・研修講師としても活躍中。

＜主な著者＞
『図解入門　問題解決がよ～くわかる本』秀和システム、2016年
『サクッとわかる！「勘定科目」と仕訳のキホンと「仕訳」の入門』秀和システム、2015年
『豊富な仕訳例で世界一使いやすい！勘定科目と仕訳の事典』秀和システム、2012年
『考えがまとまる！フィッシュボーン実践ノート術』アスコム、2010年
『フィッシュボーン　ノート術』フォレスト出版、2009年　他

＜ホームページ＞
http://www.e-val.cp.jp

| カバーデザイン | 坂本 真一郎（クオルデザイン） |
| 本文デザイン・DTP | 有限会社 中央制作社 |

引きやすい! 必ず見つかる!
勘定科目と仕訳の事典

2018年　10月　25日　初版第1刷発行
2022年　2月　18日　初版第5刷発行

著者　駒井 伸俊
発行人　片柳 秀夫
編集人　志水 宣晴
発行　ソシム株式会社
　　　https://www.socym.co.jp/
　　　〒101-0064　東京都千代田区神田猿楽町 1-5-15 猿楽町 SS ビル 2F
　　　TEL：(03)5217-2400（代表）
　　　FAX：(03)5217-2420

印刷・製本　シナノ印刷株式会社

定価はカバーに表示してあります。
落丁・乱丁本は弊社編集部までお送りください。送料弊社負担にてお取替えいたします。
ISBN 978-4-8026-1181-7　©2018 Nobutoshi Komai　Printed in Japan